中国能源市场体系建设相关问题研究

Research on Related Issues of the Construction of China's Energy Market System

王娟◎著

中国经济出版社
CHINA ECONOMIC PUBLISHING HOUSE
北京

图书在版编目（CIP）数据

中国能源市场体系建设相关问题研究／王娟著．--北京：中国经济出版社，2021.10

ISBN 978-7-5136-6671-8

Ⅰ．①中…　Ⅱ．①王…　Ⅲ．①能源经济-市场体系建设-研究-中国　Ⅳ．①F426.25

中国版本图书馆 CIP 数据核字（2021）第 206668 号

组稿编辑　葛　晶
责任编辑　冀　意
责任印制　马小宾
封面设计　久品轩

出版发行　中国经济出版社
印 刷 者　北京力信诚印刷有限公司
经 销 者　各地新华书店
开　　本　710mm×1000mm　1/16
印　　张　15
字　　数　223 千字
版　　次　2021 年 10 月第 1 版
印　　次　2021 年 10 月第 1 次
定　　价　78.00 元
广告经营许可证　京西工商广字第 8179 号

中国经济出版社 **网址** www.economyph.com **社址** 北京市东城区安定门外大街 58 号 **邮编** 100011
本版图书如存在印装质量问题，请与本社销售中心联系调换（联系电话：010-57512564）

前　言

新中国成立以来，中国能源事业取得长足发展，能源工业体系日益完备，能源市场化改革稳步推进。进入新发展阶段，能源领域的发展和改革面临更高的要求。实现碳达峰、碳中和是一场广泛而深刻的经济社会系统性变革，其中能源绿色低碳转型是关键路径，需要推动能源领域有效市场和有为政府更好结合，确保如期实现碳达峰、碳中和目标。社会主义市场经济体制加快完善，高标准市场体系建设扎实推进，在能源领域也需要以高标准进一步建立健全能源市场体系，使市场在资源配置中的决定性作用得到更好的发挥。本书以“能源市场体系”为研究主题，对中国能源市场体系以及煤、电、油、气等能源品种的市场建设历程进行了全面而系统的梳理，通过历程回顾和经验总结，把握能源市场体系建设的现实条件和路径选择。在此基础上，紧密围绕发展和改革的新形势和新任务，重点聚焦碳达峰、碳中和目标，分析经济和能源系统全面绿色低碳转型及高质量发展对能源市场体系建设的新要求；同时结合加快完善社会主义市场经济体制的目标，在高标准市场体系概念框架下，提出新形势下中国能源市场体系建设的总体措施和重点建议。

本书章节安排如下：第一章为总论，第二章为中国能源市场概况，第三章为能源市场体系建设历程，第四章为高标准能源市场体系界定，第五章为高标准能源市场体系建设，第六章为新形势下建设高标准能源市场体系的总体建议，第七章为新形势下建设高标准能源市场体系的重点问题，附录为能源市场体系建设相关调研。

本书的撰写得到了国家发展和改革委员会经济运行调节局、国家能源局法制和体制改革司、国家发展和改革委员会能源研究所、国家发展和改革委员会市场和价格研究所的领导及专家的指导与帮助，在此对提供支持和帮助的单位及专家表示衷心的感谢！

中国能源市场体系研究覆盖面广，内容综合系统，涉及能源、经济、环境等多个领域；同时，由于能源种类众多，不同能源品种市场建设存在很大的差异，研究难度颇大。作者虽然开展了大量文献调研、实地调研、专家访谈和研究工作，但受研究水平所限，研究成果难免存在疏漏与不足，恳请专家、读者批评指正。

王　娟

2021 年 5 月

目 录

第一章 总 论

第一节 研究背景

能源是保障经济社会发展和人民生活水平提高的重要物质基础，关乎国家安全和人民福祉。新中国成立以来，在中国共产党的领导下，我国逐步建成较为完备的能源工业体系，基础设施不断完善，综合生产能力稳步提高，服务水平持续提升。我国已成为世界上能源生产消费量最大且能源利用效率提升最快的国家，开辟了中国特色能源发展新道路。党的十八大以来，我国深入贯彻落实"四个革命、一个合作"能源安全新战略，基本形成了煤、油、气、电、核、新能源和可再生能源多轮驱动的能源生产体系；节能降耗成效显著，能源消费结构向清洁低碳加快转变；能源科技水平快速提升，能源装备制造产业链日益完备；能源体制机制改革不断深化，能源市场体系建设取得阶段性进展；能源领域的国际合作不断加强，全球能源治理参与度有所提高，对维护全球能源市场稳定和共同安全做出了积极贡献。

进入"十四五"时期，站在新的历史交汇点，能源发展面临新形势和新要求。从国内看，我国正在大力建设现代化经济体系，加快构建以国内大循环为主体、国内国际双循环相互促进的新发展格局。能源作为生产生活重要的动力来源和物质基础，需要更好地在经济体系中循环流转。同时，我国已提出"二氧化碳排放力争于 2030 年前达到峰值，努力争取 2060 年前实现碳中和"的重大目标，能源绿色低碳转型是关键路径，这需要对能源系统进行广泛而深刻的变革。在新的宏观背景下，解决我国能源发展面临的短板与瓶颈，适应国内外经济和能源发展大趋势，促进碳达峰、碳中和目标实现，都需要加快能源体制机制改革，为能源高质量发展和绿色低碳转型、统筹能源发展与安全提供内生动力与制度支撑。

“十四五”时期是落实“四个革命、一个合作”能源安全新战略，推动能源高质量发展的关键期，能源体制改革既面临新形势、新目标与新任务，也面临不少有待破解的重点难点问题，需要在全面深化改革的背景之下，以高标准市场体系的建设要求，推进能源市场体系的建设与完善。第一，加快建立绿色多元的能源供应体系需要通过能源市场体系建设来筑牢根基。“十四五”时期，新能源将成为能源增量主体，加快建立多能源品种互补互济的能源供应体系，亟须通过能源市场体系建设，促进能源资源优化配置，还原能源商品属性，破除各能源品种发展壁垒，构建能源市场协同机制，助推能源绿色转型。第二，推进能源消费的清洁低碳化需要通过能源市场体系建设来健全激励约束机制。“十四五”时期，新能源消费比重大幅提升，化石能源比重持续下降，终端能源消费智能化、高效化水平显著提高，亟须通过能源市场体系建设，进一步完善激励约束机制，推动能源消费结构与方式深刻变革。第三，加强能源技术融合创新需要通过能源市场体系建设来提供市场基础与市场环境，促使能源技术与现代信息、材料和先进制造技术深度融合，新技术、新模式、新业态蓬勃兴起。要抢占新一轮能源科技革命和产业变革竞争制高点，亟须通过能源市场体系建设，优化能源科技创新体系，健全技术要素高效配置的新体制，营造有利于能源科技创新的制度和政策环境。第四，能源市场体系建设是深化能源体制机制改革的核心内容，只有建立健全能源市场体系，完善市场价格、供求、竞争、风险机制，理顺各类经济关系与激励约束，才能从根本上破解体制机制障碍，形成良性循环。第五，全方位加强能源国际合作需要通过能源市场体系建设来提供保障，全球能源行业发展均面临前所未有的复杂挑战，能源领域国际合作不确定、不稳定因素不断积聚，国内市场与全球市场之间的联动机制与风险传导机制日益复杂，需要通过能源市场体系的建设与完善，优化国内市场与全球市场的衔接互动，发挥我国强大的市场优势，促进能源贸易和投资便利化，推动实现能源领域更高水平开放。

建设高标准能源市场体系是新形势下健全能源体制机制，贯彻落实“四个革命、一个合作”能源安全新战略，促进能源高质量发展的必由之路。能源市场体系建设有着深远的历史发展脉络，也是一个复杂的系统工程。改革开放以来，我国在社会主义市场经济体制下积极探索能源市场化改革和市场体系建设，特别是党的十八大以后，我国紧紧围绕“使市场在资源配置中起决定性作用”来深化经济体制改革，加快完善现代市场体系。在这一背景下，能源市场化改革和市场体系建设已取得明显成效。然而，当前我国的能源市场体系还不完善，市场发育还不充分，政府和市场的关系尚未完全理顺，还存在很多由来已久的痛点、难点、堵点问题没有彻底解决，随着电力体制改革、油气体制改革等取得阶段性进展，改革也迈入了“深水区”。与此同时，随着我国进入新发展阶段，在构建新发展格局的战略布局下，能源发展面临新的更高要求。我国已向世界庄严承诺，2030 年前二氧化碳排放达峰，2060 年前实现碳中和。要达成这一目标，我国需要对能源系统进行广泛而深刻的变革，付出艰苦卓绝的努力，能源系统原有的发展模式与路径需要重塑，这就需要能源市场体系随之进行调整，更好地适应新形势新变化，更好地满足新发展目标的需要。下一阶段，我国亟须在社会主义市场经济体制加快完善和高标准市场体系加快建设的背景和框架之下，建立健全能源市场体系，如此方能满足多重目标约束下能源发展和改革对能源市场体系建设的更高、更多元要求。在以上研究背景之下，本书围绕新形势下我国能源市场体系建设的相关重要问题进行研究。

第二节 研究综述

尽管近年来“能源市场体系”在能源发展和改革中的作用越来越重要，在政策层面也越来越受重视，但是目前关于“能源市场体系”的系统性、整体性研究还比较薄弱，以“能源市场体系”为主题的专著和学术论文并不多见，如蒋国旗（2013）对综合能源市场体系进行了研究。而与能源市场体系相关的主题，已经积累了较为丰富的研究成果，为本书开展能源市场体系的系统研究提供了重要参考。相关研究大体可以分为以下三类。

一、市场体系研究综述

关于“市场体系”的研究成果丰富，从理论层面对市场体系的概念内涵和构成要素进行了界定归纳，从政策层面对我国市场体系的发展历程和实践经验进行了梳理总结，并针对“现代市场体系”“高标准市场体系”等重点热点问题进行了专题研究。

近年代表性的研究成果有：刘泉红（2020）对市场体系的概念进行了界定，“市场体系是一个存在价格调节、由许多单个市场组成的具有内在联系的系统”，并将现代市场体系的特征概括为法治化、信息化、国际化、系统性、高效性、创新性，提出了现代市场体系的构成要素与框架。国务院发展研究中心市场经济研究所编写的《改革开放 40 年市场体系建立、发展与展望》对我国市场体系建立与发展的历程和主要成效进行了系统梳理，对市场体系建立与发展的经验进行了概括，进而对新时代我国建设现代市场体系的方向和重点改革任务提出了建议，同时也对商品批发市场、消费品市场、期货市场、电子商务市场、产权市场、技术市场等重点市场的建设发展历程进行了专题研究。房汉廷和张磊（2015）从价格决定的市场性、市场规则的统一性与开放性、市场组织的竞争性、现代市场的风险性、市场主体的平等性和选择的自由性等角度对现代市场体系进行了研究。马建堂（2021）概括了高标准市场体系的深刻内涵与主要特征，包括高标准的市场基础制度、高效率的要素市场配置机制、高质量的市场发展环境、高水平的市场开放制度、高效能的市场监管机制，进而提出了新发展格局下建设高标准市场体系的思路和重点。已有研究对“市场体系”的理论、政策与实践都进行了系统深入的研究，为能源市场体系的研究提供了坚实的基础。

二、能源市场化改革研究综述

能源市场化改革是能源体制改革和社会主义市场经济体制建设的重要环节，已有研究成果非常丰富，对我国能源市场化改革的历程进行了梳理，从理论和实践的角度对存在的问题、困难进行了分析总结，提出了不同阶段能源市场化改革的建议。针对能源市场化改革中的关键环节和重点领域，如价格改革、竞争机制、市场结构调整等，也有很多文献进行了深入研究。

近年代表性的研究成果有：范必的《中国能源市场化改革》一书针对不同能源品种，对其市场化改革中的重点问题进行了专题研究。史丹（2005）从横向产品关联、纵向产业关联、国内外市场关联三个方面分析能源工业内部的产业关联及其对能源价格体制、市场结构等方面的影响，进而从产业关联的角度为能源工业市场化改革提出建议。冯飞（2004）分析了能源市场化改革面临的问题，包括职能管理条块分割、竞争不充分、行政准入限制过多、价格形成机制和监管方式存在缺陷、政企不分产权不清、能源环保关系尚未理顺、社会保障不健全、资源型城市转型困难等。围绕能源价格改革开展研究的文献非常丰富，学者们提出了不同阶段能源价格改革的建议，如张阿玲（1994）、郭海涛（2008）、王军（2010）、林伯强（2012）、白玫（2014）、何勇健（2015）、邓郁松（2019）等。这些文献侧重于研究能源市场化改革的过程，对能源市场体系建设并没有进行系统的讨论。

三、重点市场建设研究综述

虽然已有文献缺乏对“能源市场体系”的整体研究，但是针对电力市场体系、煤炭市场体系、油气市场体系等重点市场的建设，有一些文献进行了专题研究。例如，宋枫等的《社会主义市场经济下电力市场体系的选择研究》一书通过厘清我国电力市场建设的目标和约束，梳理电力体制改革进程，结合电力市场建设现状，对我国电力市场体系建设提出了政策建议。王鹏等（2019）提出我国现代电力市场体系“是以市场竞争机制、兜底服务机制、绿色发展机制和区域协调机制四部分为支撑，以电力产业体系为基础和政府管理体制为保障的‘六位一体’架构”。孙素苗等（2021）提出新形势下应构建“发电有效容量交易市场、电能量交易市场、辅助服务交易市场、绿证交易市场有机统一的中国特色的新型电力市场体系”。张森林和卢智（2021）提出了对全国统一电力市场框架体系的思考。黄龙等（2020）提出促进可再生能源消纳的电力市场体系。王娟（2020）对新形势下以高标准推进煤炭市场体系建设提出了具体建议。王显政（2016）提出要深化煤炭市场体制改革，建设统一开放、竞争有序的煤炭市场交易体系。周恒（2020）从石油工业管理体制和市场机制维度提出石油市场体系建设的相关建议。龚金双（2016）建议“十三五”时期石油市场体系建设应重点完善石油矿权市场、石油金融市场、石油技术市场和石油信息市场。丁彬和何强（2013）、梁慧静和吴旭（2017）研究了石油金融体系。曾鸣等（2020）研究了竞争性天然气市场建设及价格形成机制。鉴于我国天然气市场体系的特殊性和规模，杨雷（2019）建议我国天然气市场结构设计采取综合美国和欧洲模式的混合体模式。

以上文献均是对特定能源品种的市场进行研究，目前尚缺乏对能源市场体系的系统性、整体性研究。所以本书以“能源市场体系”为研究主题，从能源系统的角度，对能源市场体系的整体设计和框架结构进行思考，同时也将对煤炭市场体系、电力市场体系、油气市场体系，以及在碳达峰、碳中和目标和生态文明建设中日益重要的资源、环境、生态等相关市场开展研究。一方面，能对“能源市场体系”有一个整体的把握，进而从能源系统的角度探索构建统一开放、竞争有序的能源市场体系；另一方面，能对不同类型、不同区域、不同层次的能源及相关市场的关联和相互作用进行讨论，进而从统筹和协同的角度，综合提出新形势下以高标准建设能源市场体系的建议。

第三节 研究思路

本书研究目的是在加快完善社会主义市场经济体制的宏观背景下，立足能源领域和能源市场，以助力实现碳达峰、碳中和，促进能源绿色低碳转型为目标，从能源市场体系建设的角度切入，系统梳理我国能源市场建设的历程，分析在新形势和新目标下能源市场体系存在的问题、不足及有待改进之处，根据高标准市场体系建设要求，提出高标准能源市场体系建设的相关建议，同时针对能源市场体系中的重点问题展开专题研究。

本书研究侧重于以下三个重点：一是“重视历史”，对我国能源市场体系以及煤、电、油、气等能源市场建设历程进行全面而系统的梳理，通过回顾市场建设的整个历程，理解能源市场化改革的现实条件和路径选择，总结实践经验，为下一步能源市场体系的完善提供研究基础。二是“目标导向”，紧密围绕发展和改革的新形势和新任务，重点聚焦碳达峰、碳中和目标，分析经济社会广泛而深刻的系统性变革，以及能源系统的全面绿色低碳转型对能源市场化改革和市场体系建设的新要求；聚焦全面深化改革，加快完善社会主义市场经济体制背景下，高标准市场体系建设的新要求；在这两大目标导向之下，研究我国能源市场体系建设的总体思路、重点举措和实施路径。三是“问题导向”，选取能源市场体系建设中亟待解决的痛点、难点、堵点问题进行专题研究，专题的设置主要基于以下考虑：通过研究能源价格形成机制这一关键和难点问题，促进市场机制的完善；通过研究能源监测预警这一市场运行中的重要环节，补齐能源市场体系的短板；通过研究需求侧市场机制，激发长久以来被忽视但未来在新型电力系统中越来越重要的需求侧潜力活力。

本书研究内容主要包括八个部分。第一章总论概述我国能源市场体系建设所处的宏观背景，在全面深化改革背景下对能源体制机制改革和碳达峰、碳中和目标下能源系统绿色低碳转型两个维度进行分析，进而明确本书的研究目的、研究方向和研究重点。第二章和第三章分别为现状分析和历史回顾。第二章简要梳理我国能源市场概况，对当前我国煤炭、电力、油气市场，以及相关的碳市场、绿证市场、用能权市场的基本情况和运行现状进行分析。第三章详细梳理我国能源市场体系建设历程，重点对电力市场和油气市场的建设历程进行研究，总结我国能源市场体系建设已经取得的进展，分析我国能源市场体系，尤其是电力市场和油气市场建设过程中遇到的问题和挑战，作为本书研究新形势下高标准能源市场体系建设的基础和问题导向。第四章高标准能源市场体系界定为理论部分，主要从理论和政策两个方面有层次地对市场体系、能源市场体系、高标准能源市场体系的概念内涵进行理论分析，并对相关政策沿革脉络进行梳理。第五章为高标准能源市场体系建设，分析新形势对能源市场体系建设的新要求，对照新要求，逐一解析当前我国能源市场体系建设存在的问题和不足，并相应提出应对策略与建议。第六章提出新形势下建设高标准能源市场体系的总体建议，包括总体思路、重点举措和煤电油气等重点市场的相关建议。第七章为专题研究，对新形势下建设高标准能源市场体系的重点问题进行深入研究，包括完善能源价格形成机制研究、加强与完善能源监测预警研究、完善市场机制激发需求侧活力潜力三个专题。附录部分为调研报告，对我国煤炭交易中心、油气交易中心分别进行了调研分析。

第二章 中国能源市场概况

第一节 中国煤炭市场概况

煤炭是我国重要的能源和工业原料。“十三五”以来，供给侧结构性改革持续推进，我国煤炭行业的整体面貌发生了显著变化。总量性去产能任务全面完成，系统性去产能、结构性优产能初显成效。煤炭行业的产业结构和生产布局明显优化，市场竞争秩序有效规范，市场运行较为平稳。2020 年，新冠肺炎疫情对全球市场造成巨大冲击，煤炭行业发展也面临纷繁复杂的形势，供需阶段性矛盾凸显，市场出现短期波动。中长期看，在碳达峰、碳中和目标下，煤炭行业面临新的机遇和挑战，转型升级和高质量发展的任务重大而艰巨。

一、煤炭去产能目标顺利完成，产业结构明显优化

2016 年，国务院发布的《关于煤炭行业化解过剩产能实现脱困发展的意见》中明确提出“从 2016 年开始，用 3~5 年的时间，煤炭行业再退出产能 5 亿吨左右、减量重组 5 亿吨左右，较大幅度压缩煤炭产能，适度减少煤矿数量，煤炭行业过剩产能得到有效化解，市场供需基本平衡，产业结构得到优化，转型升级取得实质性进展”。供给侧结构性改革成为煤炭行业发展的主线，总量性去产能和结构性优产能成为煤炭行业发展的重要任务。

近年来，国家有关部门和主要产煤省区协力推进去产能工作，取得了符合预期的进展。根据国家能源局 2019 年公告，截至 2018 年 12 月底，我

国共有安全生产许可证等证照齐全的生产煤矿 3373 处，产能 35.3 亿吨/年；已核准（审批）、开工建设煤矿 1010 处（含生产煤矿同步改建、改造项目 64 处）、产能 10.3 亿吨/年，其中已建成进入联合试运转的煤矿 203 处，产能 3.7 亿吨/年①。截至 2020 年底，已全面完成去产能目标任务。

随着去产能工作取得实效，煤炭行业的产业结构和生产布局得到了显著优化。截至 2020 年底，全国煤矿数量从 2016 年的 1 万多处减少到 4700 处以下。通过“上大压小、增优减劣”，煤炭平均单井（矿）产能提高到 110 万吨/年以上。大型现代化煤矿成为全国煤炭生产的主体，年产 120 万吨以上的大型现代化煤矿已有 1200 处以上，产量占比达 80%，特别是年产千万吨级煤矿已有 52 处，产能达 8.2 亿吨/年②。

二、煤炭供应总体平稳，煤炭需求表现强劲

煤炭供应方面，2020 年全国煤炭产量 39 亿吨（见图 2-1），同比增长 1.4%，产量达到历史最高水平，其中规模以上企业煤炭产量 38.4 亿吨。全国煤炭日产量持续保持在 1100 万吨左右的较高水平，煤炭供应总体平稳。煤炭进口量明显增加，2020 年全国煤炭进口量为 3.04 亿吨，同比增长 1.5%，创 2014 年以来新高；出口量 319 万吨，同比下降 47.1%；净进口量 3 亿吨，同比增长 2%③。从生产布局来看，全国煤炭生产集中度进一步提升，中国煤炭工业协会公布了 2020 年全国十大煤矿产量排名，10 座煤矿产量均集中在 2000 万~3000 万吨，核定产能共 2.8 亿吨/年，原煤产量实际完成 2.3 亿吨，占全国原煤产量约 5.9%，其中神华准能集团有限公司黑岱沟露天矿以 2828 万吨排名第一。煤炭生产布局继续向中西部产煤区集中，“十三五”期间，山西、陕西和内蒙古煤炭产量占全国总产量的比重已经超过 70%。2020 年，山西、内蒙古、陕西和新疆的原煤总产量超过 30 亿吨。煤炭生产集中度的上升对煤炭市场产运销的衔接提出更高要求。

---

① http：//zfxxgk. nea. gov. cn/auto85/201903/t20190326_ 3637. htm.

② 中国煤炭工业协会编 .2020 年煤炭行业发展年度报告［R］. 2021.

③ 中国煤炭工业协会编 .2020 年煤炭行业发展年度报告［R］. 2021.

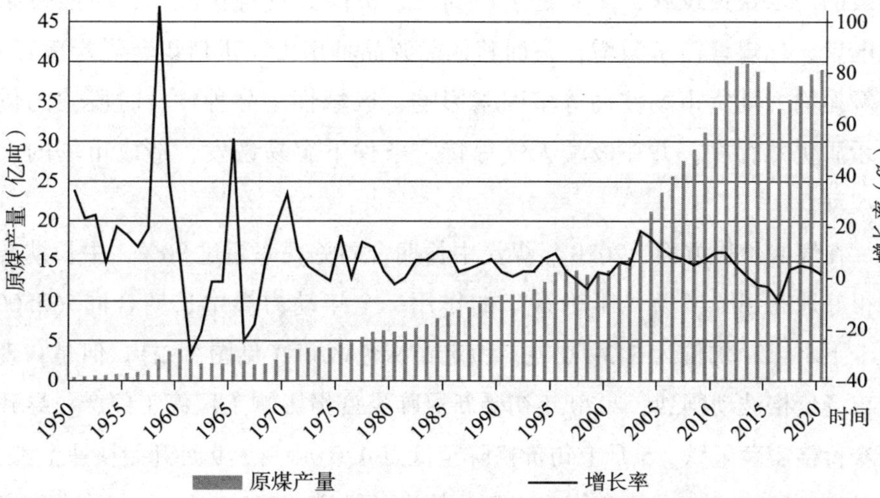

图 2-1　我国原煤产量与增长率

资料来源：国家统计局，Wind 数据库。

煤炭消费方面，根据国家统计局数据，2020 年，全国能源消费总量 49.8 亿吨标准煤，煤炭消费量增长 0.6%，煤炭消费量占能源消费总量的 56.8%，比上年下降 0.9 个百分点①。分行业看，根据中国煤炭工业协会测算，电力、钢铁、建材、化工行业耗煤量分别同比增长 0.8%、3.3%、0.2%、1.3%，其他行业耗煤量同比下降 4.6%。从煤炭消费的中长期趋势来看，在碳达峰、碳中和目标下，我国煤炭消费将面临严格的约束，煤炭占一次能源消费比重将持续降低。

三、煤炭阶段性供需矛盾凸显，煤炭价格大幅上涨

近年来，全国煤炭市场呈现总体宽松，结构性、阶段性供应紧张并存的形势。生产端，煤炭供给体系质量不断提高，煤炭供应能力稳步提升，在空间上，煤炭生产越来越向晋陕蒙地区集中，传统的东北、京津冀、华东、中南、西南等主要产煤地区产量下降。消费端，新冠肺炎疫情得到有效防控后，国内复工复产积极推进，工业、制造业快速恢复，对能源和

① 国家统计局．中华人民共和国 2020 年国民经济和社会发展统计公报［R］. 2021.

煤炭的需求快速反弹，尤其是生产高峰、极端天气等情况下，可能带来耗电量、耗煤量需求激增，叠加其他能源品种出力、进口煤、煤炭库存、煤炭运输、期货市场波动等多因素影响，区域性、品种性、时段性的供需矛盾仍然存在，并在极端天气等特定条件下容易诱发，造成市场的大幅波动。

在煤炭价格方面，2020 年煤炭中长期合同兑现率超过 90%，中长期合同很好地起到了市场“压舱石”的作用。全年动力煤中长期合同（5500 大卡下水煤）均价为 543 元/吨，稳定在绿色区间（见图 2-2）。但是，现货市场价格波动剧烈，2020 年初受新冠肺炎疫情影响工厂停工停产，导致煤炭价格震荡下跌，5 月上旬价格降至低点 470 元/吨，9 月开始快速上涨，后又有所回落，11 月下旬以来出现连续大幅上涨。2021 年，与其他类大宗商品相似，煤炭现货价格又出现了新一轮大幅上涨。同时，2021 年以来，煤炭类期货品种价格同样波动剧烈，动力煤期货一度逼近千元大关，焦煤、焦炭期货价格也出现大幅上涨。价格波动成为煤炭市场近年来的突出特征。

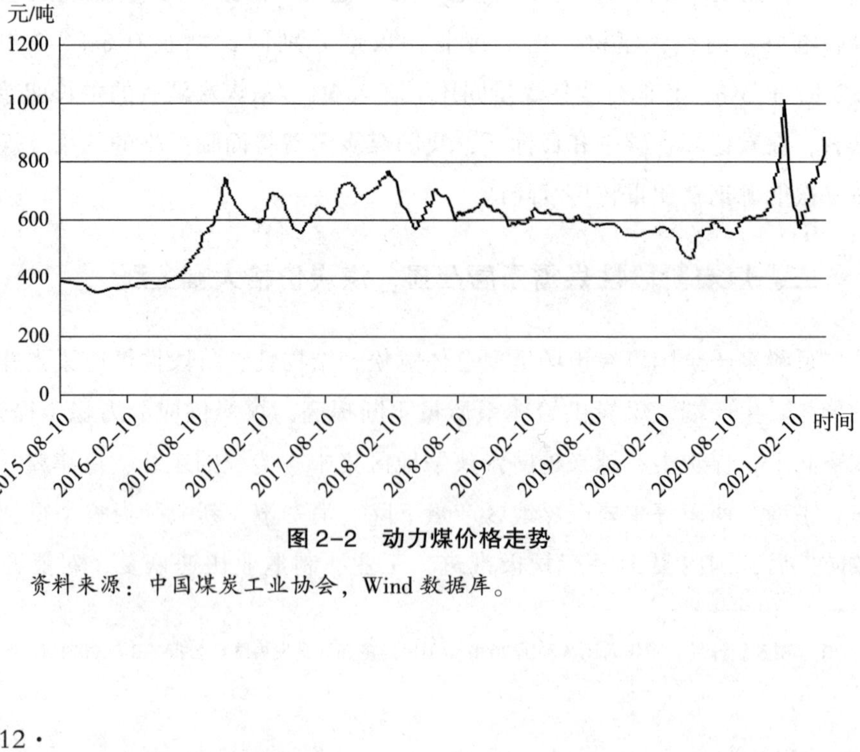

图 2-2　动力煤价格走势

资料来源：中国煤炭工业协会，Wind 数据库。

四、煤炭体制机制改革持续深化，市场体系建设继续推进

“十三五”以来，煤炭体制机制改革持续深化。随着煤炭行业发展进入平台期，从减量发展、供需协调、绿色发展等方面入手，重点从完善煤炭交易体系和市场机制两方面着力，创新宏观调控机制和科学监管体系，着力破除制约煤炭行业存在的体制机制障碍，助力煤炭高质量发展。

在交易体系方面，2020 年，全国煤炭交易中心经过近两年的筹备，正式开业运营，标志着我国煤炭交易市场体系进一步完善。该交易中心是集产供储销运及监测预警信息于一体的国家级煤炭交易平台，服务高标准市场体系建设。2020 年底，全国煤炭交易会暨中国太原煤炭交易大会召开。全国煤炭交易会是煤炭产运需企业汇聚的重要平台，是全国煤炭交易市场体系的重要环节。

在市场机制方面，近年来，煤炭中长期合同已成为煤炭供应的“压舱石”和“稳定器”，国家主管部门也非常重视中长期合同的签订与履行。从 2017 年开始，国家发展改革委每年都会印发推进煤炭中长期合同签订履行工作的通知，不断完善煤炭中长期合同制度和价格机制，促进早签、多签、签实、签长煤炭中长期合同，推动煤炭供需双方建立长期、稳定、诚信、高效的合作关系，从而保障煤炭的安全稳定供应和市场平稳运行。

第二节　中国电力市场概况

一、全社会用电量高位增长，最高负荷屡创新高

近年来，我国全社会用电量稳步增长。2010 年全社会用电量 41999 亿千瓦·时，2020 年增长至 75110 亿千瓦·时，增长率达 78.8%。2021 年第一季度，受基数低、“就地过年”、复工复产等多因素影响，全社会用电量高位快速增长，达到 19219 亿千瓦·时，同比增长 21.2%。在碳达峰、碳

中和目标下，电力消费仍将进一步高位增长。

用电量增长的同时，我国各地用电最高负荷也屡创新高，并呈现出明显的尖峰、双峰特征。如图 2-3 所示，全国主要电网最高发电负荷逐年上升，从 2005 年的 2.6 亿千瓦上升至近两年来的超过 10 亿千瓦。各省用电最高负荷纪录也频频刷新，特别是经济发达、生活水平高、城市化水平高、城乡均衡发展的华东地区，不仅是全国电力消费大区，用电负荷也是全国最高，上海、浙江、江苏等省（市），最高用电负荷逐年攀升，江苏 2020 年 8 月最高用电负荷已超过 1.15 亿千瓦。

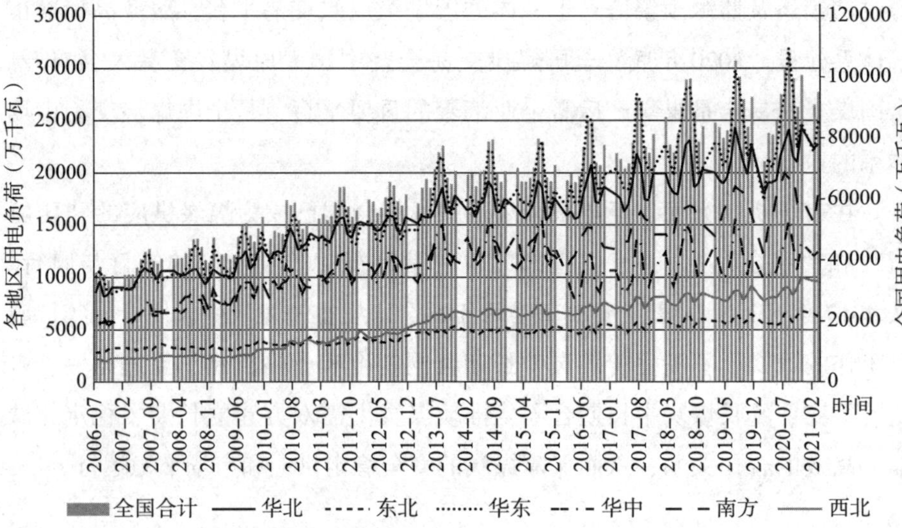

图 2-3　全国及各地区主要电网最高用电负荷

资料来源：Wind 数据库。

随着电能替代的推进、第三产业和生活用电比重上升、降温取暖负荷比重上升、用电设备的多元化，电力负荷对气候、气温的敏感度大幅上升，呈现出夏季、冬季双高峰特征，特别是近年来高温、寒潮等极端天气在多地频发，负荷尖峰不断攀升，冬季尖峰负荷不断创下新高，峰谷差进一步拉大，给电力系统和电力市场带来较大冲击。从供需平衡角度看，近年来全国电力供需总体平衡，但是区域性、时段性供需失衡矛盾仍然存在，局部地区出现“缺电”现象。

二、产业和地区用电量呈现不同特征

分产业看（见图 2-4），2020 年，第一产业用电量 859 亿千瓦·时，同比增长 10.2%；第二产业用电量 51215 亿千瓦·时，同比增长 2.5%；第三产业用电量 12087 亿千瓦·时，同比增长 1.9%；城乡居民生活用电量 10949 亿千瓦·时，同比增长 6.9%。2021 年 1—3 月，第一产业用电量 210 亿千瓦·时，同比增长 26.4%；第二产业用电量 12625 亿千瓦·时，同比增长 24.1%；第三产业用电量 3331 亿千瓦·时，同比增长 28.2%；城乡居民生活用电量 3053 亿千瓦·时，同比增长 4.7%。从走势上看，2020 年初受新冠肺炎疫情冲击，用电量显著下滑，而随着疫情防控取得明显成效，复工复产积极推进，用电量随着经济形势回暖出现快速反弹。

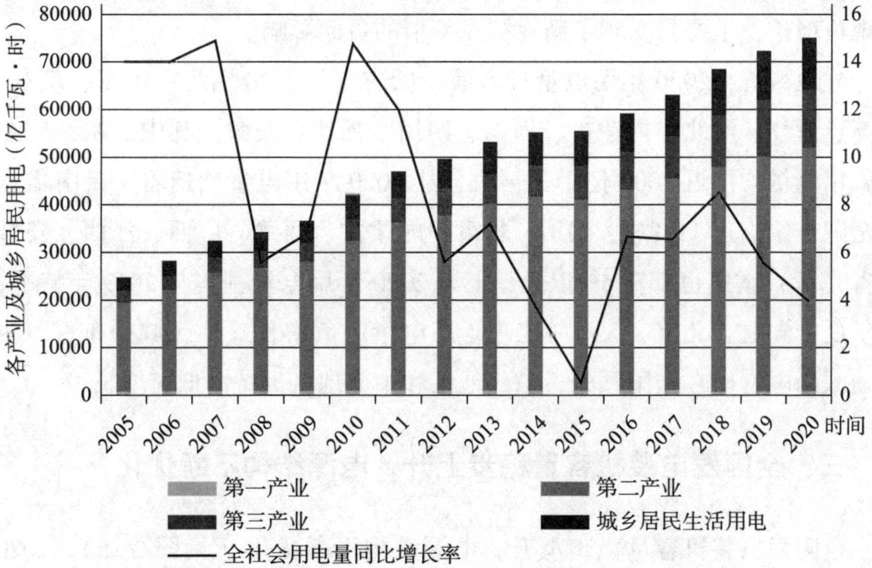

图 2-4　我国全社会分产业和城乡居民生活用电量

资料来源：Wind 数据库。

2020 年，我国全行业用电量增速为 2.48%，城乡居民生活用电量增速为 6.88%，特别是乡村居民用电量增速在 8%以上，随着我国乡村振兴战略的进一步推进，乡村居民用电将成为全社会用电量新的增长点。而从全行业的用电分类来看①，近年来，随着我国经济结构调整和产业结构转型升级，加上生态文明建设的稳步推进以及碳达峰、碳中和目标的提出，我国各行业面临着新的形势，也将呈现不同的发展路径，而细分行业的用电量数据也呈现新的趋势和特征。具体到各细分行业，一是数字经济蓬勃发展打造用电量新兴增长极。2020 年，信息传输、软件和信息技术服务业用电量增速超过 20%，其中软件和信息技术服务业用电量增速超过 45%，互联网数据服务用电量增速超过 60%。二是工业部门用电量占比最高，增速维持中低速水平，采矿业出现了负增长，而制造业和电力、热力、燃气及水生产和供应业的用电量增速略高于 2%。其中，风能原动设备制造、光伏设备及元器件制造、废弃资源综合利用业等行业的用电量均出现了超高速增长，体现了产业经济增长中新的热点，绿色低碳成为新的发展趋势。三是建筑业用电量低速增长，交通运输、仓储和邮政业，住宿和餐饮业等出现负增长，主要是受到了新冠肺炎疫情的负面影响。

分地区看，2020 年用电量排名前十的省（区）分别为：山东、广东、江苏、浙江、河北、内蒙古、河南、四川、福建、安徽。其中山东、广东两省用电量均接近 7000 亿千瓦·时。从 2020 年用电量增速看，云南增速居全国首位，达 11.8%，四川、甘肃、内蒙古、西藏、广西、江西、安徽等省（区）增速也都在 5%以上；上海 2020 年用电量基本与 2019 年持平；而宁夏、湖北、北京、天津等出现了用电量的负增长。从区域分布看，西部地区用电增速在全国领先，东部地区和中部地区保持中低速增长。

三、全国发电装机容量稳步上升，电源结构不断优化

全国发电装机容量稳步上升，电源结构不断优化（见图 2-5）。2020 年，全国电源新增装机容量 19087 万千瓦，其中水电 1323 万千瓦、风电 7167 万千瓦、太阳能发电 4820 万千瓦。2020 年末，全国总装机容量 220058 万千瓦，比上年末增长 9.5%。其中，火电装机容量 124517 万千瓦，增长 4.7%；水电装机容量 37016 万千瓦，增长 3.4%；核电装机容量

① 中国电力企业联合会．全国电力工业统计快报（2020 年）[R].

4989 万千瓦，增长 2.4%；并网风电装机容量 28153 万千瓦，增长 34.6%；并网太阳能发电装机容量 25343 万千瓦，增长 24.1%。从装机容量增速看，风电、太阳能发电的装机容量均增长两位数以上。在碳达峰、碳中和目标下，我国着力构建以新能源为主体的新型电力系统，风电、太阳能发电等新能源装机将进一步快速增加并大规模并网。

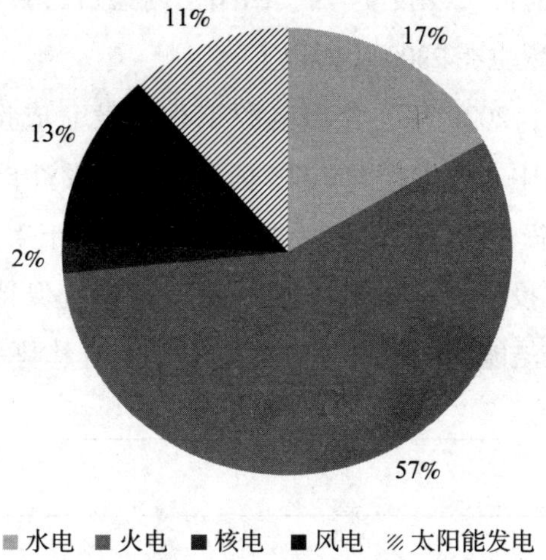

图 2-5　2020 年我国各类电源的装机容量对比

资料来源：《全国电力工业统计快报（2020 年）》。

全社会发电量高位增长。2020 年，全社会发电量 77790.6 亿千瓦·时，其中，火电 53302.5 亿千瓦·时，同比增长 2.1%；水电 13552.1 亿千瓦·时，同比增长 3.9%；核电 3662.5 亿千瓦·时，同比增长 5.1%。风电、光伏发电量占比逐渐上升，2020 年我国风电、光伏发电量分别为 4665 亿千瓦·时、2605 亿千瓦·时，经测算二者共占全社会用电量的 9.67%①。

不同地区、不同电源的发电设备平均利用小时数存在分化现象。2020 年，全国 6000 千瓦及以上电厂发电设备平均利用小时数为 3758 小时，同比降低 70 小时。其中，水电、核电设备平均利用小时数同比上升，分别为 3827 小时、7453 小时，而火电设备平均利用小时数为 4216 小时，同比下降。并网风电设备平均利用小时数为 2073 小时，并网太阳能发电设备平均利用小

① 国家统计局．中华人民共和国 2020 年国民经济和社会发展统计公报［R］．2021-02-08.

时数为1281小时，同比小幅下降①。不同地区的电源发电设备平均利用小时数也存在明显差异。2020年，火电设备平均利用小时数最高的省（区）为新疆，达5236小时，江西、内蒙古、福建、安徽、甘肃等省（区）的发电设备平均利用小时数也在4500小时以上，而西藏、青海、云南等省（区）的发电设备平均利用小时数在3000小时以下。风电设备平均利用小时数最高的为福建，达2880小时，云南、广西、四川、内蒙古、吉林等省（区）发电设备平均利用小时数也在2300小时以上②。

电源建设方面，2020年，全国电源工程建设完成投资5244亿元，同比增长29.2%。其中，水电投资1077亿元、火电投资553亿元、核电投资378亿元、风电投资2618亿元（见图2-6）。从近年来的趋势看，火电投资明显下降，风电投资快速上升，水电和核电投资保持平稳。在碳达峰、碳中和目标下，清洁能源的建设投资将继续呈上升趋势。

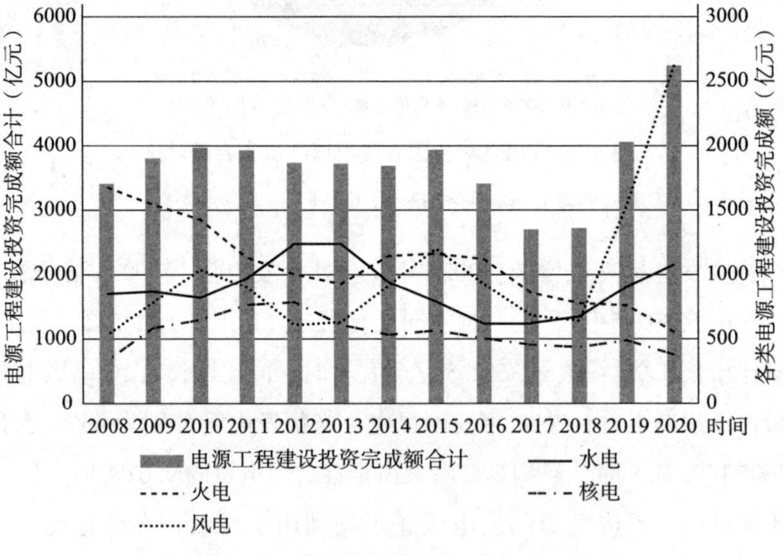

图2-6 全国各类电源工程建设投资完成额

资料来源：Wind数据库，作者整理。

① 中国电力企业联合会. 全国电力工业统计快报（2020年）[R].

② Wind数据库。

四、跨区跨省输电能力持续提升，输电量规模不断扩大

随着输电基础设施的不断完善，我国跨区跨省输电能力持续提升。截至 2019 年底，全国跨区输电能力达 14825 万千瓦，包括跨区网对网输电能力 13481 万千瓦和跨区点对网送电能力 1344 万千瓦。南方、华东、华北区域已投运 9 条跨省特高压输电线路，输电能力共计 4580 万千瓦①。

跨区输电量方面（见图 2-7），2020 年 1—11 月，全国跨区送电完成 5617 亿千瓦时，同比增长 13.5%。其中，华北送华中（特高压）35 亿千瓦时，华北送华东 543 亿千瓦·时，东北送华北 460 亿千瓦·时，华中送华东 394 亿千瓦·时，华中送南方 275 亿千瓦·时，西北送华北和华中合计 1300 亿千瓦·时，西南送华东 977 亿千瓦·时。2021 年 1—3 月，全国跨区送电完成 1470 亿千瓦·时，同比增长 22.9%。**跨省输电量**方面，2020 年 1—11 月，全国各省送出电量合计 14041 亿千瓦时，同比增长 6.1%。其

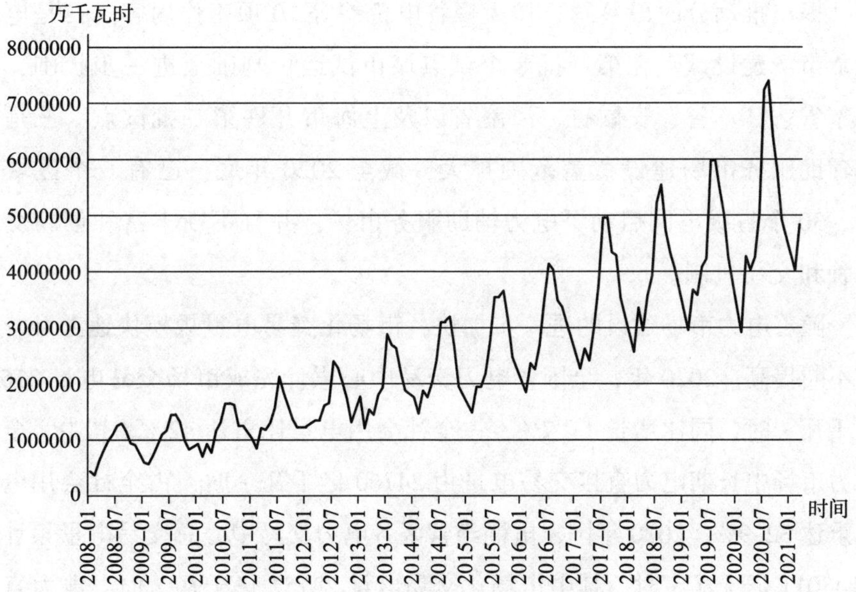

图 2-7　全国月度跨区域送电量

资料来源：Wind 数据库。

① 中国电力企业联合会编著. 中国电力行业年度发展报告［R］. 2020：115-119.

中，内蒙古送出电量 1865 亿千瓦·时，云南送出电量 1581 亿千瓦·时，四川送出电量 1374 亿千瓦·时，山西送出电量 1218 亿千瓦·时，宁夏送出电量 984 亿千瓦·时，湖北送出电量 921 亿千瓦·时。2021 年 1—3 月，全国各省送出电量合计 3499 亿千瓦·时，同比增长 24.6%①。

五、电力市场建设进一步加快，市场化交易规模不断扩大

近年来，电力体制改革进一步深化，统一开放、竞争有序的电力市场体系建设进一步加快。一是电力中长期交易规则进一步完善，2020 年 6 月，《电力中长期交易基本规则》印发，对市场成员，准入与退出，市场注册、变更与注销，交易品种和交易方式，价格机制，交易组织，安全校核、合同签订与执行等方面进行了详细规定。此后，多数地区也印发了电力中长期交易实施细则。主管部门积极推动落实中长期合同签订，2020 年 12 月《关于做好 2021 年电力中长期合同签订工作的通知》发布，提出推动分时段签约、拉大峰谷电价差等 10 项工作内容。二是电力现货市场建设试点在第一批 8 个试点城市试运行基础上进一步扩围，在辽宁省、江苏省、安徽省、河南省以及上海市开展第二批试点。三是电力辅助服务市场建设覆盖范围扩大，截至 2020 年底，已有 6 个区域电网、30 个省级电网启动了电力辅助服务市场，并且不断丰富和创新交易品种和交易机制。

随着电力市场建设的进一步加快，市场化交易电量规模快速上升，比重不断提高。2020 年，全国各电力交易中心累计完成市场交易电量 31663 亿千瓦·时，同比增长 11.7%，占全社会用电量比重达 42%。其中，全国电力市场中长期电力直接交易电量为 24760 亿千瓦·时，占全社会用电量比重达 32.9%。2020 年国家电网经营区各电力交易中心总交易电量累计完成 48011 亿千瓦·时，其中市场化交易电量 23152 亿千瓦·时，电力直接

① 中国电力企业联合会．2020 年 1—11 月份电力工业运行简况［Z］；中国电力企业联合会．2021 年 1—3 月份电力工业运行简况［Z］.

交易电量18099亿千瓦·时[①]。

电力市场监管也进一步完善。一是电价政策不断健全，近年来的重点工作是国家发展改革委修订出台了《省级电网输配电价定价办法》和《区域电网输电价格定价办法》，在严格成本监审的基础上，制定了省级电网第二监管周期输配电价，标志着我国输配电价监管政策体系框架的初步完善。二是电力信用体系建设稳步推进，组织设立了电力行业信用评价标委会，完善信用管理标准体系；持续开展行业信用评价，在全国完成了440家初评、复评企业信用等级评价，建立了信用信息共享交换机制；发布了《电力行业信用体系建设年度发展报告（2020）》；组织开展了信用管理教材修编、人员培训、宣传等活动[②]。

第三节　中国油气市场概况

2020年，新冠肺炎疫情对全球油气行业造成巨大冲击，油气市场量价齐跌，投资和贸易市场均陷入低迷，油气公司经营业绩大幅下滑。随着新冠疫苗的大批量接种，全球经济出现复苏，油气市场基本面缓慢恢复，需求颓势有所扭转，油气价格出现恢复性反弹。国内油气市场也受到新冠肺炎疫情和国际油气市场颓势影响，在逆境中谋求发展，抗疫保供、复工复产、增储上产、提质增效。展望"十四五"，我国油气市场仍将面临新冠肺炎疫情的反复和国际市场的震荡，需要继续深入推进油气体制改革和油气行业高质量发展，为碳达峰、碳中和目标实现和新发展格局的构建提供坚实支撑和强劲助力。

一、国内油气市场供需总体宽松，市场化改革持续推进

2020年，我国原油产量1.95亿吨，进口量5.42亿吨，净进口量5.41

---

① 北极星售电网.2020年售电行业年度报告［R］.

② https：//www.creditchina.gov.cn/hangyexinyong_ 824/zonghedongtai/hangyexiehuishanghui/202101/t20210120_ 224671.html.

亿吨。石油表观消费量约 7.02 亿吨，同比增长 6.6%。成品油表观产量 3.31 亿吨，同比下降 8.1%；实际产量 4.26 亿吨，同比下降 2.1%；成品油表观消费量约 2.9 亿吨，同比下降 7%[①]。天然气产量为 1926 亿立方米（含地方企业煤层气），增量为 149 亿立方米，增速为 8.4%。进口量为 1408 亿立方米，增速显著回落至 2.0%。天然气消费量为 3262 亿立方米，增量接近 220 亿立方米，增速放缓至 7.1%。由于新冠肺炎疫情对社会生产生活的巨大冲击，油气需求呈现疲软态势，而产量和进口量基本平稳，尤其是天然气产量较快增长，2020 年全国油气市场供需总体宽松。

油气市场化改革持续推进。**交易中心建设**方面，上海和重庆石油天然气交易中心不断创新交易模式和交易类型，交易量稳步上升。深圳天然气交易中心于 2020 年 11 月正式挂牌，浙江天然气交易市场于 2020 年 12 月揭牌运营。**管网机制建设**方面，2019 年 12 月，国家石油天然气管网集团有限公司正式成立，主要从事油气干线管网及储气调峰等基础设施的投资建设和运营，负责干线管网互联互通和与社会管道连通，以及全国油气管网的运行调度。初步建立了信息定期披露和托运商准入制度，加快推动基础设施公平开放。国家管网公司的成立和运行是深化油气体制改革和管网运营机制改革的实质性举措。**价格改革**方面，2020 年新版《中央定价目录》发布，在注释中对现行天然气门站价格的定价机制进行了规定，进一步明确了市场化的改革方向。2020 年 7 月，国家发展改革委印发《关于加强天然气输配价格监管的通知》，针对供气环节过多、加价水平过高、收费行为不规范等问题，提出严格开展定价成本监审。随后，河北等多省出台了配套政策。**“放管服”改革**方面，2020 年，商务部废止了《成品油市场管理办法》和《原油市场管理办法》，原油、成品油销售及仓储资质审批取消，市场主体将更加多元化，标志着国内原油和成品油管理的市场化改革进一步推进。

二、原油产量进一步回升，原油进口量较快增长

2019 年，国家能源局制定了油气行业增储上产“七年行动计划”，要

① 国家统计局 . 2020 年国内外油气行业发展报告［M］. 北京：石油工业出版社，2021.

求石油企业落实增储上产主体责任。近年来，国内石油企业加大勘探开发力度，国内原油储产量进一步增加，原油产量增速进一步回升。2020年，原油产量同比增长2.0%。

受新冠肺炎疫情后国内经济复苏和石油炼化产业扩张拉动，加上国际油价低迷的价格刺激，我国原油进口量在国际石油需求整体疲软的情况下逆势较快增长。2020年，我国原油净进口量5.41亿吨，同比增长7.3%。原油对外依存度进一步上升至73.5%①。

成品油产量受新冠肺炎疫情冲击及国内炼厂主动下调成品油收率影响，出现较为明显的下降（见图2-8），表观产量下降8.1%，其中，2020年汽油、柴油、煤油的表观产量分别为13172万吨、15905万吨、4049万吨，增速分别为-6.7%、-4.4%、-23.2%②。

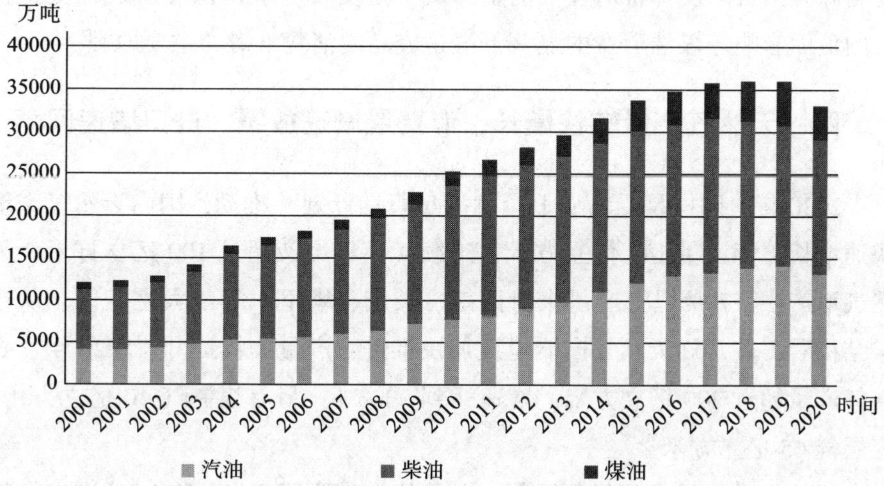

图2-8 我国成品油产量

资料来源：国家统计局，Wind数据库。

① 刘朝全，姜学峰主编.2020年国内外油气行业发展报告［M］. 北京：石油工业出版社，2021：62-63.

② 同①64.

三、成品油消费出现下滑，不同品种呈现分化态势

2020 年，汽油、柴油、煤油的表观消费量分别为 11675 万吨、13604 万吨、3318 万吨，同比降低 4.6%、7.0%、13.9%，均出现不同幅度的下滑①。不同品种消费量下滑原因不同，未来走势也存在差异。

汽油表观消费量负增长主要是由于新冠肺炎疫情期间居家办公等措施使乘用车出行和销售受到巨大冲击，而随着疫情得到有效控制，汽油的消费量已于 5 月由负转正，将继续呈中低速增长态势。柴油消费已进入峰值平台期，但是疫情后基础设施、工程建设、房地产等行业生产活动刺激柴油消费出现了小幅反弹，农业机械化快速发展也有利于提振农机用油需求，柴油仍将保持正增长。煤油消费受疫情冲击最为严重，国内航线的恢复和商旅出行的反弹将对煤油消费形成一定支撑，但是国际航线仍受到较大的负面影响。煤油消费的显著下滑是成品油消费下滑的主要原因。

四、天然气产量较快增长，消费量增速放缓，进口增速回落

2020 年，同样是受增储上产“七年行动计划”推动，国内天然气产量快速增长，年增量 149 亿立方米，连续 4 年年增产超过 100 亿立方米。天然气增产中，70%以上产量来自西南、长庆、塔里木等三大主产区。从产量结构看，非常规天然气产能建设加快推进，产量大幅提升。2020 年，页岩气产量超过 200 亿立方米，增速达到 33.3%；另有煤制气 40 亿立方米，煤层气 65 亿立方米②。

天然气进口量出现显著回落，对外依存度下降至 43.2%。从进口结构看，管道天然气进口量为 476 亿立方米，同比下降 6.9%，其中，从土库曼斯坦、乌兹别克斯坦和缅甸进口量降幅都超过 10%，而中俄东线供气量稳定增加。液化天然气（LNG）进口量则较快增长，全年进口量约合 932

① 刘朝全，姜学峰主编．2020 年国内外油气行业发展报告［M］．北京：石油工业出版社，2021：64-65.

② 同①94；杨晶．2020 年天然气发展形势与 2021 展望［J］．中国能源，2021（3）：39-44.

亿立方米，同比增长 11.4%[①]，这主要得益于国内 LNG 接收能力的快速提升和国际 LNG 价格处于历史低位。预计随着进口管道的增长和 LNG 接收能力的上升，加上进口气源的开拓，天然气进口仍将呈增长态势。

天然气消费量增速放缓（见图 2-9），且各行业、各地区的消费量出现显著分化。“十三五”时期，受大气污染防治、煤改气、北方清洁取暖等政策驱动，加上天然气供应能力的提升和基础设施的完善，我国天然气市场发展势头迅猛，天然气消费量不断创新高，由 1890 亿立方米增长至 3262 亿立方米，年均增速超过 10%。2020 年，天然气增速出现小幅回落，但呈现前低后高趋势。分行业看，工业是最主要的用气领域，估计全年工业用气量达 1290 亿立方米；此外，城市燃气、发电、化工化肥等领域用气也保持快速增长，估计用气量分别为 1004 亿立方米、571 亿立方米、397 亿立方米[②]。“十四五”时期，预计天然气消费规模仍将以中低增速进一步扩大。

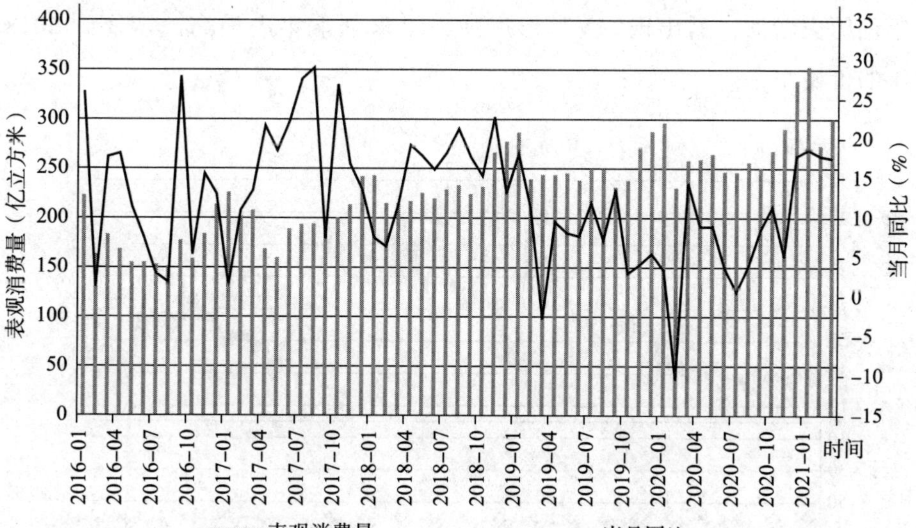

图 2-9　天然气表观消费量及当月同比

资料来源：Wind 数据库。

① 刘朝全，姜学峰主编 . 2020 年国内外油气行业发展报告［M］. 北京：石油工业出版社，2021：94-95.

② 同①92-93.

五、国际油气价格宽幅震荡，国内油气价格稳中有降

受基本面和非基本面共同影响，2020 年国际油气价格出现宽幅震荡，总体处于低价区间。在新冠肺炎疫情影响下，全球石油需求大幅下降，石油市场严重供过于求，库存创下历史最高，油价也出现剧烈波动，期货合约价格甚至跌入负值区间（见图 2-10）。上海原油价格同样出现剧烈震荡，但是受我国复工复产较快、原油采购需求大幅提振影响，上半年上海与布伦特、阿曼等期货一度出现 10 美元/桶以上的价差。随着全球疫情严峻形势缓解，油价出现一定幅度恢复，但仍然在低价徘徊。2021 年以来，受大宗商品价格普涨影响，原油价格出现明显回升。全球天然气价格同样陷入低迷，其中，亚洲 LNG 进口价格受国际油价下跌影响，出现 20%以上的跌幅，东北亚 LNG 现货价格则出现宽幅震荡，上半年创历史新低，后出现“V”形反弹，年末创下年内最高，恢复到 2018 年的价格水平。

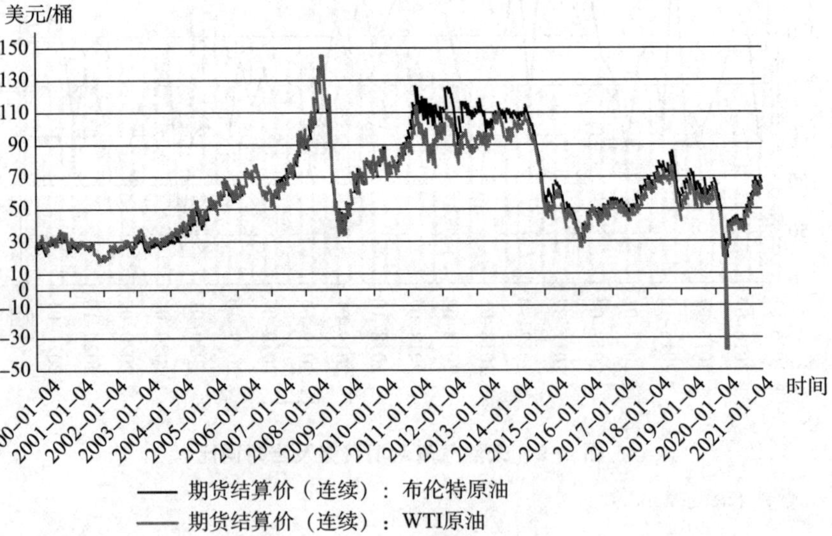

图 2-10　国际原油期货价格

资料来源：Wind 数据库。

国内成品油价格随国际油价波动进行调整。2020 年调价窗口正常开启 13 次，包括 8 次上调、5 次下调，汽油、柴油分别累计下调 1295 元/吨、1250 元/吨。国内 LNG 市场价格和天然气进口价格受国际市场影响均出现大幅下跌。

六、油气基础设施建设稳步推进，产供储销体系逐步完善

油气管道建设稳步推进。国家管网集团成立后，对三大石油公司相关油气管网资产进行了整合，全国主要油气管道实现“并网运行”，“全国一张网”框架初步形成。截至 2020 年底，我国油气长输管道累计达到 14. 4 万千米，其中天然气管道约 8. 6 万千米，原油管道约 2. 9 万千米，成品油管道约 2. 9 万千米。省级管网建设稳步推进，管网互联互通建设也按计划推进，广东省天然气管网公司成为首个以市场化方式融入国家管网集团的省级管网。2020 年，我国新建成油气长输管道 5081 千米，其中天然气管道建设里程快速增长，而由于石油消费即将达峰，原油、成品油管道建设进一步放缓，以更新改造、替换老旧管道为主①。

LNG 接收能力持续提升。截至 2020 年底，我国已投运 LNG 接收站 22 座，总接卸能力 8700 万吨/年。目前在建 LNG 接收站 10 座，一期接收能力 3600 万吨/年；扩建 7 座，预计投产后新增接收能力 2090 万吨/年。在目前已有接收能力中，国家管网公司占比 32%，民营企业占比 11%。储气基础设施建设取得一定进展。截至 2020 年底，我国累计建成地下储气库群 14 个（地下储气库 27 座），工作气量达 147 亿立方米。城市燃气企业 5% 的应急储备建设与规划相对滞后，仍需要进一步加快推进②。

---

① 高鹏，高振宇，赵赏鑫，刘广仁 . 2020 年中国油气管道建设新进展［J］. 国际石油经济，2021，29（3）：53-60.

② 刘朝全，姜学峰主编 . 2020 年国内外油气行业发展报告［M］. 北京：石油工业出版社，2021：98-99.

第四节　其他相关市场概况

一、碳交易市场概况

2011年，国家发展改革委发布《关于开展碳排放权交易试点工作的通知》（发改办气候〔2011〕2601号），同意北京市、天津市、上海市、重庆市、湖北省、广东省及深圳市开展碳排放权交易试点（见表2-1）。

表2-1　碳排放权交易试点比较

试点地区	交易场所	交易品种	交易形式	政策文件
北京市	北京环境交易所	碳排放配额（BEA）；经相关主管部门批准的其他交易产品	公开交易； 协议转让； 经市发展改革委或市金融局批准的其他交易形式	《北京环境交易所碳排放权交易规则（试行）》
天津市	天津排放权交易所	碳配额产品（TJEA）；核证自愿减排量（CCER）	拍卖交易；协议交易	《天津排放权交易所碳排放权交易规则（暂行）》
上海市	上海环境能源交易所	上海市碳排放配额登记注册系统中登记的各年度碳排放配额（SHEA）；经市主管部门批准的其他交易品种	挂牌交易（单向逐笔配对的公开竞价交易方式）；协议转让。 另有碳配额远期交易、碳排放配额质押登记	《上海环境能源交易所碳排放交易规则》
重庆市	重庆联合产权交易所集团股份有限公司	碳排放配额；国家核证自愿减排量及其他依法批准的交易产品	协议交易	《重庆市碳排放权交易管理暂行办法》；《重庆联合产权交易所碳排放交易细则（试行）》

续表

试点地区	交易场所	交易品种	交易形式	政策文件
湖北省	湖北碳排放权交易中心有限公司	湖北省温室气体排放分配配额（HBEA）；CCER；经主管部门认定的其他交易品种	协商议价转让和定价转让的混合交易方式。另有碳排放权现货远期交易	《湖北碳排放权交易中心碳排放权交易规则》（2016年第一次修订）；《湖北碳排放权交易中心碳排放权现货远期交易规则》
广东省	广州碳排放权交易所	广东省碳排放配额（GDEA）；CCER；经省发展改革委批准的其他交易品种	挂牌点选；协议转让；经省发展改革委批准的其他方式。另有碳排放权远期交易	《广州碳排放权交易中心碳排放配额交易规则》（2018年修订）；《广州碳排放权交易中心国家核证自愿减排量交易规则》（2019年修订）
深圳市	深圳排放权交易所	碳排放配额；核证自愿减排量；相关主管部门批准的其他碳排放权交易品种	现货交易；电子拍卖；定价点选；大宗交易；协议转让等	《深圳市碳排放权交易管理暂行办法》

资料来源：根据政策文件整理。

在全国碳市场建设方面，2021年，《碳排放权交易管理办法（试行）》（以下简称《办法》）发布，按照国家有关规定建设全国碳排放权交易市场，全国碳市场覆盖的温室气体种类和行业范围由生态环境部拟定，按程序报批后实施，并向社会公开。《办法》明确了温室气体重点排放单位名录，提出由生态环境部制定碳排放配额总量设定与分配方案，省级生态环境主管部门向本行政区域内的重点排放单位分配规定年度的碳排放配额。碳排放配额分配以免费分配为主，可以根据国家有关要求适时引入有偿分配。《办法》对全国碳排放权交易市场的排放交易进行了规定，其中，交易产品为碳排放配额，生态环境部可以适时增加其他交易产品；交易主体为重点排放单位以及符合国家有关交易规则的机构和个人；交易平台为全国碳排放权交易系统；价格可以采取协议转让、单向竞价或者其他符合规定的方式确定。2021 年 5 月，生态环境部发布《碳排放权登记管理规则（试行）》《碳排放权交易管理规则（试行）》和《碳排放权结算管理规则（试行）》，碳市场的规则制度进一步完善。

二、绿证市场概况

绿色能源除了像火电等常规能源通过出售电量实现经济效益外，还提供了清洁、低碳、环保的环境效益，绿色电力证书（以下简称绿证）的产生是这部分环境效益的体现。开展绿证交易是近十几年来国际上通行的做法，2001 年荷兰已率先开展了绿证交易，美国、日本、英国、法国、荷兰、瑞典、丹麦、芬兰、瑞士、挪威、意大利、奥地利、比利时、加拿大、澳大利亚等 20 多个国家均开展了绿证交易。国际上，绿证交易制度通常是可再生能源配额制的配套政策，分为强制配额交易和自愿认购两类，绿证自愿认购市场的建立更为广泛。

2017 年，国家发展改革委、财政部、国家能源局三部委联合发布《关于试行可再生能源绿色电力证书核发及自愿认购交易制度的通知》，我国绿证制度正式试行。绿证是国家对发电企业每兆瓦时非水可再生能源上网电量颁发的具有唯一代码标识的电子凭证，一般由独立的第三方颁发，在我国，国家可再生能源信息管理中心依托国家可再生能源发电项目信息管理系统管理绿证核发和自愿认购交易。

我国绿证交易在全国绿色电力证书自愿认购交易平台进行，该交易平台目前挂牌交易的绿证分为风电和光伏两类，累计核发、挂牌和交易的数量如图 2-11 所示。根据平台统计数据，截至 2021 年 5 月，已有 2703 名认购者，共认购 74058 个绿证。

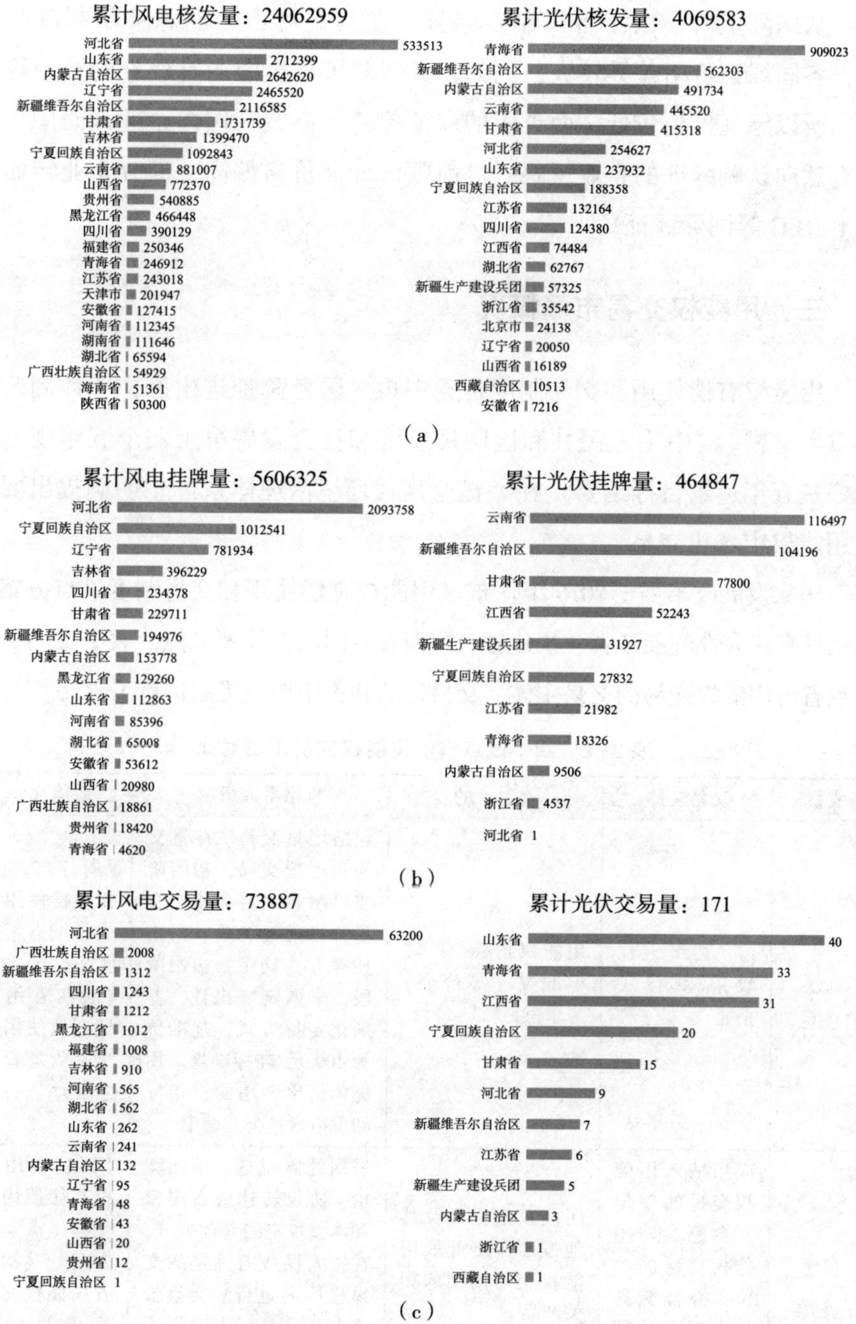

图 2-11　绿证核发、挂牌和交易量

资料来源：国家可再生能源信息管理中心。

从国际上看，由于各国制度差异，尤其是可再生能源补贴制度的差异，各国绿证价格差异较大，例如，美国对可再生能源有额外的资源税补贴，所以绿证价格较低，而英国的绿证价格较高。在国内企业调研中，很多有意向认购绿证的企业反映，目前国内绿证价格偏高，部分企业转而购买 I-REC 等国际绿证。

三、用能权交易市场概况

用能权有偿使用和交易制度是党中央、国务院推进生态文明体制改革的重大举措。《中华人民共和国国民经济和社会发展第十四个五年规划和二〇三五年远景目标纲要》在“健全现代环境治理体系”中明确提出要推进用能权市场化交易。

国家发展改革委于 2016 年发布《用能权有偿使用和交易制度试点方案》，选取具有代表性的浙江省、福建省、河南省、四川省开展试点。表 2-2 将四个试点省份用能权交易的交易主体、交易标的和价格形成机制进行了对比。

表 2-2　四个试点省份用能权交易市场对比

省份	交易主体	交易标的	价格形成机制	政策文件
浙江	市、县级人民政府和有关企业	用能权指标，以吨标准煤（等价值）为单位	包括增量交易、存量交易和租赁交易，初始阶段以增量交易为主。交易价格通过竞价、招拍挂等方式确定。初始阶段，采取定额出让、差别化定价方式，基准价为 400 元/吨标准煤。用能单位申购用能权指标的价格通过公式确定	《浙江省用能权有偿使用和交易试点工作实施方案》《浙江省用能权有偿使用和交易管理暂行办法》
福建	应当纳入用能权交易的单位和自愿参与用能权交易的单位，符合交易规则要求的其他法人单位	用能权指标以及其他按照规定开展用能权交易活动的相关产品	采用挂牌点选、单向竞价、协议转让或者国家和本省规定的其他方式，在省人民政府确定的交易机构内进行。交易价格由交易参与方根据市场供求关系确定	《福建省用能权有偿使用和交易试点实施方案》《福建省用能权交易管理暂行办法》

续表

省份	交易主体	交易标的	价格形成机制	政策文件
河南	重点用能单位、自愿参与履约单位	用能权指标	通过用能权交易系统，按照有关规定，采用定价转让、协议转让或竞拍转让方式进行交易	《河南省用能权有偿使用和交易管理暂行办法》
四川	重点用能单位以及符合用能权交易规则相关规定的其他用能单位、社会机构、组织	核心交易产品是用能权指标。另有补充交易产品，如非重点用能单位的节能量。逐步探索可再生能源绿色电力证书等作为补充交易产品	场内交易，交易主体购买或出售用能权指标的行为通过四川联合环境交易所交易平台进行；用能权指标价格采用政府指导与市场调节相结合的方式确定	《四川省用能权有偿使用和交易管理暂行办法》

资料来源：作者根据试点省份相关政策文件整理。

上述四省的试点方案均在确定用能权指标的基础上，明确交易要素。交易主体一般为试点地区用能单位，或其他能耗“双控”目标责任主体。交易标的是用能权指标，以吨标准煤为单位，有的省份也在尝试探索补充交易产品。交易流程是由交易主体将所持有的用能权指标在交易市场中进行交易。价格形成机制上，用能权初始交易价格由试点地区确定，伴随市场发展，逐步过渡到由交易方集合竞价方式形成交易价格，并构建与完善市场调节机制。

第三章 能源市场体系建设历程

第一节 能源市场化改革的总体历程

改革开放以来，我国坚持全面深化改革，充分发挥经济体制改革的牵引作用，不断完善社会主义市场经济体制。在能源领域，我国能源市场化改革稳步推进，市场化程度不断提升，能源市场体系和煤、电、油、气等各能源市场不断健全。我国能源市场化改革是社会主义市场经济体制改革的组成部分，也与能源产业的发展和能源系统的建设相互融合。在社会主义经济体制改革的宏观背景和发展历程中，结合能源产业发展状况，综合来看，我国能源市场化改革经历了四个阶段。

一、第一阶段：1978—1989 年

改革开放以前，我国实行集中计划经济制度。由于能源是社会生产生活的重要物质基础和推进工业化的重要动力来源，在这一时期，国家对能源生产、流通、使用都实行高度计划的管理体制。国家能源管理部门几经变迁，多次分合，但保持着政企合一、高度集中的管理特征。

1978—1989 年，我国的经济体制改革处于探索初期。1978 年，党的十一届三中全会吹响了改革的号角，经济体制改革首先在农村取得了巨大成就。1984 年，党的十二届三中全会讨论通过了《中共中央关于经济体制改革的决定》，改革逐步深入各个领域。会议指出，“我国实行的是计划经济，即有计划的商品经济，而不是那种完全由市场调节的市场经济”，提出要“建立合理的价格体系，充分重视经济杠杆的作用”。

1987 年，党的十三大系统阐述了社会主义初级阶段的理论，制定了“三步走”现代化发展战略，提出新的经济运行机制——“国家调节市场，市场引导企业”的机制。按照党的十三大的部署，1988 年经济体制改革以深化企业经营机制为重点。党的十三届三中全会提出治理经济环境、整顿经济秩序、全面深化改革的方针。1989 年，党的十三届五中全会作出《中共中央关于进一步治理整顿和深化改革的决定》，治理整顿分为两步，第一步是在调整经济结构的同时，以启动市场、争取经济适度发展为侧重点；第二步是将治理整顿、深化改革的重点逐步转向调整产业结构、提高经济效益。

1978—1989 年，我国经济管理体制和市场运行机制发生了一系列变化，投资体制改革、价格改革的启动，私营经济的发展，对外开放步伐的加快，均对经济发展起到了促进作用。在能源领域，能源长期供应紧张仍是经济社会发展的严重制约，所以能源市场化改革的主要目标是理顺体制机制，重点是针对价格机制僵化、投资机制不畅等，帮助解决能源供应短缺问题。

（1）**能源管理体制**方面，国家开始改革“政企合一、垄断经营、高度集中”的计划体制，逐步与市场化相适应。能源管理部门经历多次调整，如 1980 年成立国家能源委员会，负责管理石油、煤炭、电力三个部门；1988 年政府机构改革撤销煤炭、石油、水利电力、核工业部，组建我国第一个能源部，统管国家能源工业。

（2）**价格改革**方面，煤炭价格开始形成计划价、指导价和市场价并存的价格体系，步入“双轨制”；推进“还本付息电价”“燃运加价”“经营期电价”等多种电价政策，长期以来僵化的能源价格形成机制开始改革。

（3）**市场准入**方面，煤炭、电力领域适度放开，鼓励地方发展小煤矿、集资办电，鼓励外商投资，在一定程度上缓解了能源短缺问题。

（4）**市场主体**方面，组建了中国统配煤矿总公司、东北内蒙古煤炭工业联合公司、中国石油天然气总公司、中国核工业总公司等大型能源企业；电力工业在省级层面实现政企分开。

这一时期，与改革开放前政企合一、高度集中的能源管理体制不同，我国在能源领域开始引入竞争，主要包括市场准入的适度放开和价格改革步入计划与市场“双轨制”。然而，能源市场化改革仍处于探索初期，价格形成机制仍然以政府定价为主，能源生产企业兼具生产经营和一定的行政职能，能源市场仍以垄断为主，能源的生产、流通、消费环节仍呈现“计划”色彩。

二、第二阶段：1990—1999 年

随着治理整顿任务和“七五”计划的胜利完成，我国改革开放和社会主义现代化建设进入一个新的阶段。1992 年，党的十四大明确建立社会主义市场经济体制的改革目标，要求全党集中精力把经济建设搞上去。“市场经济”首次被纳入社会主义国家的制度框架之中。

1993 年，党的十四届三中全会通过了《关于建立社会主义市场经济体制若干问题的决定》，明确“要使市场在国家宏观调控下对资源配置起基础性作用”，并提出“建立全国统一开放的市场体系，实现城乡市场紧密结合，国内市场与国际市场相互衔接，促进资源的优化配置”。随着社会主义市场经济体制目标的确立，我国市场化改革步入实质阶段，党中央和国务院先后作出一系列部署，加快推进财政、税收、金融、外贸、外汇、投资、价格、流通等方面的体制改革。

国有企业改革是建立社会主义市场经济体制的重要环节和难点所在，1994 年底开始，相关部门和地方政府都选择了一大批国有企业开展建立现代企业制度的试点工作。1995 年，党的十四届五中全会通过《中共中央关于制定国民经济和社会发展第九个五年计划和二〇一〇年远景目标的建议》，强调实现奋斗目标的关键是实行两个具有全局意义的根本性转变，一是经济体制从传统的计划经济体制向社会主义市场经济体制转变；二是经济增长方式从粗放型向集约型转变。

1997 年，党的十五大提出了党在社会主义初级阶段的基本纲领，提出新的“三步走”发展战略，其中包括到 21 世纪第一个十年形成比较完善的社会主义市场经济体制。大会还提出充分发挥市场机制作用，加快国民

经济市场化进程，继续发展各类市场，完善生产要素价格形成机制，改革流通体制，健全市场规则，加强市场管理，清除市场障碍，尽快建成统一开放、竞争有序的市场体系等。党的十五大之后，党中央加快推进改革，其中搞好国有大中型企业是要着重抓好的两个大头之一。这一阶段，计划经济体制向社会主义市场经济体制转轨的步伐加快，市场在资源配置中的基础性作用明显增强。

这一时期，在能源领域，我国能源工业发展积极推进，能源供应保障能力明显提升，能源体制改革的重点开始由侧重增加能源供给、缓解供不应求，向引入市场竞争、优化能源结构和提高资源配置效率等多元目标转变，能源市场体系建设的重点是解决政企不分、垄断经营问题，以建立现代企业制度为方向的国有企业改革全面展开。

（1）**能源管理体制**方面，1993 年撤销能源部，重新组建煤炭工业部、电力部。1998 年政府机构改革撤销煤炭部、电力部等，设立国家煤炭工业局、国家石油化学工业局、国家能源局电力司。能源法制化建设取得初步成效，《煤炭法》《电力法》《节约能源法》先后颁布实施。

（2）**市场主体**方面，煤炭、电力、石油行业推进“政企分开”，能源大型国有企业按照市场要求运作，不再承担行政性职能。1998 年，中国石油天然气集团、中国石油化工集团等能源特大型企业集团组建，油气行业由政企合一逐步演变为以三大国家石油公司为主导的垄断竞争市场结构。

（3）**价格改革**方面，引入市场化的价格形成机制，煤炭市场主要煤炭品种在 1994 年基本实现了市场化定价，电煤价格仍实行指导价。1998 年，《原油、成品油价格改革方案》改变了石油价格由政府定价的单一模式，提出建立与国际市场油价变动接轨同时处于政府调控下的原油和成品油市场价格形成机制。

这一时期，能源领域“政企分开”进一步推进，虽然新组建的大型能源企业作为市场主体不再具有行政职能，但是能源市场结构仍以垄断竞争为主要特点。价格形成机制的竞争程度加深，结合市场发育和行业发展实际，各能源品种价格在市场化的导向下选择了不同的形成方式。虽然能源市场化改革已经具有一定基础，但是重点领域和关键环节的改革仍有待突破，尤其是电力、油气领域，尚未形成清晰的市场化改革思路和彻底、有力的改革举措，在市场建设方面也没有形成系统的顶层设计，相关制度环境并不健全。

三、第三阶段：2000—2012 年

自党的十四大确定社会主义市场经济体制改革目标以及党的十四届三中全会作出相关决定以来，我国经济体制改革在理论和实践上取得重大进展，社会主义市场经济体制初步建立；国民经济也快速增长，传统产业得到巩固提升，一大批水利、交通、通信、能源和环保等基础设施加速建设；经济实力进一步提高，对外开放也进入新的阶段，我国融入全球化进程并开始深度参与全球市场；市场化改革具备更为坚实的基础，也面临新的机遇和任务。

2002 年，党的十六大提出要不断完善社会主义市场经济体制，坚持社会主义市场经济的改革方向，并专门指出要“健全统一、开放、竞争、有序的现代市场体系”，在更大程度上发挥市场在资源配置中的基础性作用，同时提出要整顿和规范市场经济秩序，健全现代市场经济的社会信用体系，打破行业垄断和地区封锁，促进商品和生产要素在全国市场自由流动。

2003 年，《中共中央关于完善社会主义市场经济体制若干问题的决定》发布，提出了完善社会主义市场经济体制的目标和任务，专门阐述“完善市场体系，规范市场秩序”，提出加快建设全国统一市场、大力发展资本和其他要素市场、建立健全社会信用体系等重点任务。

2007 年，党的十七大提出要创新和完善社会主义市场经济新体制，加快重要领域和关键环节改革步伐，健全现代市场体系，完善反映市场供求关系、资源稀缺程度、环境损害成本的生产要素和资源价格形成机制，同时提出要深化垄断行业改革，引入竞争机制，加强政府监管和社会监督。

2000—2012 年，在能源领域，随着经济体量和国内市场规模的快速扩张，能源生产和消费量均高速增长，特别是煤炭行业进入“黄金十年”，

新能源作为战略性新兴产业方兴未艾。我国参与国际能源市场的程度加深，石油、天然气等能源资源的对外依存度快速上升。建设资源节约型、环境友好型社会成为重要着力点，节约资源上升为我国的基本国策。能源领域的市场化改革和市场体系建设加快推进，一系列重大改革启动实施，这一时期，能源市场体系建设的重点是推进重要领域和关键环节改革步伐，完善能源价格形成机制，理顺体制机制，满足能源安全、经济、环保等多元化要求。

（1）**能源管理体制**方面，2002 年国家电力监管委员会成立。2003 年，国家计委改组为发展和改革委，实施对煤炭、电力、石油天然气等行业的管理。2005 年，在煤荒、油荒、电荒等背景下，国务院成立国家能源领导小组。2008 年“大部制”改革中，国家发展改革委能源局、国家能源领导小组和原国防科工委的核电管理职能合并，成立国家能源局，下设煤炭司、石油天然气司、电力司、新能源司和可再生能源司等，对能源行业实施管理。2010 年，国务院成立国家能源委员会。

（2）**价格改革**方面，煤炭价格仍实行双轨制，电煤指导价取消；电价改革取得重大突破，《电价改革方案》实施，较为完整的电价体系框架初步形成；油气价格市场化改革取得阶段性进展，《原油、成品油价格改革方案》实施，天然气价格形成机制改革开始试点。

（3）**市场主体**方面，垂直一体化的国家电力公司被重组为五大全国性发电集团和两大电网公司；煤炭行业的企业重组也在进行，如山西等煤炭生产大省推进煤炭资源整合和煤矿兼并重组。

（4）**重大改革**方面，2002 年，国家启动电力体制改革，总体目标是“构建政府监管下的政企分开、公平竞争、开放有序、健康发展的电力市场体系”，并提出了“十五”期间电力体制改革的主要任务，包括厂网分开、实行电价新机制、建立市场运行规则和监管体系、初步建立区域电力市场、形成清洁电源发展激励新机制等多项内容。

这一时期，能源市场化改革取得明显进展，但是能源体制机制问题纷繁复杂，理顺体制机制很难一蹴而就。能源领域的垄断问题依然突出，多元化市场主体有待进一步培育，市场秩序有待进一步规范。能源价格的市场化形成机制需要渐进式调整，并与能源市场体系建设相互配合。能源事业发展不再单纯地侧重于保障供应，能源安全和节能减排等政策目标的重要性提升，但其实现仍较依赖于行政手段。电力体制改革是能源市场化改革的重点内容，初步的改革思路已形成，重点改革任务已确定，主要问题导向为解决当时电力体制机制中的突出矛盾和弊端，但尚未形成中长期较为明晰的电改思路和路线图。

四、第四阶段：党的十八大至今

党的十八大以来，我国经济体制改革积极推进，实现了从计划经济体制向社会主义市场经济体制的历史性转变，我国经济也由高速增长转向高质量发展。市场化改革不断深化，经济体制关键性、基础性重大改革不断突破创新，市场制度建设、市场主体培育、市场结构优化、市场监管完善等方面都取得显著成效。

2013 年，党的十八届三中全会通过《中共中央关于全面深化改革若干重大问题的决定》，明确提出“经济体制改革是全面深化改革的重点，核心问题是处理好政府和市场的关系，使市场在资源配置中起决定性作用和更好发挥政府作用”，指出健全社会主义市场经济体制必须遵循市场决定的规律，着力解决市场体系不完善、政府干预过多和监管不到位问题，必须积极稳妥从广度和深度上推进市场化改革，并对“加快完善现代市场体系”提出具体要求。

2020 年，党的十九届五中全会通过了《中共中央关于制定国民经济和社会发展第十四个五年规划和二〇三五年远景目标的建议》，针对“全面深化改革构建高水平社会主义市场经济体制”提出“建设高标准市场体系”，从全面完善产权制度、推进要素市场化配置改革、强化竞争政策基础地位、健全社会信用体系等方面提出具体措施。这一时期，我国出台了一系列关于市场体系建设的政策文件，在此前多次提到的“现代市场体系”基础上，新提出了“建设高标准市场体系”的目标。

2020 年，《关于新时代加快完善社会主义市场经济体制的意见》提出要建设高标准市场体系，全面完善产权、市场准入、公平竞争等制度，筑牢社会主义市场经济有效运行的体制基础。2021 年，《建设高标准市场体系行动方案》从夯实市场体系基本制度、推进要素资源高效配置、改善提升市场环境和质量、实施高水平市场开放、完善现代化市场监管机制等五方面提出了具体举措。

在能源领域，电力、油气等关键领域改革深入推进，市场化交易机制建设、价格形成机制改革、放管服改革、国有企业混合所有制改革等一系列改革有力地推动了能源市场体系建设。

（1）**能源管理体制**方面，2013 年机构改革重新组建国家能源局，整合现国家能源局、国家电力监管委员会的职责，由国家发展和改革委员会管理；不再保留国家电力监管委员会。

（2）**重大改革**方面，2015 年，《进一步深化电力体制改革的若干意见》明确了深化电力体制改革的重点和路径。2017 年，《关于深化石油天然气体制改革的若干意见》部署了八个方面的重点改革任务。

（3）**价格改革**方面，在竞争性环节，随着电力市场体系的逐步建设，电力价格形成机制也不断健全。我国根据电力行业发展实际，出台了一系列电价政策；油气价格形成机制也多次调整；煤炭市场已经形成了以中长期合同为主体，"基础价+浮动价"的定价机制。在自然垄断环节，我国对输配电价、油气管输价格的政策规定不断完善，严格成本监审。

（4）**市场建设**方面，我国能源市场体系建设快步推进，对于不同能源品种建立起全面覆盖的多层次市场体系，2014 年，《关于深入推进煤炭交易市场体系建设的指导意见》对煤炭交易市场体系建设进行了总体设计；2015 年，《关于推进电力市场建设的实施意见》提出逐步建立以中长期交易规避风险，以现货市场发现价格，交易品种齐全、功能完善的电力市场；油气领域各环节市场也在积极建设，如上游油气勘查开采市场、下游销售市场等，各类交易中心陆续正式运营。

（5）**市场主体**方面，在竞争性环节，不断放开市场准入，引入竞争机制，如电力体制改革中，积极推进售电侧市场化，多途径培育售电侧市场竞争主体；又如油气体制改革中，推动多元主体进入石油批发、仓储、终端销售等领域。

（6）**放管服改革**方面，《能源监管行动计划（2014—2018）》《推广随机抽查规范事中事后监管的实施方案》《关于进一步做好“双随机一公开”工作的通知》《国家能源局随机抽查事项清单》等一系列文件出台，在电力调度交易及市场秩序监管、供电监管等工作中逐步建立“双随机一公开”机制，提高监管的公平性和公正性。

这一时期，在全面深化改革的战略指引下，我国能源领域的市场化改革全面发力、多点突破、攻坚克难、扎实推进，能源市场体系建设的基本框架已经形成，市场制度逐步完善，市场机制日渐健全，市场主体日益多元。然而，我国能源市场体系建设仍然存在一些问题尚待解决，例如，价格关系没有完全理顺、市场建设有待进一步推进、市场机制尤其是竞争机制有待进一步完善、政府管理职能有待进一步优化等。具体到关键领域和重点环节改革，仍需要继续攻坚，如，电力体制改革中，发用电计划放开、增量配电改革、电力现货市场建设、辅助服务市场建设等有待进一步完善；油气体制改革中，上游勘探开发环节市场化有待进一步深化，管网环节“全国一张网”的运作机制也有待继续完善。又如，相关市场改革中，碳市场、绿证市场、用能权市场等权益市场需与能源市场相协调。在碳达峰、碳中和目标与能源绿色低碳转型的宏观趋势下，我国能源市场体系建设面临新的形势与任务，需要在前期改革的基础上进一步推进。

第二节　煤炭市场建设历程

我国煤炭资源丰富，煤炭长期在能源结构中占比较高。煤炭行业取得长足发展，为国民经济和社会发展提供了可靠的能源保障和重要的工业原料。煤炭市场化改革也在持续推进，市场配置资源的效率不断提升。进入新发展阶段，我国经济由高速增长转向高质量发展，社会主义市场经济体制加快完善。煤炭行业也面临着高质量发展的新形势和新任务，而煤炭市场体系建设尚存在一些问题和不足，使得煤炭高质量发展仍面临一些体制机制障碍。

一、我国煤炭市场建设历程

国家煤炭政策经过历次调整，我国煤炭经济体制从计划经济转变为市场经济，煤炭市场化改革的稳步推进，促进了煤炭行业的平稳运行和转型升级。我国煤炭市场建设的历程一般可以分为以下五个阶段。

（一）改革开放之前，统购统销阶段

在当时的计划经济体制下，煤炭生产、分配、流通都由国家统一计划管理，煤炭价格由国家制定，定价依据是与其他生产资料的比价。

（二）1978—1992 年，初步引入市场机制阶段

党的十一届三中全会后，伴随着改革开放大潮，煤炭行业管理体制开启了由计划到市场的探索。市场主体方面，提出“国家、集体、个人一齐上，大中小煤矿一起搞”；价格机制方面，开始改革计划价格管理体制，煤炭价格部分放开，形成了计划价、指导价和市场价并存的价格体系；产销管理方面，开始引入市场调节。

（三）1993—2001 年，进一步完善市场机制阶段

1992 年，党的十四大提出建立社会主义市场经济体制的改革目标。1993 年，十四届三中全会提出使市场在国家宏观调控下对资源配置起基础性作用。同年，国务院提出三年放开煤价、三年抽回亏损补贴，把煤炭企业推向市场。价格机制方面，非电力用煤价格市场化，电煤价格仍未放开，煤炭价格为双轨制；生产管理方面，取消煤炭生产指令性计划，要求以市场为导向、以供需平衡为目标组织生产；市场主体方面，进一步实行政企分开，扩大企业经营自主权，为维护煤炭生产秩序采取了关井压产政策，关闭非法和布局不合理小煤矿。这一阶段，煤炭领域的立法开始活跃，以《煤炭法》为基础的法律法规体系雏形开始建立。

（四）2002—2012年，加强煤炭市场制度建设、继续推进市场化改革阶段

我国经济高速增长，煤炭产业也迎来了“黄金十年”。然而，煤炭生产规模迅速扩张，对加强制度建设、强化规范管理提出了更高要求。这一阶段，煤炭领域法制化建设步伐加快，资源管理、安全生产、企业改革、科技进步等方面也出台了一系列管理措施，为煤炭市场建设提供了制度保障。价格机制方面，2002年起电煤政府指导价取消，但煤炭订货会上仍会发布参考价；2004年煤电价格联动机制建立；2012年印发的《国务院办公厅关于深化电煤市场化改革的指导意见》要求取消重点合同，取消电煤价格双轨制。交易方式方面，2006年，由政府主导的煤炭订货会制度取消，全国煤炭订货会改为煤炭产运需衔接视频电话会议。市场体系建设方面，前述文件也明确提出，“加强煤炭市场建设，形成以全国煤炭交易中心为主体、区域煤炭市场为补充，与我国社会主义市场经济体制相适应的统一开放、竞争有序的煤炭交易市场体系”。

（五）2013年至今，全面深化改革、完善煤炭市场体系阶段

2014年，《关于深入推进煤炭交易市场体系建设的指导意见》进一步引导和规范煤炭交易市场体系建设，更好发挥市场在资源配置中的决定性作用。价格机制方面，2013年重点合同取消后，煤企和电企通过自主协商签订定量定价的长协合同，但市场煤价格波动容易影响长协价格的执行。此后，国家发展改革委等部门印发多个文件，支持煤炭供需双方签订中长期合同，并按照“基准价+浮动价”协商确定长协价定价机制。煤炭期货市场也开始发展，焦煤和动力煤期货合约分别在大商所和郑商所上市交易，涉煤期货品种不断丰富。这一阶段，煤炭行业化解过剩产能工作稳步推进，总量性去产能任务全面完成，系统性去产能、结构性优产能初显成效。煤炭行业“放管服”改革也深入推进，市场调节和宏观调控作用都得以更好地发挥。

二、我国煤炭市场建设评述

（一）我国煤炭市场建设已取得一定进展

经过以上发展历程，我国煤炭市场体系建设已经取得一定进展，表现为：一是煤炭市场化价格形成机制基本确立，“中长期合同制度”和“基础价+浮动价”的定价机制不断完善，煤炭价格指数体系基本形成。二是煤炭交易市场体系不断发展，全国煤炭交易中心建立并开始试运营，多地的区域性煤炭交易市场建设也较为积极。三是煤炭市场主体日益多元，产业结构也不断优化。四是市场机制不断完善，市场制度逐步健全，秩序规范、竞争有序的煤炭市场格局稳步构建。五是煤炭流通体系建设初具规模，在“西煤东运、北煤南运”的流通格局下，铁水联运和直达运输不断改进。

（二）我国煤炭市场建设存在的问题和不足

截至 2021 年上半年，我国煤炭市场发育仍不充分，政府和市场的关系并未完全理顺，煤炭市场体系尚不健全，在以下方面仍有待改进：一是煤炭交易市场建设的总体规划有待加强，布局有待优化。全国煤炭交易中心市场活跃度和全国影响力有待提升，区域型煤炭交易场所数量众多，存在重复建设、无序竞争等问题。二是价格机制有待进一步改进，以更好地反映资源成本、供需关系、生态环境外部性等。三是市场微观主体活力有待进一步增强，煤炭国有企业的运行效率和市场化、现代化经营水平有待进一步提升，混合所有制改革有待进一步推进。四是市场制度有待进一步健全，政府对煤炭市场的管理和服务方式有待进一步完善。五是煤炭流通环节仍存在瓶颈，煤炭物流体系发展仍相对滞后，影响煤炭资源配置效率。

第三节　电力市场建设历程

电力是重要的能源品种，也是一种具有特殊属性的商品。电力即发即用，发电、输电、配电、用电各环节几乎需要瞬时同步完成，不易大规模储存，电力系统运行必须保持实时平衡。这种物理性质决定了电力市场有区别于其他能源品种市场的特征，电力市场体系的设计与建设也较为复杂。经过多年以来持续推进的电力市场化改革，我国电力市场建设已经取得了阶段性成果，电力市场化交易规模不断扩大。然而，目前的电力市场体系仍存在问题与不足，电力市场化改革也步入了“深水区”。在碳达峰、碳中和目标下，构建以新能源为主体的新型电力系统，也对进一步完善电力市场体系提出了更高要求。

一、我国电力市场建设历程

(一) 新一轮电力体制改革明确电力市场建设思路

一般可以将电力市场化改革的历程划分为三个阶段①。

第一阶段（从新中国成立到 2001 年）是垂直一体化阶段。新中国成立以来，我国电力行业在计划经济体制下垂直一体化发展，1952 年燃料工业部先后成立华北、华东、中南电业管理局，对全国电力企业实施统一管理经营，形成“垂直垄断、政企合一”特征。此后，电力管理部门几经调整，1955 年单独设立电力工业部，1958 年设立水利电力部，1979 年设立电力工业部和水利部，实行集中统一管理，电力供应由国家统一分配，1981 年大区电业局陆续成立。1982 年再度合并设立水利电力部。1987 年“全国电力体制改革座谈会”上提出“政企分开，省为实体，联合电网，

① 宋枫，等．社会主义市场经济下的电力市场体系的选择研究［M］．北京：科学出版社，2020；电力传媒中国电力行业 134 年发展历程［Z］．2017。

统一调度，集资办电”的“二十字方针”，积极引入民营资本和外资办电，解决电力短缺问题。1988 年成立能源部，同年，国家能源投资公司、中国电力企业联合会成立。1991 年，国务院批准成立华能集团及华北、东北、华东、华中、西北电力集团。1993 年，成立电力工业部。从 1997 年国家电力公司成立开始，政企分开、垂直一体化经营，电力市场化改革初步启动。1997—1998 年，撤销电力工业部，成立国家电力公司，电力行业实现了中央层面的政企分开，我国正式开始探索电力市场化改革。

第二阶段（从 2002 年到 2014 年）是电力市场化改革探索实践阶段。2002 年，《国务院关于印发电力体制改革方案的通知》出台，开启以厂网分开、竞价上网、大用户直供电试点等为主要内容的电力体制改革。其中，厂网分开重组国有电力资产，将国家电力公司管理的资产按照发电和电网两类业务划分，将发电资产按照建立现代企业制度要求组建成若干个独立的发电企业，实行电网资产重组，设立国家电网与南方电网两大电网公司。2003 年，国家电力监管委员会成立。2003 年开始，陆续出台了一系列电价政策。这一阶段，电力行业高度垄断的市场格局被初步打破，厂网分开后发电侧引入市场竞争，电网侧两家电网公司在划分的经营范围内运营，区域电网公司也组建起来。电力市场化改革取得初步进展，但是电力市场框架尚未形成。

第三阶段，从 2015 年开始，进入电力市场建设阶段。《中共中央　国务院关于进一步深化电力体制改革的若干意见》及 6 个配套文件开启了以“管住中间、放开两头”为总体思路，以“三放开、一独立、三强化”为重点内容的新一轮电力体制改革。其中，《关于推进电力市场建设的实施意见》提出“逐步建立以中长期交易规避风险，以现货市场发现价格，交易品种齐全、功能完善的电力市场，在全国范围内逐步形成竞争充分、开放有序、健康发展的市场体系”。与 2002 年电力体制改革相比，2005 年电力体制改革在电力市场体系建设方面已经形成了清晰的框架和明确的思路，对于电力市场的构成、市场模式分类和电力市场体系的层次架构都有了细化的阐述。此后，我国电力市场建设在全国各地广泛铺开。

（二）电力市场主体呈现多元化发展趋势

随着电力市场建设的推进、市场准入的放开，越来越多的发电企业、售电公司、电力用户、新兴主体等进入电力市场，我国电力市场主体呈现多元化发展趋势。从市场主体总量看，截至 2019 年，在全国各电力交易机构注册的市场主体约 19 万家，同比增长 90%；从结构看，发电厂约 3 万家，售电公司超 4500 家，电力用户超 15.6 万家①。

1. 发电环节

在发电环节，各省的电力市场交易方案都对发电企业的市场准入进行了规定，表 3-1 选取部分省份进行对比。各省对发电厂的市场准入要求存在明显差异。近年来随着发用电计划的有序放开，部分省份降低了发电机组准入容量标准，促进新能源进入市场交易。

表 3-1　部分省份对参与市场发电企业的市场准入要求

省份	市场准入要求	文件
贵州	贵州省内统调火电企业、水电企业。其中水电企业装机容量需达 5 万千瓦及以上，且仅限参与水火电发电权交易，暂不参与其他电力交易。参与交易的发电企业各项要求需达国家和行业标准。燃煤自备电厂自发自用以外电量可有序参与交易	《关于印发 2020 年电力市场化交易工作实施方案的通知》（黔能源运行〔2019〕225 号）
湖南	可参与市场交易的发电企业范围放开至湖南电网并网的所有类型公用发电厂，装机 2 万千瓦及以上的水电厂必须参与市场交易。自备电厂满足规定可参与市场交易	《2020 年湖南省电力市场交易方案》（湘发改运行〔2019〕964 号）
云南	纳入省调电力电量平衡的风电场、光伏电厂、火电厂，2004 年 1 月 1 日后投产由总调、省调、省地共调并网运行公用水电厂，除 7 个电价体系相对独立的州市外，其他州市地调、县调调管的 110 千伏及以上电压等级并网运行公用水电厂（小水电）及上述范围新投电厂	《2021 年云南电力市场化交易实施方案》（云发改运行〔2020〕219 号）
山西	全省现役燃煤机组、燃气机组、光伏发电（暂不含分布式光伏和扶贫光伏）、风电、水电（不含抽水蓄能）、生物质燃烧发电机组，鼓励燃煤自备电厂余量发电，余热、余压、余气自备电厂自发自用以外电量参与市场交易	《2021 年全省电力市场交易组织方案》（晋能源电力发〔2020〕591 号）
江西	完成并网商业化运行并取得电力业务许可证（发电类）、纳入省级以上统一调度管理的常规火电机组	《江西省 2021 年度电力市场化交易实施方案》

资料来源：作者根据各省政策文件整理。

① 南方电网能源发展研究院有限责任公司．中国电力市场化改革报告（2020 年）［M］．北京：中国电力出版社，2021.

从发电主体的变化趋势看，截至2019年底，全国在各电力交易中心注册的发电企业约3万家。从区域看，国网区域2.9万家，南网区域超过650家，蒙西电网区域约400家。分省看，福建、江西、湖南、浙江等包含大量非直购电厂的省份，发电企业数量居全国前列；若单统计直购电厂，则江苏、青海、新疆等省区注册的发电企业数量较多①。

2. 输配环节

在电网方面，我国组建了国家电网和南方电网两大电网公司，还组建了内蒙古电网等地方电网企业。2002年厂网分开后重组电网资产，设立国家电网公司，按国有独资形式设置；设立华北（含山东）、东北（含内蒙古东部）、西北、华东（含福建）、华中（含重庆、四川）区域电网公司，西藏电力企业由国家电网公司代管。设立南方电网公司（以下简称“南方”），其经营范围为云南、贵州、广西、广东和海南。区域电网公司按现代企业制度设置，将区域内的现省级电力公司改组为分公司或子公司，负责经营当地相应的输配电业务。按照“管住中间、放开两头”的总体思路，2015年新一轮电力体制改革要求，一方面，改变电网企业集电力输送、电力统购统销、调度交易于一体的状况，对电网企业主要从事的电网投资运行、电力传输配送等业务进行了明确规定，继续完善主辅分离；另一方面，改革和规范电网企业运营模式，电网企业不再以上网电价和销售电价价差作为收入来源，而是按照政府核定的输配电价收取过网费，规范电网企业投资和资产管理行为。

3. 售电环节

售电市场是电力市场的重要组成部分，售电环节的市场主体主要包括电力用户和售电公司，以及近年来涌现的新兴市场主体。2019年，《国家发展改革委关于全面放开经营性电力用户发用电计划的通知》规定“除居民、农业、重要公用事业和公益性服务等行业电力用户以及电力生产供应所必需的厂用电和线损之外，其他电力用户均属于经营性电力用户”。经

① 南方电网能源发展研究院有限责任公司．中国电力市场化改革报告（2020年）［M］．北京：中国电力出版社，2021.

营性电力用户的发用电计划原则上全部放开，其参与市场化交易的主要形式包括直接参与、由售电公司代理参与及其他市场化方式，积极支持中小用户由售电公司代理参与市场化交易。此后，各省陆续出台政策，其中河北、陕西、新疆、湖北等多省区全面放开了经营性电力用户发用电计划，还有一些地区虽未完全放开工商业用户准入，但也降低了准入标准。

随着电力用户准入门槛的进一步降低和电力市场的快速发展，我国参与市场的电力用户数量迅速增加。截至 2019 年底，全国各电力交易机构注册的电力用户（包括直接交易用户、售电公司用户）累计约 15.6 万家，同比增长 130%。分区域看，国网经营区域 11.1 万家，南网经营区域 4.3 万家，蒙西电网区域超过 1000 家。分省份看，江苏、云南、广东三省具有电力市场化交易规模大或市场化交易占比高的特征，其注册的电力用户数量也居全国前列①。售电公司也快速发展起来，据不完全统计，截至 2021 年 1 月，国网区域公示通过的售电公司超 3800 家，南网区域有 890 家，山东省售电公司总量达 1007 家，河北、安徽、甘肃、广东等省售电公司数量也在全国排名前列。从市场结构看，据 2020 年上半年数据，宁夏、青海、甘肃等省区 HHI 指数较高，售电市场竞争不充分；陕西、安徽、江苏、河北、福建、四川等省 HHI 指数较低，市场竞争态势良好②。

（三）电力市场体系框架日渐清晰

2015 年印发的《关于推进电力市场建设的实施意见》作为新一轮电力体制改革的重要配套文件，对我国电力市场的总体目标、市场构成、市场模式、市场体系进行了整体设计，也明确了主要任务和实施路径。该文件提出了电力市场体系的基本框架，如表 3-2 所示。

---

① 南方电网能源发展研究院有限责任公司．中国电力市场化改革报告（2020 年）［M］．北京：中国电力出版社，2021：28.

② 北极星售电网．2020 年售电行业年度报告［R］．第二部分．

表 3-2 我国电力市场构成及模式

市场构成	中长期市场	主要开展多年、年、季、月、周等日以上电能量交易和可中断负荷、调压等辅助服务交易
	现货市场	主要开展日前、日内、实时电能量交易和备用、调频等辅助服务交易
	其他市场	条件成熟时，将探索开展容量市场、电力期货和衍生品等交易
市场模式	分散式	主要以中长期实物合同为基础，发用双方在日前阶段自行确定日发用电曲线，偏差电量通过日前、实时平衡交易进行调节的电力市场模式
	集中式	主要以中长期差价合同管理市场风险，配合现货交易采用全电量集中竞价的电力市场模式

资料来源：《关于推进电力市场建设的实施意见》。

1. 中长期市场

在电力中长期市场（见表 3-3），发电企业、电力用户、配售电企业等市场成员，通过双边协商交易、集中交易等市场化方式，开展多年、年、季、月、周、多日等电力批发交易。经过多年的发展，我国中长期电力市场不断成熟，各交易机构不断创新交易品种，推动电力中长期交易规模不断扩大。

中长期市场建设方面，有两个重要的指导性文件。2016 年《电力中长期交易基本规则（暂行）》出台，此后，全国各省区市相继发布省内电力中长期交易实施细则或相关征求意见稿，《南方区域跨区跨省电力中长期交易规则（暂行）》等跨省区中长期交易细则也陆续出台，中长期电力市场规则初具雏形。2020 年，《电力中长期交易基本规则》修订出台，我国电力中长期市场规则进一步完善。

表 3-3 我国电力中长期市场交易基本规则概览

市场成员	各类发电企业、电网企业、配售电企业、电力交易机构、电力调度机构、电力用户、储能企业等
交易品种	现阶段主要开展电能量交易，灵活开展发电权交易、合同转让交易，根据市场发展需要开展输电权、容量等交易
交易方式	电能量交易包括集中交易和双边协商交易两种方式，其中集中交易包括集中竞价交易、滚动撮合交易和挂牌交易三种形式

续表

价格机制	计划电量执行政府确定的价格。 电力中长期交易的成交价格由市场主体通过双边协商、集中交易等市场化方式形成。电能量市场化交易（含省内和跨区跨省）价格包括脱硫、脱硝、除尘和超低排放电价。 市场用户的用电价格由电能量交易价格、输配电价格、辅助服务费用、政府性基金及附加等构成

资料来源：《电力中长期交易基本规则》。

国家层面的《电力中长期交易基本规则》出台后，各地纷纷因地制宜地研究制定本地的电力中长期交易实施细则，先后已有海南、华东区域、甘肃、云南、山西等正式印发了地方电力中长期交易实施细则，此外，江苏、新疆、安徽、京津唐、贵州、上海、蒙东、黑龙江、吉林、辽宁、湖南等多地电网区域也发布了征求意见稿。各地在市场成员、市场准入、保底供电、交易品种、偏差考核、峰谷电价等规则上存在一定差异。

随着中长期市场交易规则的完善，我国电力中长期市场不断发展壮大。从交易类型看，年度长协、月度竞价、发电权交易等类型不断丰富创新；从交易形式看，双边协商交易、集中竞价交易、挂牌交易等多样化开展。我国中长期市场以省内交易为主，各省级电力交易中心基于产业发展需要和能源工业实际，不断创新交易类型，如黑龙江的清洁供暖电力交易，四川的电能替代增量交易等。省间交易也逐渐发展起来，如北京电力交易中心的省间“双挂双摘”、大水电偏差调整等交易，广州电力交易中心的“云南送海南”“广西送广东”等市场化交易。省间交易的发展促进了电力在更大范围内优化配置，也对清洁能源消纳有积极影响①。

2. 现货市场

2017 年 8 月，国家发展改革委、国家能源局印发《关于开展电力现货市场建设试点工作的通知》，选择南方②（以广东起步）、蒙西、浙江、山西、山东、福建、四川、甘肃等 8 个地区作为第一批试点，其中，南方电力现货市场以广东作为起步范围，其他 7 个试点均以省级电网作为市场范

① 南方电网能源发展研究院有限责任公司．中国电力市场化改革报告（2020 年）[M]．北京：中国电力出版社，2021：36-37.

② 在电力市场和电力交易语境下，南方指的是南方电网区域，余同。

围（其中蒙西试点为蒙西电网）。试点地区电力供需形势、网源结构、市场化程度等基础条件以及现货市场的市场模式、市场主体、交易规则，建设进度也存在较大差异。

第一批现货试点地区有序开展现货试点结算试运行（见表 3-4），各地因地、因时探索不同周期、不同时段、不同频次的结算试运行，目标是争取到 2021 年底进入不间断结算试运行。

表 3-4　首批 8 个电力现货试点地区试运行进展

试点地区	时间	进展
南方（以广东起步）	2019 年 5 月 15—16 日	首次结算试运行
	2019 年 6 月 20—23 日	日结算试运行
	2019 年 9 月	首次月结算试运行
	2020 年 8 月	月结算试运行
山东	2019 年 9 月 20—26 日	首次连续结算试运行
	2019 年 12 月	按周连续结算试运行
	2020 年 5 月 16—19 日	连续结算试运行
	2020 年 10 月 20—22 日	现货市场调电试运行
	2020 年 11 月	整月结算试运行
蒙西	2019 年 9 月 21—27 日	为期一周结算试运行
	2020 年 6 月 17—23 日	连续结算试运行
	2020 年 8 月	连续两周结算试运行
	2020 年 9 月	连续 30 天结算试运行
甘肃	2019 年 9 月	首次周结算试运行
	2019 年 11 月	周结算试运行
	2020 年 4 月	首次月结算试运行
	2020 年 8 月	连续结算试运行
浙江	2019 年 9 月 20—26 日	连续 7 天结算试运行
	2020 年 5 月 12—18 日	连续 7 天结算试运行
	2020 年 7 月	整月结算试运行
福建	2019 年 9 月 21—27 日	连续 7 天结算试运行
	2020 年 4 月 8—21 日	连续 14 天结算试运行
	2020 年 7 月	整月结算试运行

续表

试点地区	时间	进展
四川	2019 年 9 月 26—30 日	连续调电试运行和结算试运行
	2020 年 10 月 29—30 日	连续 2 天试运行
	2020 年 4 月 16 日—5 月 25 日	枯水期长周期结算试运行
	2020 年 7 月底和 8 月 15—18 日	丰水期调电试运行
	2020 年 9 月 26 日—10 月 25 日	水电竞价现货市场首次连续 720 小时结算试运行
山西	2019 年 9 月 1 日	日结算试运行
	2019 年 9 月 18—24 日	连续 7 天结算试运行
	2020 年 4 月 1—15 日	连续半月结算试运行
	2020 年 5 月	半个月结算试运行
	2020 年 9 月	整月结算试运行
	2020 年 11—12 月	连续两个月结算试运行

资料来源：北极星售电网 .2020 年售电行业年度报告［R］.

从试点情况来看，由于试点地区有关方在一些重点共性问题上存在分歧，2019 年，国家层面出台指导性文件《关于深化电力现货市场建设试点工作的意见》。总体思路是建立中长期交易为主、现货交易为补充的电力市场，完善市场化电力电量平衡机制和价格形成机制。重点任务包括以下三个方面：一是合理设计电力现货市场建设方案，包括电力市场模式、现货市场组成、现货市场主体范围以及区域市场建设；二是统筹协调电力现货市场衔接机制，包括省间交易与省（区、市）现货市场、电力中长期交易、辅助服务市场与现货市场的衔接；三是建立健全电力现货市场运营机制，包括有序引导用电侧参与现货市场报价、建立促进清洁能源消纳的现货交易机制、合理选择现货市场价格形成机制和确定限价等。

2021 年 5 月，《关于进一步做好电力现货市场建设试点工作的通知》出台，明确电力现货试点扩围，拟选择上海、江苏、安徽、辽宁、河南、湖北等 6 省市为第二批电力现货试点。在市场规则的设计上，第二批试点在合理确定电力现货市场主体范围的基础上积极探索，包括推动用户侧参与现货市场结算，统筹开展中长期、现货与辅助服务交易，做好本地市场与省间市场的衔接，稳妥有序推动新能源参与电力市场，探索容量成本回收机制，建立合理的费用疏导模式等。

3. 辅助服务市场

辅助服务指的是在正常电能生产、输送、使用之外，为保证电能质量、维护电力系统安全稳定运行，由发电企业、电网企业和电力用户提供的服务，包括一次调频、自动发电控制（AGC）、调峰、无功调节、备用、黑启动服务等多种类型。我国的电力辅助服务经历了无偿提供、计划补偿和辅助服务市场三个阶段①。

2002 年以前，在电力工业垂直一体化的经营模式下，系统调度统一安排电网和电厂的生产运行，包括进行发电计划和辅助服务的全网优化，对于辅助服务没有单独的补偿机制，而是与发电量捆绑结算。

2002 年厂网分开后，由于各发电厂、电网公司都是独立的利益主体，辅助服务无偿提供难以为继。2006 年《并网发电厂辅助服务管理暂行办法》出台，规定发电机组必须提供一次调频、基本调峰、基本无功调节等基本辅助服务，不进行补偿；自动发电控制、有偿调峰、备用、有偿无功调节、黑启动等有偿辅助服务，按照补偿成本和合理收益的原则进行补偿，补偿费用主要来源于辅助服务考核费用，不足（富余）部分按统一标准由并网发电厂分摊。各地也相继出台了文件，辅助服务进入计划补偿阶段。

近年来，随着可再生能源大规模并网，电力系统对辅助服务的需求日益上升，原有的辅助服务补偿机制已不能满足现实需要。2014 年制定的《东北电力辅助服务调峰市场监管办法（试行）》标志着我国首个电力调峰辅助服务市场正式启动。2015 年电改 9 号文提出以市场化原则建立辅助服务分担共享新机制，完善并网发电企业辅助服务考核机制和补偿机制。此后，与辅助服务相关的文件密集出台，辅助服务市场的探索也在各地积极开展起来（见表 3-5）。

① 曲昊源，雷雪姣．我国电力辅助服务市场的发展历程及展望［N］．国家电网报，2019-06-25.

表 3-5　我国辅助服务市场建设进度

<table>
<tr><th colspan="2">分类</th><th>进度</th><th>区域/省份</th></tr>
<tr><td colspan="2" rowspan="3">区域辅助服务市场</td><td>正式运行</td><td>东北、西北、华北、华东</td></tr>
<tr><td>模拟试运行</td><td>南方、华中</td></tr>
<tr><td>完成方案编制</td><td>西南</td></tr>
<tr><td rowspan="5">省内辅助服务市场</td><td rowspan="2">调峰</td><td>正式运行</td><td>山西、福建、甘肃、宁夏、重庆、山东等</td></tr>
<tr><td>试运行</td><td>新疆、青海、河南、安徽、蒙西、广西等</td></tr>
<tr><td rowspan="2">调频</td><td>正式运行</td><td>山西</td></tr>
<tr><td>试运行</td><td>浙江、山东、甘肃、福建、广东</td></tr>
<tr><td>备用</td><td>试运行</td><td>浙江</td></tr>
</table>

资料来源：《中国电力市场化改革报告（2020 年）》。

（四）电力交易机构推进独立规范运行

电力交易机构是电力市场建设的重要载体，建立独立、规范的电力交易机构，形成公平规范、功能完善的市场交易平台，是深化电力市场化改革的重要举措。我国的电力交易机构根据服务范围可分为国家级交易机构和省级交易机构。2016 年，国家发展改革委、国家能源局批准成立两个国家级电力交易机构，分别是北京电力交易中心和广州电力交易中心。此后，全国区域电力交易中心和省级交易中心纷纷成立。此外，多家交易中心还成立了市场管理委员会，作为各类市场主体代表组成的自治性议事协调机构，促进电力交易机构相对独立和规范运行，这标志着维护市场公平、公正、公开，保障市场主体合法权益的体制机制进一步完善。

电力交易机构独立规范运行是电力市场体系建设的重要内容，而电力交易机构的股份制改造是重要路径。2018 年印发的《关于推进电力交易机构规范化建设的通知》要求按照多元制衡的原则，推进电力交易中心进行股份制改造，具体要求是“电力交易机构应体现多方代表性，股东应来自各类交易主体，非电网企业资本股比应不低于 20%，鼓励按照非电网企业资本占股 50%左右完善股权结构”。此后，各电力交易中心开展股份制改造，电网持股比例不断下降（见表 3-6）。

表 3-6　已完成第二轮股改的交易机构持股情况

交易机构	第一轮电网持股占比（%）	第二轮电网持股占比（%）
广州电力交易中心	66.70	39
贵州电力交易中心	80	39
昆明电力交易中心	50	55
广西电力交易中心	66.70	37.36
四川电力交易中心	70	40

资料来源：北极星售电网.2020 年售电行业年度报告［R］.

2020 年《关于推进电力交易机构独立规范运行的实施意见》（以下简称《意见》）发布，促进构建主体多元、竞争有序的电力交易格局。《意见》提出了分阶段的目标：到 2020 年底前，实现股权结构优化、交易规则衔接；到 2022 年底前，推进地区交易机构相互融合，初步形成适应区域经济一体化要求的电力市场；到 2025 年底前，基本建成主体规范、功能完备、品种齐全、高效协同、全国统一的电力交易组织体系。《意见》还提出进一步厘清交易机构、市场管理委员会和调度机构的职能定位，完善电力交易规则制定程序，加快推进交易机构股份制改造，加强专业化监管体系建设等主要工作。

（五）电价形成机制不断调整完善

价格机制是市场机制的核心内容，电价改革也是电力市场化改革的关键环节。改革开放以来，我国电价体系和价格形成机制经历多次调整，电价体系的框架日渐清晰，竞争性环节电价市场化形成机制不断完善，自然垄断环节输配电价格监管不断健全。

1985 年以来，我国先后实行了"还本付息电价""燃运加价""经营期电价"等电价政策。2003 年，《电价改革方案》出台，作为电价改革的专项文件，提出电价改革的长期目标是形成包括上网电价、输电价格、配电价格和终端销售电价在内的完整的电价体系与规范透明的电价管理制度，其中发电、售电价格由市场竞争形成，输电、配电价格由政府制定。2005 年，《上网电价管理暂行办法》《输配电价管理暂行办法》和《销售电价管理暂行办法》出台，电价管理办法逐步完善，我国的电价体系框架也初具雏形。此后，我国根据电力工业发展、电力及能源供需形势、社会经济发展需要等，不断对电价政策进行丰富和完善。

（1）**上网电价**方面，多次调整煤电标杆上网电价，并引入“煤电联动”尝试理顺煤电关系，随着电力市场化改革的推进，2019 年我国将标杆上网电价机制改为“基准价+上下浮动”的市场化价格机制；针对核电、风电、光伏、燃气发电、生物质发电、光热发电等不同类型的其他电源，根据能源战略导向、行业发展实际和电力市场化改革进度，陆续出台相应的电价政策，我国上网电价体系不断丰富与完善。

（2）**输配电价**方面，我国输配电价政策体系也在不断调整完善。2005 年制定的《输配电价管理暂行办法》构建了输配电价体系的基本框架，2015 年制定的《输配电定价成本监审办法（试行）》加强了对电网输配电成本的监管，规范了输配电定价成本监审。2016 年，全面推进输配电价改革试点，加快建立独立的输配电价体系。2017 年印发的《关于全面推进跨省跨区和区域电网输电价格改革工作的通知》全面推进区域电网输电价格改革；《区域电网输电价格定价办法（试行）》《跨省跨区专项工程输电价格定价办法（试行）》《关于制定地方电网和增量配电网配电价格的指导意见》发布，致力于构建规则明晰、水平合理、监管有力、科学透明的输配电价体系。2020 年《省级电网输配电价定价办法》《区域电网输电价格定价办法》修订出台。此后，国家发展改革委核定了第二监管周期省级电网输配电价和区域电网输电价格。

（3）**销售电价**方面，目前各地发布销售电价表，我国的主要销售电价制度包括单一制电价、两部制电价、峰谷分时电价、季节性电价、阶梯电价等。2019 年制定的《关于深化燃煤发电上网电价形成机制改革的指导意见》提出要健全销售电价形成机制，通过市场化方式形成上网电价的工商业用户用电价格，不再执行目录电价；由电网企业保障供应的用户用电价格，继续执行各地目录电价。由目录电价向市场化电价转变，配套托底保民生的电价政策是销售电价市场化改革的长期方向。

（六）清洁能源市场化交易机制不断探索

在构建以新能源为主体的新型电力系统新要求下，电力市场体系建设也将更多地考虑清洁能源市场化交易机制的探索与完善。2019 年，可再生能源电力（包含水电）实际消纳量接近 2 万亿千瓦·时，约占全社会用电量的 27.5%，各地区因地制宜探索形成了各具特色的市场化交易机制，总结如表 3-7 所示。在交易方式上，以双边协商为主，也有集中竞争和挂牌交易。

表 3-7 各地区清洁能源参与市场化交易机制对比

地区	清洁能源市场化交易机制
蒙西	清洁能源与火电捆绑交易；跨省跨区低谷风电交易；清洁能源对自备电厂的发电权替代交易；清洁能源参与区内现货交易
蒙东	清洁能源参与跨省跨区交易；清洁能源参与区内市场化交易（设置交易价格区间）；清洁能源参与发电权交易；清洁能源与火电打捆交易；清洁能源参与源网荷储互动试点交易
四川	清洁能源参与跨省跨区交易；清洁能源参与省内直接交易；清洁能源参与省内现货交易
云南	清洁能源参与跨省跨区交易；清洁能源参与省内市场化交易；小水电参与省内市场化交易；云贵水火置换交易
甘肃	清洁能源参与跨省跨区现货交易；清洁能源参与跨省跨区发电权交易；清洁能源参与省内现货交易；清洁能源参与辅助服务交易
青海	清洁能源参与跨省跨区交易；清洁能源参与发电权交易；清洁能源参与辅助服务交易
宁夏	清洁能源参与跨省跨区交易；清洁能源与火电合同电量转让交易；清洁能源与火电捆绑交易；清洁能源参与源网荷储互动试点交易

资料来源：作者根据《中国电力市场化改革报告（2020 年）》整理。

（七）电力市场监管持续完善

在电力市场化改革推进的过程中，我国电力市场监管也持续完善。

一是中间输配电环节的监管不断加强。针对网络型自然垄断环节的监管是市场监管的重要内容。2015 年电改 9 号文及《关于推进输配电价改革的实施意见》这一配套文件出台，以及后续相关政策的细化、输配电价核定和成本监管工作的推进，使我国在输配电环节的监管取得阶段性进展。电网企业的职能范围、责任义务、运营模式、收入来源、投资和资产管理行为等都得以明确和规范。在配电环节，积极引入竞争，有序向社会资本开放配售电业务，鼓励社会资本投资配电业务，逐步向符合条件的市场主体放开增量配电投资业务，鼓励以混合所有制方式发展配电业务。此外，增量配电领域的相关政策法规也在陆续完善。电网公平无歧视开放成为监管层面的重要关注内容，电改 9 号文提出“保障电网公平无歧视开放”，电网公平开放的相关政策也在制定之中。

二是市场信息披露制度不断完善。2020 年，国家能源局制定并印发了《电力现货市场信息披露办法（暂行）》，明确了信息披露的原则和方式、保存与密封以及监督管理，将电力现货市场信息分为公众信息、公开信息、私有信息和依申请披露信息四类，覆盖市场主体准入、退出、报价、结算等现货市场交易全环节、全流程，分类列出市场运营机构、各类市场成员需要披露的信息内容。交易中心也对信息披露进行了规定，如冀北交易中心 2018 年就发布了《电力市场交易信息披露管理办法》。

三是信用体系建设不断健全。2017 年印发的《国家发展改革委办公厅关于委托中国电力企业联合会开展电力行业信用体系建设有关工作的复函》中提出，积极支持行业协会协同开展电力行业信用体系建设工作。2018 年北京电力交易中心搭建电力市场主体信用评价指标体系。其他省份的电力市场陆续发布了相关信用评价管理办法。

二、我国电力市场建设评述

（一）我国电力市场体系建设已取得阶段性进展

2015 年以来，随着电改 9 号文和 6 个配套文件的印发，我国新一轮电力体制改革进入快速推进阶段，在市场建设方面，我国电力市场体系建设取得了显著进展。在市场构成上，中长期市场建设已全面铺开，交易规则日益规范，交易品种不断丰富；现货市场第一批试点已全部进入试运行阶段，第二批试点已经启动；辅助服务市场在各地陆续启动，初步形成调峰、调频、备用等产品体系。电力体制改革在空间维度上，已覆盖各区域、省份；在时间维度上，已覆盖年度、月度、月内、日前、日内等各类时间周期；在交易标的上，已覆盖电能量、辅助服务等。此外，本轮电改的亮点之一是首次在我国电力市场中引入售电侧的内涵，将电力市场分类为批发侧和零售侧，同时引入了售电公司这一新主体，推动售电侧市场的发展。在市场监管方面，重要的监管环节和主要的监管工作已经稳步开展。

（二）目标导向下电力市场体系的框架设计是基础和前提

我国电力市场体系建设是电力体制改革的重要组成部分，而深入推进电力体制改革又是加快完善我国社会主义市场经济体制的重要环节。所以，电力市场体系的框架设计，需要回答与解决的关键问题，主要分为以下三个层次，一是电力市场建设的目标是什么；二是电力市场包括哪些组成部分；三是电力市场不同层次、不同组成部分的关系是什么，如中长期市场、现货市场、辅助服务市场的关系，区域电力市场、全国统一电力市场的关系。

在电力市场体系建设的过程中，不能单纯为建市场而建市场，也不能对欧美等发达国家电力市场建设的经验进行机械的模仿，而是要立足我国经济社会发展的基本国情，立足我国电力工业发展的实际情况，始终围绕着以上三个层次的问题进行目标导向、问题导向的整体设计，系统推进各类市场建设，同时注重市场建设之间的协调配合。

（三）电力市场体系建设需要有效市场和有为政府的结合

虽然我国电力市场化改革不断深化，市场化交易规模不断扩大，参与竞争交易的市场主体也日益多元，但是改革的进程是“摸着石头过河”，不同市场、不同区域、不同环节，都面临着诸多问题和挑战。我国电力市场体系建设在充分发挥市场在资源配置中的决定性作用的同时，也要更好发挥政府作用，坚持有效市场和有为政府的结合。一方面，我国电力市场建设长期以来都面临着非市场化主体和市场化主体并行运营的基本格局。随着发用电计划的有序放开，改革的目标是要更多地发挥市场机制的作用，建立起既竞争有序，又保障有力的电力运行机制。另一方面，由于电力特殊的属性，电力市场的设计和运行较其他能源品种的市场更加复杂，在电力市场建设的过程中，也面临着很多需要深入讨论和科学研究的问题，这就需要更好发挥政府作用，加强市场的顶层设计和组织协调，加强市场监管，维护市场的竞争有序和公平公正，同时也要更加注重统筹市场与安全、市场与民生保障等。

第四节　油气市场建设历程

我国油气工业从无到有、由弱到强发展起来，油气供应保障能力不断增强。长期以来，我国油气工业主要实行的是生产、运输、销售一体化经营，中石油、中石化、中海油等国有大型油气公司构成了油气工业的主体。党的十八大以来，按照“管住中间、放开两头”的总体思路，以上游油气资源多主体多渠道供应、中间“一张网”高效集输、下游销售市场良性竞争为特征的“X+1+X”油气市场体系正在形成，油气体制机制改革正在综合推进。本节油气市场建设历程的梳理，针对主要的改革目标和方向，围绕重要的改革政策和举措展开。由于我国油气对外依存度高，国内市场与全球市场联系紧密，本节对于油气市场体系建设的评述，也将结合国际经验进行。

一、我国油气市场建设历程

（一）“油气体制改革意见”明确油气市场建设思路

2017 年 5 月，中共中央、国务院印发了《关于深化石油天然气体制改革的若干意见》，针对油气体制长期存在的深层次矛盾和问题，明确了深化石油天然气体制改革的指导思想、基本原则、总体思路和主要任务，覆盖了油气勘查开采、进出口、生产加工、管网储运、产品配售、产品定价、安全环保等油气全产业链。

油气体制改革的目标是通过改革促进行业持续健康发展，不断提高资源配置效率，保障安全、保证供应、保护资源、保持市场稳定。总体思路是坚持市场化方向，深化油气勘查开采、进出口管理、管网运营、生产加工、产品定价体制改革和国有油气企业改革，从而释放竞争性环节市场活力和骨干油气企业活力，全方位提升油气行业发展的综合能力。

该文件对我国油气市场化改革和市场体系建设有深远影响。一是对于油气体制长期以来的突出问题与改革诉求针对性强，引导了市场预期。例如：上游矿产许可证在企业间的流转；中游管网独立与第三方准入；下游原油进口权的放开、天然气价格改革等。该文件针对这些行业痛点都给出了解决思路，虽然后续的执行还需要时间去落地，但是已经可以引导市场预期，如鼓励多元化投资主体进入或引入社会资本积极投资等。二是对于多元化市场主体而言，意味着更多的市场机会。油气体制改革的方向是市场化改革，未来将形成多元化的市场主体格局。对于民营企业而言，准入的放开，意味着无论是在上游的勘探开发、油服装备，还是中游管网、储库的建设运营，或是下游的进出口、炼化和销售领域，业务空间都有所拓展。

（二）油气市场主体呈多元化发展趋势

在我国油气行业的上中下游不同环节，由于生产运行特征和产业结构不同，市场主体也呈不同的特征与发展趋势。

1. 上游勘探开发进口

上游勘探开发方面，中石油、中石化、中海油三家上下游一体化的国有企业构成主体，探矿权登记面积与采矿权登记面积数据均显示，中石油在上游勘探开发占据的份额最高，其次是中石化、中海油。三大石油公司近年来勘探开发由粗放型向精细化转变，优化勘探评价部署，突出大盆地地区和重点区带集中规模效益勘探，同时在“稳油”的基础上，把加快天然气勘探也作为主攻方向。中小石油公司也参与勘探开发，但是目标多数还是中低品位边缘油气田。民营企业主要进入煤层气、煤制气的勘探开发领域，尚未形成规模。

进口方面，进口 LNG 接收站审批权限下放有利于促进社会资本进入接收站建设领域。我国 LNG 接收站建设和运营主体多元化的趋势日趋明显。新奥集团、广汇能源、佛燃能源、粤电集团等城市燃气、电力企业积极开展 LNG 进口业务，形成 LNG 进口“第二梯队”，2020 年 LNG 进口量占全国进口量的 10.8%。①

2. 中游管网运输

管道运输是油气运输的最重要方式。出于历史原因，我国油气行业的中游输配环节，管网建设与运营高度集中在中石油、中石化和中海油三大国有石油公司，特别是中石油，曾经拥有中石油管道联合有限公司、中石油东部管道公司等 7 家管道公司，全国 70%以上的陆上天然气长输管网由中石油建设。

中游市场主体多元化一直在逐步推进，由于管网运输的网络型自然垄断属性，中游环节的市场主体多元化主要体现为投资主体的多元化和油气管网设施的公平开放。

在管网改革的初期阶段，主要是由三大国有石油公司通过混合所有制改革、多元化投融资模式等，推进主干管网和基础设施的产权多元化。例如，2012 年 5 月，中石油与全国社会保障基金理事会、城市基础设施产业投资基金、宝钢集团等签署了《西气东输三线管道项目合资合作框架协议》，引入社会资本和民营资本参与西气东输三线的建设。

2019 年，国家管网集团在北京正式挂牌成立，全面接管原分属于三大石油公司的油气管道基础设施资产和业务，正式并网运营，我国油气管网改革迈出关键一步。国家管网集团以股权与现金相结合的方式，收购三大石油公司及其下属油气管网相关资产。在股权结构上，国家管网集团的主要股东包括中国石油、中国国新控股、中国诚通、全国社保基金、中国石化、国务院国资委、丝路基金、中投公司、中国保险投资基金等②，其他资本也能参与油气基础设施的投资建设。2020 年 10 月，国家管网集团正式投入生产运营，目标是对全国主要油气管道基础设施进行统一调配、运营和管理。油气管道输送这一中间环节正式与上游资源、下游销售分开运营，并向第三方公平开放，“全国一张网”建设取得标

---

① 刘朝全，姜雪峰主编.2020 年国内外油气行业发展报告［M］. 北京：石油工业出版社，2021：95.

② 天眼查、爱企查。

志性进展，其不仅承担着保供调度协调责任，也将通过连通干线、打通节点、织密网络、优化枢纽等措施促进管网互联互通，提升资源优化配置效率。

3. 下游终端销售

经过政策的多次调整，我国成品油下游终端销售领域不断放开，市场主体多元化程度不断加深。2004 年公布的《成品油市场管理暂行办法》规定，申请从事成品油批发经营、仓储经营的企业应具备文件要求，由商务部、省级人民政府决定是否给予经营许可。2006 年公布的《成品油市场管理办法》仍规定国家对成品油经营实行许可制度，并对设立外商投资成品油经营企业进行了规定。2018 年公布的《外商投资准入特别管理措施（负面清单）（2018 年版）》正式取消同一外国投资者设立超过 30 家分店、销售来自多个供应商的不同种类和品牌成品油的连锁加油站建设、经营须由中方控股的限制。2019 年公布的《关于加快发展流通促进商业消费的意见》明确提出扩大成品油市场准入，取消石油成品油批发仓储经营资格审批，将成品油零售经营资格审批下放至地市级人民政府。2020 年，为推进成品油流通管理"放管服"改革，商务部废止《成品油市场管理办法》，正式取消成品油批发、仓储经营资格审批。成品油下游环节形成多元化的竞争格局。从市场格局上看，放开准入后成品油下游市场竞争渐趋激烈，中国石化和中国石油虽然占据绝对领先的成品油销售市场份额，但是民营、外资成品油经营企业也逐渐向多元化发展，且数量众多，并在区域市场上形成一定的发展规模和特色。

我国天然气下游终端销售领域市场主体也呈现多元化特征，中央企业、地方企业、民营及港资企业都占据一定的市场份额。从城市燃气行业发展看，中小企业占据主导，行业集中度较低，兼并重组频繁，市场竞争力较强且有活力（见表 3-8）。

表 3-8　城市燃气行业大型市场主体

公司名称	企业性质	市场占有率
港华燃气	港资企业	16 个城市的管道燃气专营权
百江燃气	港资企业	8 个城市的管道燃气专营权
中国燃气	民营企业	8 个城市的管道燃气专营权
华润燃气	国有企业	13 个地级市的管道燃气专营权
新奥燃气	民营企业	39 个城市的管道燃气专营权，市场占有份额居国内行业首位。西气东输下游 8 个城市的管道燃气专营权
京、沪、津、渝、穗、蓉、沈等市燃气公司	地方国企	城市燃气销售量占全行业 39%
中石油	中央企业	23 个地区级及以上城市的管道燃气专营权，城市燃气销售量占全行业 13%

资料来源：刘毅军，等．天然气产业链可持续发展研究［M］. 北京：石油工业出版社，2014：107.

（三）油气上游勘探开发环节市场化稳步推进

石油和天然气都是重要的矿产资源种类，油气上游勘探开发环节的改革在矿产资源管理制度改革框架下进行。根据《中华人民共和国矿产资源法》，矿产资源属于国家所有，矿产资源所有权不能出让，矿业权，包括探矿权和采矿权可以出让。我国矿产资源管理制度历经多轮改革，管理模式从矿产地（矿区）行政划拨转变为矿业权招拍挂出让，覆盖范围从矿产地到全区域，出让政策执行从可选择执行转变为刚性执行。

矿业权市场化改革可以划分为以下五个阶段：

一是**计划管理时期**，从 1949 年至 1985 年，矿业权以无偿划拨为主，受让主体相对单一。

二是**申请审批无偿获取时期**，1986 年《矿产资源法》颁布，将矿业权分为探矿权和采矿权，实施申请审批登记制度，区块（矿业权）登记管理制度建立；受让主体不再单一，要求以国有企业为主，但放开了乡镇集体企业及个人从事矿产资源开发的限制。

三是**矿业权有偿取得、多元化探索时期**，1996 年修改后的《矿产资源法》仍沿用申请审批制度，但是将无偿获取改为有偿获取；1998 年公布的

《矿产资源勘查区块登记管理办法》和《矿产资源开采登记管理办法》明确对国家出资勘查探明的矿产地的探矿权、采矿权收取价款；2000 年《矿业权出让转让管理暂行规定》出台，在申请审核、招标出让的基础上新增拍卖出让，矿业权出让方式逐步多元化。

四是**竞争性出让探索时期**，2003 年，《探矿权采矿权招标拍卖挂牌管理办法（试行）》出台，进一步规定了招标、拍卖、挂牌等矿业权出让方式的适用范围。2006 年，《关于进一步规范矿业权出让管理的通知》，将矿产资源分为不同风险等级，分别采取申请审核和招拍挂方式出让，并新增协议出让方式。同年，《财政部　国土资源部关于深化探矿权采矿权有偿取得制度改革有关问题的通知》出台。

五是**深化改革时期**，2015 年《生态文明体制改革总体方案》出台，要求完善矿产资源有偿使用制度，完善矿业权出让制度，建立符合市场经济要求和矿业规律的探矿权、采矿权出让方式，原则上实行市场化出让，研究建立矿产资源国家权益金制度。2017 年《矿业权出让制度改革方案》，开展试点探索，建成“竞争出让更加全面，有偿使用更加完善，事权划分更加合理，监管服务更加到位”的矿业权出让制度。同年《关于印发矿产资源权益制度改革方案的通知》《关于印发〈矿业权出让收益征收管理暂行办法〉的通知》两个文件明确矿业权出让必须以招拍挂为主，限制协议出让。2019 年公布的《关于统筹推进自然资源资产产权改革的指导意见》《自然资源部关于推进矿产资源管理改革若干事项的意见（试行）》等文件对矿业权的市场化出让进一步提出了要求。同年公布的《关于推进矿产资源管理改革若干事项的意见（试行）》全面推进矿业权竞争性出让，规定除协议出让外，其他矿业权都以招标、拍卖、挂牌方式公开竞争出让。①

在油气领域，根据国家矿产资源管理要求和矿业权市场化改革进程，我国油气勘探开发环节的市场化也在稳步推进，近年来取得明显进展。2012 年以来，自然资源部开展了页岩气、常规油气、煤层气探矿权竞争出

① 陈骐．完善矿产资源价格形成机制研究［R］．研究报告，2021.

让改革试点，对准入门槛进行了探索。2017年公布的《关于深化石油天然气体制改革的若干意见》要求有序放开油气勘查开采市场，逐步形成以大型国有油气公司为主导、多种经济成分共同参与的勘查开采体系。2019年公布的《外商投资准入特别管理措施（负面清单）（2019年版）》取消了石油、天然气、煤层气勘查开采对外商投资仅限于合资合作的限制。同年公布的《关于推进矿产资源管理改革若干事项的意见（试行）》全面推进油气矿业权竞争性出让，考虑到油气勘查的高风险、高投入等特点，对准入门槛进行了明确，规定在我国境内注册、净资产不低于3亿元的内外资公司均有资格按规定取得油气矿业权，扩大了油气勘探开发环节的市场准入范围，并全面推行油气探采合一制度。国有企业、民营企业和外资企业等多元化市场主体，均有资格按规定在市场化矿业权出让的制度下，竞争取得油气矿业权，油气勘查开采市场已经实现放开。

（四）油气中游管网改革已取得显著进展

我国油气中游管网改革主要以几个重要的政策文件为标志分阶段推进，目前已取得显著进展。

2014年2月，国家能源局印发《油气管网设施公平开放监管办法（试行）》，主要内容包括加强监管和促进油气管网设施公平开放两方面。该办法提出，油气管网设施运营企业在管网设施有剩余能力的情况下，应向第三方市场主体平等开放，提供输送、储存、气化、液化和压缩等服务；按合同签订的次序向新增用户公平、无歧视地开放。鼓励上游用户以自行协商或委托代理等方式向下游用户直接销售油气，并与管网设施运营企业签订合同或协议。

2015年9月，《中共中央　国务院关于深化国有企业改革的指导意见》提出对自然垄断行业实行以“政企分开、政资分开、特许经营、政府监管”为主要内容的改革；根据不同行业特点实行网运分开、放开竞争性业务，促进公共资源配置市场化。该意见对油气管网改革提出了要求。

2017年公布的《关于深化石油天然气体制改革的若干意见》对改革油气管网运营机制进行了专门部署，提出“分步推进国有大型油气企业干线管道独立，实现管输和销售分开。完善油气管网公平接入机制，油气干线管道、省内和省际管网均向第三方市场主体公平开放”。

2019 年 3 月，中央全面深化改革委员会第七次会议审议通过《石油天然气管网运营机制改革实施意见》，提出“组建国有资本控股、投资主体多元化的石油天然气管网公司，推动形成上游油气资源多主体多渠道供应、中间统一管网高效集输、下游销售市场充分竞争的油气市场体系”，标志着管网改革向成立管网公司迈出关键一步。随后，国家管网公司成立并于 2020 年 10 月正式投产运营。

2019 年 5 月发布的《油气管网设施公平开放监管办法》对油气管网设施运营企业提出了多项要求，一是独立核算和业务分离，提出对输送、储存、气化、装卸、转运等运营业务实行独立核算，并推进油气管网设施独立运营；二是无歧视开放，提出无歧视地向符合开放条件的用户提供油气输送、储存、气化、装卸、转运等服务；三是剩余能力开放，考虑到运销一体化的模式还可能过渡一段时间，补充规定相应油气管网设施可在保障现有用户、现有服务的前提下，将其剩余能力向用户开放；四是服务价格实行政府定价、政府指导价或市场化定价，并鼓励多样化服务。

（五）油气交易中心在多地建设布局

建设石油天然气交易中心，既是我国油气市场化改革的重要成果，也是我国更好地参与国际能源合作，提升在全球能源市场的话语权和定价权的重要平台。

我国油气现货市场在多地建设布局。2015 年 3 月，上海石油天然气交易中心在上海自贸区注册成立，旨在成为具有国际影响力的石油天然气交易平台、信息平台和金融平台。2017 年 11 月 29 日，成品油交易品种在上海石油天然气交易中心上线，标志着成品油现货交易开始试运行。2017 年 1 月，我国第二个国家级大宗能源商品交易中心——重庆石油天然气交易中心正式签约挂牌成立，致力于打造具有国际影响力的石油天然气定价中心和资讯中心。2017 年 4 月，新疆维吾尔自治区发展改革委已复函同意克拉玛依市开展新疆油气交易中心前期工作，我国第三个油气交易中心开始酝酿[①]。2019 年，“浙江国际油气交易中心” 正式更名，着力建设 “一市场三中心”，即国际油气现货市场、亚太油气衍生品创新中心、亚太油气集成服务中心和具有一定影响力的国际油气定价中心。2020 年，深圳天然气交易中心挂牌且有交易品种上线交易，这也是香港交易所集团在内地设立的唯一大宗商品现货交易平台。

在现货市场建设不断推进的同时，我国原油期货也已上市。在石油期货合约之中，原油期货（Oil Futures）是交易量最大的品种[②]。我国原油期货从 2014 年开始筹备，2017 年进展加速，同年 5 月，上海期货交易所子公司上海国际能源交易中心正式发布了原油期货标准合约等 11 个相关业务细则，对我国原油期货的交易品种、交割方式等交易细则进行了规定。2018 年 3 月，我国原油期货上市，它的基本特点可以概括为 “国际平台、净价交易、保税交割、人民币计价”，其不仅能够作为一种金融产品为境内外石油产业链企业、各类投资者提供风险管理的工具，还能成为一个开放型的国际能源衍生品交易平台。

（六）油气价格改革取得阶段性进展

我国原油和成品油价格改革经历了渐进式地从政府定价向与国际接轨的市场化价格形成机制转变的历程，可以分为以下几个阶段。

一是 1998 年制定的《原油、成品油价格改革方案》规定原油基准价格根据每月国际市场相近品质原油离岸价加关税确定，开始与国际接轨。2004 年后则由市场协商确定，不再公布原油基准价格。

二是成品油价格由政府定价改为政府指导价，公布零售中准价格，而市场零售价格在中准价格上下一定区间内浮动。

三是不断完善石油价格与国际接轨机制，调整挂钩品种、浮动幅度、

① 此外，我国还有其他一些石油交易所，如 2007 年成立的北京石油交易所是北京市属的石油化工产品现货交易综合服务机构，2011 年成立的深圳石油化工交易所则致力于打造集产品定价中心、交易中心、资讯中心、金融中心与供应链管理中心于一体的要素交易平台。

② 石油与成品油期货品种还有取暖油、燃料油、汽油、轻柴油、馏分油、无铅汽油、瓦斯油等。

调价频率、触发机制等。

四是2016年发布的《石油价格管理办法》进一步完善石油价格形成机制并沿用至今。

我国天然气价格形成机制经历了多轮重要改革，可以分为以下几个阶段。

一是提高基准价，取消“双轨制”，2005年开始三次提高国产天然气出厂基准价，2010年将大港、辽河和中原三个油气田一、二档气出厂基准价并轨，此外，还理顺了车用天然气与成品油之间的比价关系。

二是开展天然气“市场净回值”定价试点。2011年在广东、广西试点以“市场净回值”法定价，再以计价基准点价格为基础，综合考虑天然气主体流向和管输费用，确定各省（区、市）天然气门站价格。此外，还放开页岩气、煤层气、煤制气等非常规天然气出厂价格，实行市场调节。

三是推出“存量气、增量气”价格调整机制，价格管理由出厂环节调整为门站环节，后将非居民用气由最高门站价格管理改为基准门站价格管理。

四是推出天然气管道运输价格管理办法，管道运输价格管理遵循准许成本、合理收益、公开透明、操作简便的原则。省（自治区、直辖市）内短途管道运输价格，由省级价格主管部门结合当地实际制定和调整。

五是深化天然气价格改革方向，一方面，强化网络型自然垄断环节价格监管，全面开展定价成本监审；另一方面，推进天然气气源和销售价格适时放开。

（七）油气企业混合所有制改革探索推进

发展混合所有制经济，是党的十八届三中全会确定的重大任务，是深化国有企业改革的重要举措。国有资本、集体资本、非公有资本等交叉持股、相互融合的混合所有制经济，是基本经济制度的重要实现形式。当前，国企改革的总体思路已经确立，国企改革“1+N”文件体系逐步成形，混合所有制改革成为国企改革的重要突破口。2015年，国务院发布了《关于国有企业发展混合所有制经济的意见》（国发〔2015〕54号）。中央明确提出了完善治理、强化激励、突出主业、提高效率的要求。

2017 年是央企混改试点的加速推进之年，目前已经在央企层面进行了两轮试点。下一步，混合所有制改革即将在省级层面全面铺开，由各省、自治区、直辖市上报第三批改革试点企业。从混改领域看，电力、石油、天然气等领域均是混改的重点。

在石油行业，以中石油、中石化等为代表的国有企业纷纷采取措施，推进混改准备工作。2017 年 8 月，中石油召开了公司体制改革工作视频会议，并下发了《关于集团公司公司制改制工作有关事项的通知》，相关工作将为中石油下一步混改奠定基础。中石化提出，将在天然气领域加大混改力度，重点在地热、管道等具体业务板块推进混改。

随着混改工作全面铺开，预计石油行业的混改工作将继续推进。从混改的层次看，在前期以二级、三级公司为主的基础上，一些条件成熟的企业，将积极稳妥推进集团公司层面的混改。从混改的业务板块看，随着全国统一的市场准入负面清单全面实施，民营企业进入油气行业各业务板块的积极性将持续提升，民营企业在炼化、终端销售等领域具有一定的市场资源和竞争优势，对管道等基础设施有较强的使用需求，在相关领域和业务板块推进混合所有制改革有较强的必要性和可行性。

（八）油气市场制度建设取得明显进展

1. 法律法规

石油领域的法律法规文件，主要包括《中华人民共和国对外合作开采陆上石油资源条例》《中华人民共和国对外合作开采海洋石油资源条例》《中华人民共和国石油天然气管道保护法》等。2010 年 10 月 1 日起，《中华人民共和国石油天然气管道保护法》开始施行，对包括天然气、煤层气和煤制气在内的管道及管道附属设施的规划、建设、运行等进行管理。

天然气领域的法律法规文件，主要包括《城镇燃气管理条例》《中华人民共和国石油天然气管道保护法》《中华人民共和国对外合作开采陆上石油资源条例》《中华人民共和国对外合作开采海洋石油资源条例》等。《城镇燃气管理条例》自 2011 年 3 月 1 日起施行，2016 年经一次修订，内容包括城镇燃气发展规划与应急保障、燃气经营与服务、燃气使用、燃气设施保护、燃气安全事故预防与处理及相关管理活动。

此外，天然气领域还出台了一些规章及规范性文件，如《国家发展改革委关于加快推进储气设施建设的指导意见》《天然气基础设施建设与运营管理办法》等。

2. 发展规划

编制和实施规划是政府对于油气行业发展进行宏观指导的一项重要手段和职能。对于油气行业，既有综合规划，也有专项规划；既有国家规划，也有地方规划。

2016 年 12 月 26 日，国家发展改革委、国家能源局印发《能源发展"十三五"规划》，指出适应能源转型变革的体制机制有待完善，"能源市场体系建设滞后，市场配置资源的作用没有得到充分发挥。价格制度不完善，天然气、电力调峰成本补偿及相应价格机制较为缺乏，科学灵活的价格调节机制尚未完全形成，不能适应能源革命的新要求"。

2016 年 12 月 24 日，国家发展改革委印发《天然气发展"十三五"规划》，明确提出要加快市场体系建设，具体内容包括"加快推进油气体制改革进程，鼓励各类市场主体有序进入天然气行业，形成多元化主体公平竞争局面，提高效率增强活力。打破垄断，有序放开竞争性业务，完善价格形成机制，发挥市场对资源配置的决定性作用，推动天然气交易中心建设，提高国际定价话语权。深入推进简政放权，加强简政放权后续监管，督促国家产业政策和标准规范落地。健全监管机制，加强事中事后监管和对市场准入、交易行为、垄断环节、价格成本等重点环节监管，加大区域管网及配气市场监管力度"。

除能源和天然气发展综合规划外，我国还有针对天然气领域的专项规划与地方规划，如《中长期油气管网规划》《城市燃气专项规划》等。

3. 监管政策

我国对油气产业链上游的监管政策，主要包括探矿权与采矿权的管理政策。探矿权的审批由自然资源部、省国土资源厅负责；采矿权取得方式包括协议、招拍挂、探矿权转采矿权三种，新授予的采矿权一律实施招拍挂。天然气的探矿权和采矿权主要根据《矿产资源勘查区块登记管理办法》《矿产资源开采登记管理办法》确定。

我国对油气产业链中游的监管，主要依据《中华人民共和国石油天然气管道保护法》的相关规定，以及一些专项规章。2014 年 2 月，国家发展改革委发布《天然气基础设施建设与运营管理办法》，对包括天然气输送管道、储气设施、液化天然气接收站、天然气液化设施、天然气压缩设施及相关附属设施等在内的天然气基础设施的建设和运营进行管理。2019 年《油气管网设施公平开放监管办法》出台，这是油气中游管网环节监管的重要文件，强调要加强监管并明确了监管要求，油气管网设施运营企业应定期报送油气管网设施相关情况和公平开放相关情况的信息资料，包括管网设施基本情况、运营情况、限（停）产检修计划及执行情况、输送（储存、气化、装卸、转运）能力及开放情况，以及申请用户相关情况等。国家能源局等监管机构可以根据工作需求采取文件规定的工作措施实施监管。

我国对油气产业链下游的监管，在成品油方面，主要包括对成品油批发、零售、仓储等企业的监管，以及对油品质量的监管，例如，很多地方都出台了针对流通领域成品油质量监管的政策，并部署了专项行动。在天然气方面，主要分为公共事业特许经营权和城市燃气管理两部分。前者主要依据《市政公用事业特许经营管理办法》，后者主要依据《城镇燃气管理条例》。

二、我国油气市场建设评述

（一）我国油气市场体系建设已取得阶段性进展

近年来，随着我国油气体制改革的持续推进，我国油气市场体系建设已经取得阶段性进展和较为明显的成效。总体来看，遵循“管住中间、放开两头”的思路和原则，我国正在形成并完善以上游油气资源多主体多渠道供应、中游“全国一张网”高效集输、下游销售市场良性竞争为特征的

“X+1+X”油气市场体系。具体来看：

（1）**市场主体**方面，虽然中石油、中石化、中海油、延长石油等国有大型油气公司在市场中仍居于主导地位，但是随着上游勘探开发，下游批发、零售、仓储等环节市场准入的放开和准入条件的明确，民营企业、外资企业等市场主体越来越多地参与上下游市场开展业务，形成多元化的市场竞争格局。同时，企业改革也在稳步推进，现代企业制度不断完善。

（2）**交易市场**方面，油气现货交易中心在上海、重庆、深圳等多地建设运营，提升了油气资源优化配置的效率和市场的竞争程度，原油期货市场也发展起来，在全球原油市场中已具备一定的市场影响力。

（3）**管网改革**方面，国家管网公司已形成自然垄断，对全国主要油气管道基础设施进行统一调配、运营和管理，同时也在积极促进省级管网公司以市场化的方式融入国家管网公司，“全国一张网”已见雏形。

（4）**价格机制**方面，竞争性环节的价格形成机制稳步调整，原油和成品油价格与国际市场实现接轨，天然气价格不断理顺；自然垄断环节的价格形成机制正在完善。

（5）**市场监管**方面，针对市场准入和市场行为都出台了相应的政策文件。随着油气市场不断发生变化，市场监管也需要进行相应调整。

（二）油气市场体系建设是一个长期过程，需协调配套与系统集成

从国际看，油气市场体系建设在各国都是一个循序渐进、不断调整的长期过程，与国家的经济制度、能源经济政策、国内外油气市场形势、市场发育程度等密切相关。油气市场体系并没有一定之规，也没有既定模式可以复制，都是因地制宜、不断调试的结果。

油气市场体系建设需要协调配套与系统集成。从那些油气市场体系较为成熟的国家的经验来看，一般需要具备以下条件：一是较为完善的基础设施，主要包括油气输送管道、储气设施等，随着 LNG、CNG 的推广，液化天然气接收站、天然气液化设施、天然气压缩设施等基础设施的重要性也在上升。二是逐渐完善的油气市场相关制度建设，在市场发展初期，政

策主要目的是保证市场供应，并使价格在合理的、用户可承受的区间运行；随着市场规模与范围的扩大，制度设计也日益复杂，内容也涵盖产业链的上游、中游、下游，包括资源勘探、生产、储运、消费、贸易等各环节。三是随着油气市场发展到一定阶段，市场化达到一定的程度，油气交易中心应运而生，可以将其视为一个较为成熟的油气市场体系必要的组成部分。四是市场机制是市场体系建设的根本，主要包括价格机制、供求机制、竞争机制和风险机制，其中价格机制是核心，也是市场体系建设的重点。五是随着市场化程度的提升，市场监管的重要性日益提升。

（三）基础设施建设运营是油气市场体系建设的重要基础

油气管网是油气市场运行不可或缺的物理基础。从各国经验来看（见表3-9），天然气管输市场都经历了从发展初期到逐渐成熟的阶段性过程，而竞争性不断提升是总体趋势。在市场发展初期，由于基础设施建设刚起步，市场规模也较小，天然气供应与管输一体化发展。随着市场规模的扩大与基础设施投资的增长，开始出现独立的管道投资商与运营商。在市场成熟期，基础设施日渐完善，市场参与主体竞争加剧，管输业务专营化也成为普遍趋势。管网的独立和第三方准入是促进有效竞争的必要因素。

表3-9　美国、欧盟、俄罗斯天然气管道建设运营经验比较

美国完全市场型	运营模式	管道运输与销售业务彻底分离 经营主体：独立管道运输服务公司、综合能源公司专业子公司 一切需要管输服务的企业都有权进入管网
	监管机制	能源主管部门：美国能源部 能源监管部门：联邦能源监管委员会 联邦与州两级：独立、职责清晰的管理体制
欧盟多模式并存型	运营模式	以德国为代表的私营模式 以英国、意大利和法国为代表的国家垄断模式 以荷兰为代表的混合运营模式
	监管机制	欧盟天然气管网监管机构包括欧盟委员会和各成员国政府监督机构

续表

俄罗斯独家垄断型	运营模式	俄罗斯天然气运输股份公司垄断经营，其隶属于上中下游业务一体化的国有垄断性公司——俄罗斯天然气工业股份公司
	监管机制	监管：燃料动力部（政府部门） 调控：能源署（相对独立的监管部门） 国家行政管理与监管机构调控相结合

资料来源：作者根据赵学明等（2014）、邓心茹（2017）整理。

而从我国油气管网改革的政策和实践历程看，我国自2014年以来不断探索油气管网设施公平开放的实施路径和方式，逐渐培养起油气企业和上下游行业的开放意识，开放的范围不断扩大。随着国家管网公司的成立运营，中游管网环节“全国一张网”、独立运营的市场格局初步形成。然而，我国油气管网设施公平开放仍面临着“硬件”和“软件”两方面的短板，基础设施方面，我国管网设施建设和互联互通并不充分，制约了油气资源在不同管网设施间的灵活调配，需要进一步鼓励和加强基础设施投资建设，尤其是天然气管网建设。体制机制方面，油气管网运行机制还有待健全，在统筹规划、组织协调、市场准入、投资运营、市场监管等方面，都需要有进一步细化的规定，并与油气体制改革相衔接。

（四）油气交易中心是市场体系建设的重要载体

油气交易中心和交易所是油气市场体系的组成部分，其建设与发展是油气定价机制改革的重要条件。从国际经验看，北美和欧洲都形成了以油气交易中心为基础的交易市场。交易中心的便捷与完善有利于提升油气市场的供需灵活性，对保障需求、推动产业发展有积极作用；同时，北美和欧洲的油气交易中心经过多年的发展，对全球油气市场已具备相当的影响力。以天然气交易中心为例，美国的天然气实物购销主要通过Henry Hub等24个中心的现货交易实现。大多数欧洲国家都有1个至2个交易中心，较有名的如英国的NBP、荷兰的TTF、德国的NCG和GPL、比利时的Zeebrugge和ZTP等。目前欧洲主要的商品交易所都推出了天然气交易合约，主要包括现货、期货和期权的标准化合同。欧洲交易所的竞争合作也不断加强。

近年来，随着我国油气市场化改革的推进，我国油气交易中心建设的条件不断成熟，必要性与紧迫性也日益凸显。而国际油气市场发展经验表明，资源地、管网枢纽地、消费地均可能形成石油交易中心，美国、欧洲等都分布着数量众多的油气交易中心。其中，只有极少数能形成具有世界影响力的基准价格与交易规模，如全球范围主要的石油期货市场有纽约商品交易所、伦敦国际石油交易所、迪拜商品交易所、东京工业品交易所等。我国在全球石油市场上占据庞大的贸易份额，有必要完善油气交易市场体系和布局，建成具有全球影响力的石油交易中心。

（五）油气市场监管是油气市场体系建设的重要保障

由于油气行业上中下游呈现不同的产业结构特征，加上油气上中下游市场的竞争化程度存在差异、组织运行方式较为复杂，油气市场监管是油气市场体系建设的重要保障。

以天然气监管为例，美国天然气市场基础设施发达、市场竞争充分，是全球规模最大、最为成熟的市场之一。美国政府在实践中不断探索与调整对天然气市场的监管。19 世纪中叶美国一些市政府对城市燃气进行监管。1938 年联邦政府开始对跨州天然气管线和运价进行监管。1954—1978 年对天然气井口价实行管制。1978 年出台天然气政策法案（NGPA），目标是建立全国统一的天然气市场，让市场决定天然气井口价格。1978—1985 年逐渐放松井口价格管制，1985—1989 年实行天然气商品和管道运输业务的分离政策，1989 年最终取消天然气井口价格管制，最近几年开始探索和构建零售选择计划，允许最终家庭用户和小的商业用户跨过城市配销商灵活地购买天然气，城市配销商也只具有管道运送者功能①。美国天然气监管体系演变至今，具有以下几个特点：一是由独立的能源监管机构美国联邦能源监管委员会（FERC）监管；二是监管的主要内容包括跨州管道公司的费率和服务、新管线建设审批及相关环境问题；三是监管主要针对天然气产业中的自然垄断环节；四是非自然垄断环节的价格管制逐渐淡出，天然气价格由市场决定。

---

① 牛琦彬．美国政府对天然气市场监管的历史演变及启示［J］．中国石油大学学报（社会科学版），2017.

欧洲也形成了较为完善的、多层级的天然气市场监管体系。政府职能主要包括制定天然气战略规划、协调市场行为、监管行业发展等。非政府组织和民间协会也参与其中，对搭建信息平台、制定行业标准起到一定的辅助作用。欧盟委员会是欧洲天然气行业管理的最高决策机构，总揽制定能源政策；能源监管合作署主要在欧盟层面协助欧洲国家的能源监管部门开展监管工作，并协调各国间的能源监管与市场行为，主要负责审定欧洲跨国天然气输送管网运行规则，协调建立跨国天然气交易市场（包括零售环节）并进行监管。欧洲各国也成立了独立的天然气监管机构。此外，还有欧洲能源监管理事会、欧洲输气运营商协会、欧洲能源交易商联盟、伦敦能源经纪人协会等非政府组织参与了市场秩序的维持。欧洲提供了一个相对复杂多元的天然气市场监管的范本，其特点可被概括为：一是较为明确的、多层次的监管框架；二是明确总揽全局、统筹协调的欧洲天然气行业管理最高决策机构；三是各国也设置了独立的天然气监管机构；四是专业化的市场监管机制与市场服务机构较为发达。我国的油气市场监管也可以借鉴国外油气市场监管经验，在油气体制改革的背景下，进一步完善和健全市场监管体系。

第四章 高标准能源市场体系界定

第一节 高标准市场体系的概念与政策梳理

一、市场体系的概念内涵

市场的概念内涵丰富，包括多层次的含义。狭义的市场指的是买卖双方进行商品交换的场所；广义的市场包括一切商品和生产要素交换关系的总和。市场体系可被视为市场的系统组合，根据《市场经济学大辞典》的定义，“市场体系是指在社会经济活动中存在的相互影响、相互补充、相互制约的各种相对独立的市场所构成的有机综合体”。从市场体系的构成来看，其一般“包括市场主体结构、市场客体结构、市场运行机制、市场保障制度四个层面，各层面相互支撑和关联，才形成市场体系这一复杂的经济社会系统”（见图 4-1）。

二、市场体系建设的政策与实践沿革

市场体系是市场经济运行的基础，也是我国社会主义市场经济体制的重要组成部分。改革开放以来，我国从高度集中的计划经济体制转变为社会主义市场经济体制。从引入市场机制到建立健全现代市场体系，我国市场体系经历了从无到有，从小到大，从发育到成熟的历程，特别是党的十八大以来市场体系建设被摆在更为重要的位置。我国市场体系建设的政策

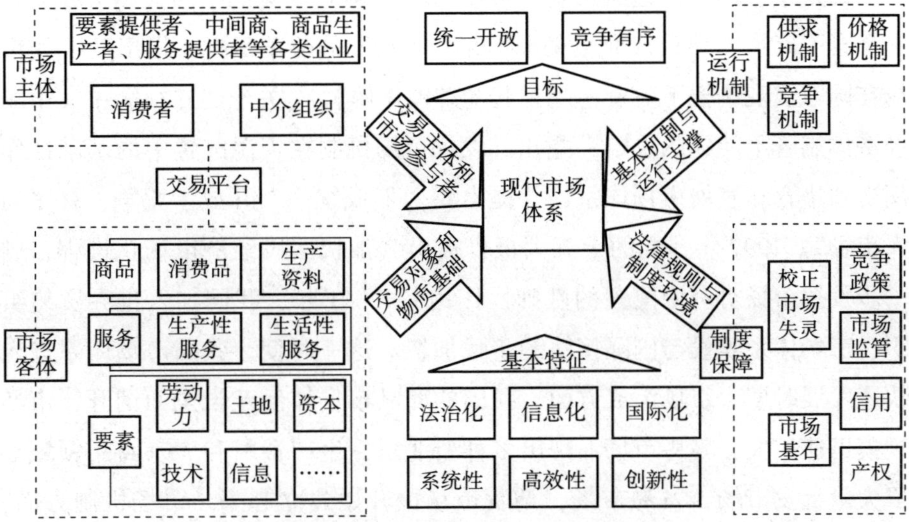

图 4-1　现代市场体系的构成要素与特征

资料来源：刘泉红（2020）。

沿革和实践历程可分为以下四个阶段①：

一是市场体系探索培育期（1978—1991 年）。党的十一届三中全会开启了改革开放和社会主义现代化建设的历史新时期。1984 年，党的十二届三中全会通过《中共中央关于经济体制改革的决定》，“公有制基础上有计划的商品经济”成为改革方向。1987 年，党的十三大报告首次提出“加快建立和培育社会主义市场体系”，并提出“国家调节市场，市场引导企业”的经济运行机制。这一时期，市场体系的探索和培育开始起步。市场主体、客体方面，国有、集体、个体私营共同发展的多元市场主体格局初步形成，商品市场供给快速增加和丰富。市场组成方面，商品市场、劳动力市场和资本市场从无到有建立起来，一大批商品批发市场、集贸市场、生产资料贸易中心发展起来，产权、证券交易机构也陆续成立。市场机制方面，计划分配的管理体制逐步放开，价格形成机制改革和商品流通体制改革积极推进。市场制度方面，为抑制市场大幅波动，市场调控体系开始建立。

① 国务院发展研究中心市场经济研究所．改革开放 40 年市场体系建立、发展与展望［M］．北京：中国发展出版社，2018. 参见马建堂（2021）、张卓元（2018）。

二是市场体系快速成长期（1992—2001 年）。党的十四大和十四届三中全会明确了“建设社会主义市场经济体制”的改革目标，提出“要使市场在国家宏观调控下对资源配置起基础性作用”。《关于建立社会主义市场经济体制若干问题的决定》指出，发挥市场机制在资源配置中的基础性作用必须培育和发展市场体系，并提出要“形成统一、开放、竞争、有序的大市场”。1997 年，党的十五大报告提出“加快国民经济市场化进程，进一步发挥市场对资源配置的基础性作用”。2001 年，我国加入世界贸易组织，市场体系建设与国际接轨的步伐加快。这一时期，我国市场体系进入快速发展时期。市场组成方面，我国的商品市场体系建设全面铺开，市场规模迅速扩大，零售市场涌现出多种新业态，生产资料和大宗商品领域形成大量批发市场、贸易市场，期货市场也开始建立起来。市场机制方面，除了少数重要生产资料和农产品外，国家基本取消了指令性分配计划和政府定价，市场决定价格的比例大幅上升。市场制度方面，宏观调控体系加快完善，市场经济法律制度建设开始起步，《公司法》、《合同法》（已失效）、《证券法》、《价格法》、《消费者权益保护法》等一大批法律法规颁布实施。我国社会主义市场经济体制的框架初步建立，包括商品市场和要素市场在内的市场体系基本形成。

三是市场体系开放创新期（2002—2012 年）。2002 年，中共十六大报告首次提出“健全现代市场体系”。2003 年发布的《中共中央关于完善社会主义市场经济体制若干问题的决定》在“完善社会主义市场经济体制的目标和任务”中提出要“建设统一开放竞争有序的现代市场体系”，并提出加快建设全国统一市场、大力发展资本和其他要素市场、建立健全社会信用体系等具体任务。2007 年，党的十七大报告进一步指出，“加快形成统一、开放、竞争、有序的现代市场体系，发展各类生产要素市场，完善反映市场供求关系、资源稀缺程度、环境损害成本的生产要素和资源价格形成机制，规范发展行业协会和市场中介组织，健全社会信用体系”。这一时期，我国市场体系朝现代化、规范化、国际化方向发展，市场体系结构进一步丰富与完善。市场组成方面，商品市场体系转型和创新步伐加快，市场模式、业态不断创新，以电子商务为代表的互联网市场生态开始建立。市场开放方面，商品市场逐步全面开放，要素市场转向有序开放，我国积极融入全球市场。市场制度方面，市场调控体系进一步健全，社会主义市场经济法律框架加快完善，对于市场行为规范、产权保护等的重视程度提升。这一时期，我国统一开放、竞争有序的现代市场体系框架已基本形成。

四是现代市场体系加快完善期（2013 年至今）。党的十八大提出全面深化改革的目标，指出要“更加尊重市场规律，更好发挥政府作用，健全现代市场体系”。2013 年，党的十八届三中全会通过《中共中央关于全面深化改革若干重大问题的决定》，再次强调要“建设统一开放、竞争有序的市场体系，是使市场在资源配置中起决定性作用的基础”，并提出建立公平开放透明的市场规则、完善主要由市场决定价格的机制等具体任务。党的十九大以后，习近平总书记在中共中央政治局就建设现代化经济体系进行第三次集体学习时，明确把现代市场体系作为现代化经济体系的六大体系之一，提出要“建设统一开放、竞争有序的市场体系，实现市场准入畅通、市场开放有序、市场竞争充分、市场秩序规范，加快形成企业自主经营公平竞争、消费者自由选择自主消费、商品和要素自由流动平等交换的现代市场体系”，为新时代我国加快完善市场体系指明了目标和方向。

三、建设高标准市场体系的概念与特征

2020 年，党的十九届五中全会围绕全面深化改革、构建高水平社会主义市场经济体制的重大任务，对建设高标准市场体系做出了全面部署，将“高标准市场体系基本建成”作为“十四五”时期经济社会发展的主要目标之一。《关于新时代加快完善社会主义市场经济体制的意见》中也提出“建设高标准市场体系”。2021 年制定的《建设高标准市场体系行动方案》提出“通过 5 年左右的努力，基本建成统一开放、竞争有序、制度完备、治理完善的高标准市场体系”。

建设高标准市场体系是在我国进入新发展阶段、贯彻新发展理念、构建新发展格局的重大背景下，“面向构建高水平社会主义市场经济体制，为形成统一开放、竞争有序、制度完备、治理完善的现代市场体系而构建的一整套市场制度体系”（马建堂，2021）。

根据《建设高标准市场体系行动方案》，当前我国高标准市场体系建设包括五个方面的主要任务（见表 4-1）。这五个方面是高标准市场体系建设的主攻方向和实施路径，可以概括为“高标准的市场基础制度、高效率的要素市场配置机制、高质量的市场发展环境、高水平的市场开放制度、高效能的市场监管机制”（马建堂，2021；盛朝迅，2021）。

表 4-1　建设高标准市场体系的主要内容

夯实市场体系基础制度	全面完善产权保护制度
	全面实施市场准入负面清单制度
	全面完善公平竞争制度
推进要素资源高效配置	推动经营性土地要素市场化配置
	推动劳动力要素有序流动
	促进资本市场健康发展
	发展知识、技术和数据要素市场
改善提升市场环境和质量	提升商品和服务质量
	强化消费者权益保护
	强化市场基础设施建设
实施高水平市场开放制度	有序扩大服务业市场开放
	推动规则等制度型开放
完善现代化市场监管机制	推进综合协同监管
	加强重点领域监管
	健全依法诚信的自律机制和监管机制
	健全社会监督机制
	加强对监管机构的监督
	维护市场安全和稳定

资料来源：《建设高标准市场体系行动方案》。

第二节　能源市场体系的概念与政策梳理

一、能源市场体系的概念与内涵

能源市场是各类能源作为商品进行交易的场所。相应地，能源市场体系是能源商品交易关系的总和，是构成能源市场的各种主体、客体、结构、机制、管理制度等的有机综合体。参考市场体系的概念与构成，表4-2概括了能源市场体系的主要内容。

表4-2　能源市场体系的主要构成

市场体系	概念内容	目标作用
市场主体	市场上从事交易活动的组织和个人，在能源市场中主要为能源产供储运销各环节的市场参与者	激发市场主体活力，它是市场发展和运行的动力之源
市场客体	市场供需双方交易的对象或标的，在能源市场中主要为煤电油气等各类能源商品及能源服务，以及相关的环境能源权益	明确交易对象和交易范围，提升市场客体的质量、标准化程度等，降低交易成本
市场结构	产业组织结构、所有制结构、市场空间结构、市场时间结构等	优化市场结构，激发市场主体活力，形成良性竞争格局
市场机制	竞争机制、供求机制、价格机制、风险机制等	发挥市场在资源配置中的决定性作用
交易体系	交易场所、交易平台、交易方式、交易规则等	市场交易得以开展的载体，支撑市场机制发挥作用
市场监管	政府对能源市场实施的市场准入、价格监管、反垄断等	解决市场失灵，规范市场行为，维护市场秩序
市场发展环境	市场基础设施建设、市场营商环境、消费者保护制度、全国统一大市场、放管服改革等	构建良好的市场环境，保障市场交易与生产、流通、消费等经济活动的稳定开展，维护市场公平竞争和正常秩序

资料来源：作者整理分析。

二、能源市场体系相关政策梳理

改革开放以来，我国持续推进经济体制改革，能源市场体系的改革融入经济体制改革的总体进程之中。通过梳理历年经济体制改革的重点，可以看到能源市场体系建设相关政策发展的全景脉络和思路（见表 4-3）。第一，在历年经济体制改革的重点工作部署中，能源市场体系建设相关工作主要集中于价格改革、国有企业改革以及市场结构调整。第二，能源市场体系建设与能源发展所处的阶段及战略规划目标紧密相关，例如，节能减排、"三去一降一补" 工作启动，能源市场体系建设也开始探索用能权交易、产能置换指标交易。第三，能源市场体系建设与资源环境体制机制改革相互融合，特别是党的十八大以来加强生态文明制度建设，能源、资源、环境等领域的改革协同推进，相应的市场体系建设的联系也越发紧密，需要统筹考虑。第四，近年来，健全市场交易体系、完善市场机制、强化市场监管在能源市场体系建设工作推进中受重视程度不断上升。

表 4-3　历年深化经济体系改革重点工作中与能源市场体系相关内容

文件	相关内容
国务院关于 2005 年深化经济体制改革的意见	1. 加快现代市场体系建设，进一步打破行业垄断和地区封锁。 2. 进一步推进矿业权市场建设，完善矿产资源有偿使用和探矿权、采矿权有偿取得机制
2008 年关于深化经济体制改革工作的意见	1. 推进垄断行业和公用事业改革，稳步实施电网企业主辅分离改革，完善区域电力市场建设。 2. 建立健全资源节约和环境保护机制。健全资源环境价格形成机制，建立健全资源有偿使用制度和生态环境补偿机制，健全节能减排体制机制。 3. 深化国有企业改革。加快中央企业调整重组步伐，推动重点行业企业布局结构调整和联合重组。 4. 推进要素市场建设
2009 年关于深化经济体制改革工作的意见	1. 深化垄断行业改革，拓宽民间投资的领域和渠道。加快研究鼓励民间资本进入石油、电力等重要领域的相关政策。加快推进电网企业主辅分离和农电体制改革。扩大城市供水供热供气等特许经营范围。 2. 大力推进资源性产品价格和节能环保体制改革。继续深化电价改革，推进大用户直接购电和双边交易试点，完善天然气价格形成机制，建立资源型城市可持续发展准备金制度；推进矿产资源补偿费制度改革

续表

文件	相关内容
2010 年关于深化经济体制改革重点工作的意见	1. 深化国有企业和垄断性行业改革。推进电力体制改革，完成电网企业主辅分离改革，出台输配电体制改革试点工作意见，研究制订农电体制改革方案并开展试点。 2. 深化资源性产品价格和环保收费改革。健全可再生能源发电定价和费用分摊机制，逐步理顺天然气与可替代能源的比价关系，继续完善成品油价格形成机制等
2011 年关于深化经济体制改革重点工作的意见	1. 推进资源性产品价格改革。积极推进成品油价格市场化改革。加快输配电价改革，推进竞争性电力市场建设和大用户直接交易试点，完善水电、核电、可再生能源发电价格形成机制等。 2. 推进电力体制改革。深入推进电网企业主辅、主多分离，稳步开展电力输配分开试点，探索输配分开的有效实现形式
2012 年关于深化经济体制改革重点工作的意见	1. 深化电力体制改革，稳步开展输配分开试点，促进形成分布式能源发电无歧视、无障碍上网新机制，制定出台农村电力体制改革指导意见。提出理顺煤电关系的改革思路和政策措施。 2. 深化资源性产品价格和环保体制改革。稳妥推进电价改革。深化成品油价格市场化改革。推进环保体制改革，开展碳排放和排污权交易试点。建立健全生态补偿机制
2013 年关于深化经济体制改革重点工作的意见	1. 资源性产品价格改革。简化销售电价分类，扩大工商业用电同价实施范围，完善煤电价格联动机制和水电、核电上网价格形成机制，推进全国煤炭交易市场体系建设，推进大用户直购电和售电侧电力体制改革试点，建立健全居民生活用电、用水、用气等阶梯价格制度等。 2. 建立健全最严格的环境保护监管制度和规范科学的生态补偿制度。深入推进排污权、碳排放权交易试点，研究建立全国排污权、碳排放交易市场
2014 年关于深化经济体制改革重点任务的意见	1. 积极稳妥推进资源性产品价格改革，促进能源等重点行业改革和服务业发展。 2. 加快生态文明制度建设
2015 年关于深化经济体制改革重点工作的意见	1. 不失时机加快价格改革，制定加快完善市场决定价格机制的若干意见。实现存量气与增量气价格并轨，理顺非居民用天然气价格，试点放开部分直供大用户供气价格。扩大输配电价改革试点，完善煤电价格联动机制。 2. 落实《中共中央　国务院关于进一步深化电力体制改革的若干意见》，制定相关配套政策，开展售电侧改革等试点。研究提出石油天然气体制改革总体方案，在全产业链各环节放宽准入。 3. 加快生态文明制度建设。强化节能节地节水、环境、技术、安全等市场准入标准。扩大碳排放权交易试点

续表

文件	相关内容
2016 年关于深化经济体制改革重点工作的意见	1. 加快推进重点行业改革。全面开展可再生能源就近消纳、售电侧改革、交易机构组建及电力市场建设等专项试点和综合试点。出台深化石油天然气体制改革的若干意见及配套政策。 2. 健全有利于去产能、去库存、去杠杆的体制机制。 3. 深入推进价格改革。推进电价市场化改革，完善煤电价格联动机制，完善环保电价、可再生能源电价政策，扩大输配电价改革试点，完善天然气管道运输价格机制等。 4. 建立健全市场化环境治理和生态保护机制。制订用能权有偿使用和交易制度方案。深入开展排污权有偿使用和交易试点。制订全国碳排放权交易总量设定与配额分配方案，推动碳市场建设。出台培育环境治理和生态保护市场主体的意见。实施环保领跑者制度
2017 年关于深化经济体制改革重点工作的意见	1. 深化价格改革。全面完成省级电网输配电价首轮改革试点，合理核定区域电网和跨省跨区电网输电价格，指导各地制定地方电网和新增配电网配电价格。深化天然气价格改革。 2. 深化国有企业混合所有制改革，在电力、石油、天然气等领域迈出实质性步伐。 3. 深化生态文明体制改革。启动全国碳排放权交易市场。健全自然资源资产产权制度
中共中央关于全面深化改革若干重大问题的决定	完善主要由市场决定价格的机制。推进石油、天然气、电力等领域价格改革，放开竞争性环节价格
关于新时代加快完善社会主义市场经济体制的意见	1. 稳步推进自然垄断行业改革。构建有效竞争的电力市场，有序放开发用电计划和竞争性环节电价，提高电力交易市场化程度。推进油气管网对市场主体公平开放，适时放开天然气气源和销售价格，健全竞争性油气流通市场。 2. 全面完善产权制度。健全自然资源资产产权制度

资料来源：作者根据政策文件整理。

此外，我国经济、能源领域战略、规划、专项政策等都对能源市场体系建设进行了部署，梳理这些政策能看到能源市场体系建设随经济、能源发展进程的演变过程（见表 4-4）。第一，国家提出建立健全现代市场体系后，能源领域积极落实，在能源生产和消费革命战略、能源发展规划、能源体制革命重点行动、能源法中，明确了能源市场体系建设的重点工作和实施路径。第二，能源市场体系建设的框架日益清晰，已经涵盖了市场主体、市场结构、价格机制、交易体系、市场监管等方面的内容。第三，近年来，随着电力体制改革、油气体制改革的深入推进，电力、油气领域是能源市场体系建设的重点领域，在探索中推进，取得了阶段性进展，但同时也存在不少困难与挑战，任务艰巨。第四，除了煤油气电等常规能源市场建设外，随着生态文明建设和能源转型的推进，新能源、环境能源权益相关市场建设开始启动，能源、资源、环境市场体系建设的协同日益加强。

表 4-4　经济、能源领域战略、规划、专项政策与能源市场体系相关的内容

文件	相关内容
国民经济和社会发展第十一个五年规划纲要	完善现代市场体系。健全全国统一开放市场，完善价格形成机制，积极稳妥地推进资源性产品价格改革，规范市场秩序
国民经济和社会发展第十二个五年规划纲要	改革攻坚完善社会主义市场经济体制。深化资源性产品价格和环保收费改革
国民经济和社会发展第十三个五年规划纲要	1. 健全现代市场体系。健全要素市场体系。推进价格形成机制改革，放开电力、石油、天然气等领域竞争性环节价格。完善居民阶梯电价。维护公平竞争。 2. 建立健全资源高效利用机制。建立健全用能权、碳排放权初始分配制度，创新有偿使用、预算管理、投融资机制，培育和发展交易市场。 3. 加大环境综合治理力度。建立健全排污权有偿使用和交易制度。 4. 积极应对全球气候变化。推动建设全国统一的碳排放交易市场
国民经济和社会发展第十四个五年规划纲要	1. 建设高标准市场体系。加强环境等领域产权制度建设，健全自然资源资产产权制度和法律法规。推进要素市场化配置改革。强化竞争政策基础地位，推进能源等行业竞争性环节市场化改革，放开竞争性业务准入，加强对自然垄断业务的监管。健全社会信用体系。 2. 健全生态保护补偿机制。完善市场化、多元化生态补偿，建立生态产品价值实现机制。 3. 健全现代环境治理体系。推进排污权、用能权、碳排放权市场化交易。 4. 构建绿色发展政策体系。健全自然资源有偿使用制度，创新完善自然资源、用水用能等领域价格形成机制
能源发展“十一五”规划	1. 继续推动煤炭企业完善现代企业制度，减轻企业办社会负担。完善流通体制，建立现代煤炭交易市场。 2. 逐步理顺成品油价格，加大天然气价格调整力度。 3. 加快电网企业主辅分离步伐，推进区域电力市场建设，继续开展大用户与发电企业直接交易试点，稳步实施输配分开。深化电价体制改革。 4. 制定可再生能源发电配额制度，完善可再生能源发电电价优惠政策

续表

文件	相关内容
能源发展“十二五”规划	1. 加快现代能源市场体系建设。科学界定竞争性和非竞争性业务，对可以实现有效竞争的业务引入市场竞争机制，积极培育市场竞争主体；对自然垄断业务加强监管，保障公平接入和普遍服务。加快国有能源企业改革，完善现代企业制度。完善区域性、全国性能源市场，积极发展现货、长期合约、期货等交易形式。 2. 推进电力、煤炭、油气、可再生能源和分布式能源等重点领域改革。 3. 完善能源价格机制，理顺电价机制，深化油气价格改革
能源发展“十三五”规划	1. 完善现代能源市场体系。加快形成统一开放、竞争有序的现代能源市场体系。放开竞争性领域和环节，实行统一市场准入制度，推动能源投资多元化，积极支持民营经济进入能源领域。健全市场退出机制。加快电力市场建设，培育电力辅助服务市场，建立可再生能源配额制及绿色电力证书交易制度。推进天然气交易中心建设。培育能源期货市场。开展用能权交易试点，推动建设全国统一的碳排放交易市场。健全能源市场监管机制，强化自然垄断业务监管，规范竞争性业务市场秩序。 2. 推进能源价格改革。 3. 深化电力体制改革，推进油气体制改革。 4. 加强能源治理能力建设，健全行业监管体系
能源生产和消费革命战略(2016—2030)	构建有效竞争的能源市场体系。 1. 加快形成现代能源市场体系。全面推进能源行政审批制度改革。积极稳妥发展混合所有制。建立完善的油气、煤炭、电力以及用能权等能源交易市场。打破地区封锁、行业垄断，加强市场价格监管和反垄断执法。 2. 全面推进能源企业市场化改革。 3. 建立主要由市场决定的价格机制。 4. 重塑能源监管体系。 5. 建立健全能源法治体系
能源体制革命行动计划	构建有效竞争的能源市场结构和市场体系。 1. 健全能源市场结构。 2. 推进垄断环节改革。 3. 完善市场交易机制，培育功能完善、运营规范的能源市场交易机构。 4. 建立市场准入制度，废除妨碍能源自由流动和公平竞争的政策法规。 5. 健全市场信用体系
中华人民共和国能源法(征求意见稿)	能源市场化。坚持发挥市场在资源配置中的决定性作用，构建有效竞争的市场结构和市场机制，在竞争性领域形成主要由市场决定能源价格的机制，建立有效的能源监管体系

资料来源：作者根据政策文件整理。

第五章　高标准能源市场体系建设

第一节　能源市场体系建设面临的新形势

新中国成立以来，我国能源市场体系建设不断推进，已经取得了明显进展和成效，对我国能源工业的壮大、经济产业的发展、社会生活水平的提升起到了积极作用。随着我国进入新发展阶段，在高质量发展和全面深化改革两大趋势之下，能源市场体系建设面临新的机遇和挑战。

一、国内外能源经济形势发生深刻变化

当今世界正经历百年未有之大变局。全球经济形势日趋复杂，不稳定性不确定性明显增强。全球能源供需格局深刻调整，国际能源署（IEA）的研究报告指出，新冠肺炎疫情蔓延对全球能源系统造成近70年来最大冲击，疫情有所缓解后全球对传统能源的需求依旧巨大，未来全球能源供需走势充满变数。全球能源市场震荡加剧，地缘政治关系依然复杂，大宗商品进入上涨周期，市场风险交织积聚。

我国进入新发展阶段，国内生产总值突破100万亿元，经济已从高速增长转向高质量发展。在能源领域，市场发展基础更加坚实，综合供应能力稳步提升，但同时不平衡不充分问题仍然突出，市场发展条件也在深刻变化。受经济社会发展驱动，我国能源需求仍将高位增长，能源生产和消费结构正在快速变化，能源供需形势和市场格局也在深刻调整。煤炭、油气等传统化石能源仍有着规模庞大的市场需求，但是未来将受到越来越严格的生态环境约束。电力消费快速增长，电力市场规模迅速扩大，生产侧

和需求侧的结构和特征都发生了巨大变化，新能源大规模接入电力系统带来的生产侧波动性，叠加多因素影响下的需求侧波动性，使电力市场未来将面临更为复杂多元的形势。

二、实现碳达峰、碳中和目标需要付出艰巨努力

气候变化是人类面临的重大全球性挑战，积极应对气候变化迫在眉睫，已经成为全球共识，也越来越成为国际竞争力的重要标志。目前全球已有 100 多个国家和经济体宣布了碳中和目标。

2020 年，习近平总书记在第 75 届联合国大会一般性辩论上宣布，我国力争于 2030 年前二氧化碳排放达到峰值、2060 年前实现碳中和。一方面，我国实现碳达峰、碳中和时间非常紧，只用 30 年时间就要完成发达国家 40~70 年才能完成的从二氧化碳达峰到实现碳中和之路。另一方面，我国实现碳达峰、碳中和任务非常艰巨。作为世界上最大的发展中国家，我国仍面临着发展经济、改善民生、消除贫困等重大任务，能源刚性需求仍在增加。在碳达峰、碳中和目标下，我国需要严控二氧化碳排放总量，并在达峰后迅速实现碳排放的持续下降，经济、社会、产业、能源绿色低碳转型都需要付出艰苦卓绝的努力。也就是说，我国“将完成全球最高碳排放强度降幅，用全球历史上最短的时间实现从碳达峰到碳中和”（李高，2021）。由于能源活动排放占二氧化碳排放总量 80%以上，能源领域已成为碳中和的“主战场”。

三、绿色低碳转型已成为能源经济发展大势

新中国成立以来，为适应经济社会快速发展需要，我国逐步建成较为完备而强大的能源工业体系，成为世界上最大的能源生产消费国。但与此同时，能源行业也经历了很长一段时间的快速粗放式增长，引发了资源约束趋紧、环境污染严重、生态系统退化等一系列问题，已逐渐成为能源行业乃至经济社会可持续发展的重大瓶颈。

党的十八大以来，生态文明建设被提升到前所未有的高度。2021 年，

习近平总书记主持召开中央财经委员会第九次会议时强调：“实现碳达峰、碳中和是一场广泛而深刻的经济社会系统性变革，要把碳达峰、碳中和纳入生态文明建设整体布局，拿出‘抓铁有痕’的劲头如期实现目标。”建立健全绿色低碳循环发展经济体系，促进经济社会发展全面绿色转型，是实现碳达峰、碳中和目标的基础之策，其中能源系统的绿色低碳转型是最为关键的抓手和实施路径。也就是说，在碳达峰、碳中和目标和生态文明建设整体布局之下，能源供应体系、能源消费体系、能源体制机制、能源技术装备、能源国际合作都需要重塑，绿色低碳发展已成为我国能源发展的主基调和长期趋势。

四、能源体制机制改革持续深化

2014 年，习近平总书记提出“四个革命、一个合作”能源安全新战略，其中包括能源体制革命，为我国能源市场化改革和能源市场体系建设指明了基本方向。之后，《能源生产和消费革命战略（2016—2030）》《能源体制革命行动计划》等文件明确了能源体制革命的具体路径和重点任务。进入新发展阶段，构建新发展格局需要充分发挥经济体制改革的牵引作用，在能源领域，能源体制机制改革将进一步深化，尤其是能源市场化改革将进入攻坚期和关键期。加快建立健全能源市场体系，不仅是全面深化改革、加快完善社会主义市场经济体制的重要任务，也是推动能源高质量发展，做好现代能源经济这篇文章，助力建设现代化经济体系的必然要求。

从现实情况看，我国能源市场化改革目前也已经进入了“深水区”，改革进一步推进的任务较重、难度较大、进展较慢，还有不少“硬骨头”要啃。我国能源市场体系也还不健全，市场发育不平衡不充分，政府和市场的关系尚未完全理顺，市场激励约束作用不足、资源配置效率不高、市场微观主体活力不强、市场失灵没有有效解决等问题相互交织，能源的高质量发展和绿色低碳转型仍存在不少体制机制障碍，这也对能源市场体系进一步完善提出了紧迫的要求。

第二节 新形势对能源市场体系建设的新要求

当今世界正经历百年未有之大变局，世界能源发展正经历主体能源由高碳向低碳、零碳演变的过程，以可再生能源为代表的新能源进入大规模、高比例发展阶段，全球能源行业面临前所未有之变革。我国进入了新发展阶段，在生态文明建设和实现碳达峰、碳中和目标的宏观背景下，绿色低碳转型已成为能源发展的大趋势。社会主义市场经济体制加快完善，高标准市场体系建设积极推进。能源市场体系建设面临的机遇和挑战都有新的发展变化，新形势对我国能源市场体系建设提出了新的更高要求。

一、深刻把握新发展阶段的新特征新要求

随着我国进入新发展阶段，能源市场体系建设必须立足新发展阶段的新特征和新要求，贯彻新发展理念、构建新发展格局。我国经济已从高速增长转向高质量发展，能源市场体系也将进入高标准建设阶段，在新形势下面临着多元目标和多重约束、巨大机遇和复杂挑战。

（1）**多元目标**方面，在供给侧结构性改革、经济体制改革、市场化改革、投融资体制改革、财税体制改革、行政体制改革、国有企业改革等全面推进的进程中，能源市场体系建设被赋予诸多并行的目标。能源市场体系建设要服务于新发展格局下能源高质量发展的战略路径，服务于全面深化改革下高标准市场体系建设的整体推进，服务于碳达峰、碳中和目标下能源系统全面绿色低碳转型的重大要求，需要统筹发展与安全，处理好能源市场化改革和能源经济发展、生态文明建设、国家能源安全的关系，以“统一开放、竞争有序、制度完备、治理完善”为多元目标，以高标准进一步推进。

（2）**多重约束**方面，当前和今后一个时期，我国能源发展仍将面临资源、环境、生态、安全等多重约束，尤其是在碳达峰、碳中和目标下，碳

减排的约束将日趋严格，能源市场体系建设一方面要在多重约束条件下促进能源资源的优化配置，另一方面要通过市场机制为碳减排等目标提供更为有效的激励约束。

（3）**巨大机遇**方面，当前我国经济实力、科技实力、综合国力和人民生活水平都跃上新的大台阶，能源工业体系完善，能源市场化改革取得积极进展，能源市场体系建设不仅具备良好的基础条件，还适逢我国进入新发展阶段的重大契机。

（4）**复杂挑战**方面，国际环境错综复杂，一方面，世界经济增长乏力，贸易保护主义、孤立主义、排外主义、民粹主义等思潮不断抬头，地区热点问题此起彼伏，全球能源市场波动剧烈；另一方面，重大传染性疾病、气候变化、网络安全等非传统安全威胁不断凸显、蔓延。能源市场稳定运行面临的风险因素明显增加，能源市场体系建设面临更大挑战。

二、充分发挥市场在资源配置中的决定性作用

改革创新是经济社会发展的根本动力，全面深化改革是党中央、国务院的重大决策部署。中央文件中对“市场”作用的描述从“基础性”到“决定性”的变化，显示了党中央、国务院推进市场化改革的坚定决心，能源相关政策文件中“市场”的地位和作用也日益突出。纵观我国能源体制改革的历程，市场化是明确清晰的主线和趋势。我国能源体制改革的重点，已经从改革开放之初推进政企分开、加强能源行业管理，转变为市场决定，还原能源商品属性。完备健全的能源市场体系是市场发挥作用的基础和前提，新形势下，能源市场体系建设的重要性更加突出，要求通过夯实市场制度、完善市场机制、提升市场环境、完善市场监管等举措，畅通市场循环，疏通政策堵点，打通市场交易流通的“动脉”，推进市场提质增效，激发市场主体活力，从而充分发挥出市场在资源配置中的决定性作用，为经济社会发展提供动力和支撑。

三、更好发挥政府在能源市场中的作用

经济体制改革的核心问题是处理好政府和市场的关系。我国能源行业

管理经历了从高度集中的计划管理体制到市场化不断深化、市场监管不断规范的历程。能源市场营商环境不断优化，市场活力显著增强；能源市场投资主体日益多元，外资市场准入进一步放宽，民间投资壮大；自然垄断环节监管日益完善，油气勘查开采市场放开、矿业权流转、管网运营机制改革、输配环节价格监管等稳步推进；能源法律、规章不断健全，包括战略、规划、政策、标准、监管、服务在内的能源治理机制基本形成①。能源治理体系和治理机制的不断完善为新形势下更好发挥政府在能源市场中的作用奠定了坚实基础。

然而，当前我国能源市场体系中仍存在市场机制不完善、市场规则不健全、市场秩序不规范、市场竞争不充分等问题，市场失灵在能源领域表现也比较突出。新形势对能源发展提出了新的更高要求，能源市场体系建设必须要坚持有效市场和有为政府相结合，把能源市场监管和治理机制的完善作为市场体系建设必不可少的重点工作，强化有利于提高资源配置效率、维护市场公平竞争秩序的政策举措，破除制约能源高质量发展的体制机制障碍，持续增强发展动力、活力和创造力。

四、加强系统观念，统筹好三组关系

进入新发展阶段，要使新发展理念完整、准确、全面地贯穿发展全过程和各领域，这就要求能源市场体系建设也要坚持贯彻创新、协调、绿色、开放、共享的新发展理念，加强系统观念，统筹处理好以下三组关系。

一是要更好统筹能源、经济、环境、生态的关系。习近平总书记提出“绿水青山就是金山银山”，引领我国走向绿色发展。碳达峰、碳中和目标对我国近期和中长期能源发展提出了新的要求。能源市场体系建设作为能源体制机制改革的重要组成部分，必须要更好统筹能源、经济、环境、生态的关系，不能就能源谈能源，也不能仅将能源视为经济发展的动力来

① 国务院新闻办公室．新时代的中国能源发展（白皮书）［EB/OL］．http：//www.scio.gov.cn/zfbps/32832/Document/1695117/1695117.htm.

源，而是要在现代化经济体系和生态文明建设整体布局下，通过能源市场体系促进能源与经济、环境、生态协调发展。

二是要更好统筹能源市场体系中整体与局部的关系。考虑到市场体系的完整性、统一性、公平性、规范性等特征，推进能源市场体系建设，把煤电油气等各类能源市场建设整合起来，把能源市场与资源市场、环境市场、碳市场等有机结合起来，把市场化改革的各项具体工作协同起来，打破行业壁垒和地区壁垒，促进全国统一大市场建设。

三是要更好统筹近期、中期、远期的关系。能源市场体系建设是一项长期的系统工程，不能一蹴而就，而是要有规划、分阶段地稳步推进，既要立足当前，也要着眼长远。一方面，要求能源市场体系建设切实有效地解决近期阶段性的突出问题，侧重于疏通薄弱堵点，强化精准导向。例如，针对当前 8 个电力现货市场试点在试运行阶段出现的不平衡资金、交易限价、市场出清模式等突出问题，要尽快进行调整完善。另一方面，要求能源市场体系建设以更长远的眼光和更广阔的视域进行中长期部署，特别是要侧重于构建长效机制。对于很难短时间推进的市场体系建设举措，要形成明确的时间表和路线图，并分阶段扎实推进。例如，健全电力市场体系，不仅要进一步完善目前已经基本建成的中长期市场和正在试点与探索的现货市场和辅助服务市场，也要根据实际条件适时引入容量市场、衍生品市场等。

五、加强机遇意识和风险意识

新形势下能源市场体系建设面临的机遇和挑战都发生了新的变化，这就要求强化机遇意识和风险意识。一方面，在改革全面深化、社会主义市场体系加快完善、高标准市场体系建设加快推进的进程中，能源市场体系建设具备更加良好的改革环境和制度支撑。随着电力体制改革、油气体制改革进入“深水区”，能源市场体系建设也进入重要的攻坚期。所以要增强机遇意识，以“抓铁有痕、踏石留印”的劲头，确有成效地推进能源市场体系和重点市场建设，再以完善的能源市场体系，为能源体制改革的深化提供坚实支撑，从而形成良性循环。另一方面，在能源系统加速转型、能源行业全面变革的背景下，全球能源市场日趋错综复杂、波动性大幅上升，国内能源市场的不确定因素也在增加。同时，市场化改革的推进，极大地改变了原有的市场格局、市场行为方式、交易模式等，对市场稳定安全运行带来一些新的影响因素。所以，新形势要求能源市场体系建设在推进的过程中必须增强风险意识，统筹发展、改革与安全，提高预警识别市场运行风险的能力，积极防范市场异常波动和外部冲击风险。

第三节　能源市场体系建设存在的问题及应对策略

与高标准市场体系"统一开放、竞争有序、制度完备、治理完善"的要求相比，我国能源市场体系建设还存在一些问题和不足，煤电油气市场及其他相关市场建设面临不同的挑战和短板，市场体系的统一性、系统性、协同性尚未得到充分考虑，在新形势下需要结合目标导向和问题导向，科学分析和有效应对。本节将对煤炭、电力、油气等主要能源市场现存问题和应对策略进行详细分析。目前碳市场、用能权市场、绿证市场等相关市场处于发展初期，规模、作用和影响力均有待提升；市场功能定位有待明确，市场之间的关系有待厘清；"双碳"目标下市场体系有待健全，市场建设有待创新。

一、煤炭市场建设现存问题及应对策略

与其他能源品种相比，我国煤炭市场化与市场体系建设进展较快，但是煤炭市场体系并不健全，在统一、规范、有序等维度还存在一些问题与不足。

（一）煤炭市场主体负担较重

煤炭市场主体多元，竞争程度较高，但是存在着历史负担较重、经营困难等问题。由于煤炭行业是历史悠久的传统行业，加上煤矿生产多位于

偏远地区，劳动力密集，长期以来企业办社会负担沉重，并且历经多次行业大规模整合和调整，积累的历史遗留问题难以得到彻底解决。在推进煤炭行业化解过剩产能的过程中，人员安置、资产债务处置是挑战最大的环节。煤炭行业中很多企业仍延续传统的生产经营理念和管理模式，业务单一且经营效益易受市场周期影响，行业转型升级较为滞后。近年来受资源、环境、生态等政策收紧影响，煤炭企业发展面临的制约加剧，调研中很多煤炭企业还反映税费负担较重。受多重负担影响，一旦煤炭市场低迷、煤炭价格下跌，煤炭企业易陷入大范围经营困难，市场主体活力和转型发展的能力有待进一步提升。

（二）煤炭交易市场数目众多、布局无序

煤炭交易市场数目众多，存在市场分割、规模偏小、交易手段落后、不够规范和无序竞争等亟待解决的问题。具体来讲，一是区域煤炭交易市场兼容交互困难，尚未构建联通国际国内市场的统一交易平台，行政藩篱严重；二是交易机制设计有待改进，功能有待丰富，交易成本有待降低；三是煤炭市场交易仍以传统模式为主，供求关系较为固定，新型交易模式有待推广。

（三）煤炭流通环节和物流体系瓶颈突出

我国煤炭流通环节主要存在以下四方面问题，对煤炭市场发展形成瓶颈制约。一是物流成本较高。我国煤炭从矿区坑口到终端用户需经多个中间环节的长链条流转，呈现“大规模、长运距、多环节”的特点，调研显示，煤炭物流成本主要包括铁路、公路、港口等物流环节及重要节点的各项收费和税金，占终端销售价格比例较高。二是煤炭运输格局有待完善。我国煤炭运输方式主要包括铁水联运和直达运输，其中，铁水联运的水运包括港口上下水和海进江，铁运主要包括北、中、南通路；直达运输包括铁路直达和公路直达。煤炭运输存在运力布局不合理，主要通道和重要节点通过能力紧张，下水港集中于冀、津、辽、鲁，易出现压船压港现象，且运输需求季节性差异大，旺季运输瓶颈凸显等问题。三是配套物流设施建设相对滞后。货运站建造时间较早，规模偏小，功能单一，专业接卸设

备设施偏少。新型煤炭流通主体和物流中心较少，尚未形成功能齐备的物流供应链和现代物流体系。物流园区布局分散，管理落后，功能多局限于送，流通加工和物流配送相结合程度不够。四是煤炭供需布局变化下煤炭运输出现新瓶颈。南方部分省份，如两湖一江、云贵桂、东部沿海等地区，产能退出力度较大，煤炭主要通过北煤南运的铁路长距离运输。煤炭产能向晋、陕、蒙、宁、新等煤炭资源富集的北方省份集中，产能布局的调整对现有的煤炭运输能力形成了新的挑战（徐伟，2014）。

（四）煤炭价格放开但机制不完善

尽管我国煤炭的定价机制已经市场化，但是价格机制仍不健全，表现为：一是矿产资源有偿使用制度有待完善，税费结构不尽合理。二是市场交易不够规范，例如煤炭矿业权出让、转让程序有待优化，二级市场有待进一步完善；商品市场出现大幅波动时，中长协和现货市场关系有待厘清。三是“基准价+浮动价”的价格形成机制需要完善，基准价需要根据市场实际合理设置，浮动价的调整方式应该更加科学、灵活。四是煤炭价格指数需要规范和优化，避免对市场形成不正确的预期引导。

煤炭市场一般被认为是市场化程度较高的能源市场。考虑到煤炭是重要的大宗商品、生产生活重要的燃料原料来源，当煤炭市场出现大幅波动时，行业管理部门会对煤炭生产侧和消费侧进行引导和调控。近年来，煤炭去产能、重点时段重点区域保供等工作取得明显成效，保障了煤炭市场平稳健康运行。新形势下，煤炭市场将面临更严格的生态环境约束，受国际大宗商品市场影响，波动性也明显加剧，这需要进一步完善政府对煤炭市场的调控思路和调控方式，更好发挥政府作用。

（五）市场监管体系存在多项短板

在宽口径的市场监管体系概念下，当前煤炭市场监管还存在多方面的短板，主要表现为：一是煤炭市场准入退出和公平竞争监管亟待加强，重点是退出机制的完善和对市场秩序的规范。二是质量和标准监管不尽完善，由于煤炭产品种类繁多，质量和标准存在巨大差异，目前质量监督管理和标准体系需要进一步健全。三是环境监管需要大力强化，煤炭生产和消费是碳排放和大气污染、水污染等的重要来源，煤炭领域的监管应该把环境监管放在突出位置。四是信用监管在煤炭市场体系建设中不可或缺，目前煤炭信用体系建设有待进一步推进。

二、电力市场建设现存问题及应对策略

我国电力市场体系建设已进入攻坚期和“深水区”，遇到的困难和挑战复杂交织，制约了市场配置资源的有效性与灵活性，在供需失衡时一定程度地阻碍了市场出清。同时，对标高标准市场体系，电力市场建设本身也有很多重要的问题和重要的工作亟待解决和推进。

（一）电力市场体系与新型电力系统有待协同

与其他商品交易相比，电能交易与电力系统的实时平衡和安全运行紧密关联，交易机制的设计不仅要考虑市场交易本身，还必须保证电力系统的正常运行。在构建以新能源为主的新型电力系统的趋势下，电力市场体系设计与新型电力系统特征的协同和耦合是需要着重考虑和深入研究的问题。

从电力系统发展现状来看，源网荷储呈现新的特征：一是电源侧增量将以风电、光伏等新能源电力为主体，其出力具有间歇性、随机性、波动性等特征；二是电网侧广泛互联，多向互动，经营模式深刻改变；三是负荷侧波动性大幅上升，负荷曲线呈“双峰”“尖峰”特征，且向全面在线化、资源化发展，新的负荷元素不断出现。四是储能侧呈现多类型、多形态，在电源侧、电网侧、用户侧都有发展。

我国新型电力系统在结构形态上将发生深刻演变，将呈现一体化、多能互补、多元融合的趋势，具体表现为以下四个方面：一是从高碳电力系统向深度低碳或零碳电力系统转变；二是从以机械电磁系统为主向以电力电子器件为主转变；三是从以确定性可控连续电源为主向引入大规模不确定性随机波动电源转变；四是从高转动惯量系统向弱转动惯量系统转变（周伏秋，2021）。

对标新型电力系统的新特征和新要求，我国电力市场体系还存在以下短板。一是电力市场建设对源网荷储的综合设计和系统考虑有待加强。二是可再生能源进入市场的交易模式、价格形成机制的科学设计和实施路径有待明确，与可再生能源发展本身的支持性政策，如保障性收购、电价补贴等的衔接有待梳理。三是跨省跨区交易机制设计有待完善，以更好地适应电力生产中心和负荷中心地理分布不平衡的市场格局，同时更好地促进电力资源大范围优化配置和清洁能源消纳。四是电力市场的监测预测预警发展明显滞后，不能应对当前电力系统供需两侧波动性叠加的新形势及新型电力系统运行的新技术特征，其需要在特殊时段、特殊区域保供中发挥更大作用。

（二）市场主体活力有待进一步激发

在发电侧，市场主体的类型有待进一步扩展，市场主体活力需要进一步激发。目前参与市场的发电主体仍以煤电和水电为主，另外，未来将成为新型电力系统主体的新能源目前尚未大规模参与市场。同时，地方发电企业、自备电厂、虚拟电厂、新型储能等新兴主体也应有序纳入市场成员的范围。

在需求侧，我国有着规模巨大、种类多样的需求侧资源，既包括传统的可中断负荷、可变负荷，也包括储能、电动汽车、分布式能源、微电网等新型元素。通过激励机制引导需求侧市场主体降低、增加或者移动负荷，能够以经济、灵活、便利的方式，保障电力系统的供需平衡和绿色低碳发展。然而，目前需求侧资源参与市场的交易规则并不明确，尚缺乏有效的机制来激发需求侧资源潜力活力。随着需求侧资源规模的扩大和负荷全面在线化，急需有更为完善的市场设计将需求侧资源纳入市场。

（三）重点市场建设仍存在多方面困难和挑战

我国电力市场体系已基本形成以中长期市场为主，现货交易、辅助服务交易为补充的市场架构。对标高标准市场体系和新型电力系统的新要求，重点市场建设仍存在多方面困难和挑战。

电力中长期市场建设与运行存在的困难和挑战主要包括：一是市场化电量规模面临瓶颈。放开公益性和调节性以外的发用电计划给市场化交易提供了空间，而市场化交易电量规模的继续扩大有赖于发用电计划的进一步有序放开。二是交易品种有待进一步丰富，交易规则的设计有待进一步健全。三是绿色发展与电力市场尚未有效融合。目前风电、光伏等可再生能源多是在跨省区平台上参与交易，部分地区在保障性收购基础上组织了省内交易，未来实现可再生能源进一步参与市场需要优化机制设计（王鹏，2020）。四是中长期电力交易以年度和月度为主，无法反映电力供需的季节性、周期性、时段性特征，尽管主管部门已明确要求中长期合同签订要有量、有价、有曲线，推动中长期合同分时段签约、通过市场化合同拉大峰谷差价，但是带负荷曲线交易在实际操作中还有诸多需要完善之处，执行效果有待实践检验。五是中长期市场和现货市场的衔接还没有实质性进展。两个市场的衔接涵盖交易、调度、结算等多方面衔接，需要考虑两个市场的供需和价格对比、合同交割和电力调度的关系以及市场结算之间的关系。市场间的衔接需要通过市场运行实践进行摸索，目前交易规则中尚未明确。

现货市场第一批试点已全面进入试运行阶段，第二批试点已经启动。在第一批试点试运行过程中，现货市场交易规则、价格出清、补偿机制、不平衡资金分摊、新能源参与市场、省内外市场协调等多方面的问题在各试点地区都有不同形式的表现。第二批试点稳妥有序推动新能源参与市场、推动用户侧参与现货市场结算，对市场交易规则的设计提出了更高要求。我国现货市场建设探索任务还非常艰巨，在市场主体范围，新能源参与市场，用户侧参与市场，中长期、现货、辅助服务市场协同，本地市场与省间市场衔接，区域市场融合，容量成本回收机制，费用疏导机制，市场运营水平等诸多关键问题上，都亟待深入研究和实践检验。

辅助服务市场建设的主要目的是通过市场机制合理引导各类型机组在合适的时间提供合适数量的辅助服务，交易品种设计和定价机制的确定是两大关键问题。目前我国辅助服务市场存在以下问题和不足：一是交易品种单一，各地主要围绕调峰开展交易，部分地区以调频多数调峰辅助服务交易集中在深度调峰及启停调峰两个类型。随着可再生能源大规模接入电力系统，现有的辅助服务交易类型并不能满足需求，需要进一步引入爬坡类辅助服务产品等新的类型。二是辅助服务费用分摊制度不尽合理，目前成本补偿方式为发电侧承担，并且只考虑了火电和水电机组参与辅助服务。三是交易产品定价机制不健全，并且没有和电能量市场相结合（袁家海、席星璇，2020）。

容量市场、衍生品等其他市场的发展仍处于研究起步阶段，未来需要根据电力市场化改革的进程和电力系统的发展要求，进一步完善电力市场体系的整体结构。

（四）交易机构独立规范运行有待加强

电力交易机构的独立规范运行近年来成为市场建设工作的重点之一。随着股份制改造的推进，我国已建成的交易机构股权结构已实现多元化，电网公司的股权占比明显下降。然而，电力交易机构在规范性、协调性和统一性三方面仍存在不足。一是电力交易机构与电力调度机构的职能需要进一步厘清，目前各地在实际运行中仍存在职能的越位、缺位和错位问题。二是交易机构的协调性需要进一步加强，目前国网经营区内的交易机构一般按照“统一平台、两级部署”模式搭建，而南网经营区内交易机构、内蒙古电力交易中心等则独立建设平台和系统，交易机构之间系统的衔接性和兼容性有待提升。三是随着跨省跨区电力交易需求的上升和全国统一电力市场的探索，交易机构的设置和布局也需要与之相适应。

（五）电价体系有待进一步梳理和完善

目前我国电价体系主要由生产经营环节电价、计价方式和电价类别等组成。其中，生产经营环节电价按照发电、输配电和售电等环节，分为上网电价、输配电价和销售电价三个部分。目前在市场化的改革趋势下，电价体系还存在以下问题。

一是竞争性环节电价的市场化程度有待提升。上网电价和销售电价均属于竞争性环节电价，长期改革趋势是由市场决定价格。上网电价方面，“基准价+上下浮动”的市场化机制取代执行多年的煤电上网标杆电价，其他原先参考燃煤发电上网标杆电价的改为参考基准价。随着电力市场建设的推进，上网电价由市场竞争形成的规模和范围会进一步扩大。销售电价方面，目前仍有很大部分的用户执行各地规定的目录电价，未来目录电价和市场化电价之间需要合理衔接，尤其是工商业目录电价将有序放开。

二是自然垄断环节价格监管有待优化。输配电价属于网络型自然垄断环节，目前已经完成两轮输配电价改革，已核定了第二监管周期省级电网输配电价和区域电网输电价格，未来输配电价核定和成本监审方法有待进一步优化，输配电价结构需要进一步优化，电价机制灵活性也有待提升。

三是特定政策导向的电价政策有待进一步丰富和健全。目前相关电价政策主要有环保电价、差别电价、惩罚性电价、阶梯电价、分时电价等，尚未形成完善的绿色低碳电价体系，相关电价政策设计需要进一步优化和创新，激励约束作用需要进一步强化。在碳达峰、碳中和目标下，电价政策促进能源绿色低碳转型的作用有待加强。

四是关于新兴市场主体的价格机制有待进一步完善。新型电力系统中，风电、光伏等可再生能源发电、抽水蓄能、新型储能、虚拟电厂、需求侧资源等新兴市场主体发展壮大，价格形成机制需要在考虑其物理经济特性、参与市场的方式途径基础上进行合理设计。

（六）电力市场监管有待多方面拓展

目前电力监管体系难以完全支撑电力市场规范有序运行，存在多方面的问题和不足。一是监管法律法规难以满足电力监管和市场建设的需要，现行《电力法》没有明确特定的监管机构，导致电力行业多头监管，影响电力监管效率；2005 年颁布的《电力监管条例》不能适应快速变革的电力行业发展实际，且和一些配套的规章、规范性文件等法规制度存在不协调问题（王俊豪、金暄暄，2020）。二是电力监管机构的监管职责不明晰，分散在多个部委，易造成监管职责交叉重叠和缺位、越位问题（王浩，2019）。三是电力安全监管力量较为薄弱，地方属地电力安全监管缺位（陶海果、唐俊，2019）。四是价格监管机制有待完善，输配电价监管体系需要进一步健全。五是在碳达峰、碳中和目标下，电力行业的环境监管应该成为新的监管重点。六是电力行业的反垄断监管和行业监管有待协调。七是电力监管标准体系建设和标准化服务有待加强。八是信息披露制度与信用评价体系需要进一步完善和落实。

三、油气市场建设现存问题及应对策略

我国油气市场体系建设起步晚，与国际成熟油气市场相比仍有相当差距。随着油气生产消费规模的持续扩大、国际贸易量与对外依存度的不断攀升，我国油气市场体系在市场主体多元化、市场化定价价格机制、基础设施建设与运营、交易市场功能与布局、市场监管等方面还存在以下问题。

（一）油气市场主体多元化有待进一步推进

市场主体多元化是现代市场体系的典型特征，也是油气市场体系建设的重要任务。在上游环节，我国油气上游勘探开发市场仍缺乏多元化的市场主体，油气矿业权垄断的局面尚未根本改变。虽然矿业权改革已经在全面推进油气矿业权竞争性出让，也扩大了油气勘探开发环节的市场准入范围，国有企业、民营企业和外资企业等多元化市场主体均有资格竞争取得矿业权，但是当前破除专营限制仅解决了市场准入的问题，2019 年矿产资源管理改革也仅针对新设油气勘查区块，并未涉及存量区块的采矿权。三大石油公司仍然占据绝大多数的油气探矿权面积，并没有改变高度垄断的上游市场格局。在中游环节，国家管网公司成立之前，上游供气企业承担保供责任，公平开放的积极性不高。国家管网公司建立后，“全国一张网”框架下的第三方公平准入还有待进一步落实，这不仅有运输本身的原因，如不同油品品质差异、混油处理困难、运输批次安排困难等，也受体制机制制约的影响。在储备环节，石油储备主体单一，主要是政府和央企。

（二）油气市场化定价机制需进一步改进

经过多轮石油价格政策调整，我国原油价格已由市场决定，成品油价格与国际原油价格接轨，但价格形成机制有待进一步完善。成品油价格与国际接轨的方式、挂钩的品种、调整的周期和幅度都可以进一步优化，特别是成品油“地板价”机制近年来广受争议。当国际油价低于40美元/桶时，汽油、柴油最高零售价格不再降低，与成品油价格放开由市场决定的原则存在不符，价格信号的扭曲不仅使成品油用户不能继续获得油价降低的收益，也会引发炼化市场的不公平竞争。天然气市场化定价方面，随着居民、非居民天然气价格并轨，天然气价格改革的重点聚焦于天然气气源和销售价格的适时放开。目前天然气市场交易仍然以政府公布的门站价格为指导，市场化竞争形成价格并不活跃且不能完全反映市场供需。上游气源供应商数量有限，买卖双方的市场势力并不均衡。天然气管道运输价格形成机制有待进一步完善，部分地区仍存在供气环节过多、价格构成不合理、收费行为不规范、价格偏高等问题，随着“全国一张网”的建成，未来管输价格改革也需要与其相适应。门站价格为各类气源的混合气源成本加上不同距离的管输成本，形成机制较为复杂，价格公式有待改进。销售价格调整滞后于门站价格调整，不能及时反映上游市场的变化。

（三）油气基础设施建设与运营存在短板堵点

我国油气管网基础设施发展仍然较为滞后，与美国、欧盟国家、俄罗斯等国家相比差距明显。原油管道方面，由于原油管道以点对点运输为主，陆上运输基本实现管道化，未来需要结合原油运输需求进一步完善布局。成品油管道方面，管道互联互通程度不够，不能适应管网公平开放的要求。天然气管道方面，由于我国天然气市场规模和运输需求规模仍处于上升阶段，管道运输能力存在不足。例如，目前西气东输、川气东送等干线管道基本满负荷运行，不能满足未来塔里木油田、西南油气田天然气上产以及进口管道气等所需要的运力规模。天然气管道负荷率也由于管道功能不同存在较大差异，且呈现季节性特征。我国储气调峰基础设施建设也明显滞后，主要是由于储气设施成本回收机制尚未理顺，调峰气价难以到位，各类市场主体建设积极性不高（段宝成等，2021）。

（四）油气交易市场功能与布局有待优化

在上游勘探开发环节，还未建成具有影响力的全国统一的油气矿权交易市场，油气矿权的流转缺乏规范、权威、流通性强的平台。在油气交易环节，目前我国油气交易市场体系尚未形成国家层面的统一规划，还是以地方和企业推动为主，在功能布局上缺少统筹。虽然以上海油气交易中心为代表的现货交易中心已经运行多年并形成一定交易量，但是其市场配置资源和发现价格的功能尚不成熟，目前上市品种有限，交易方式单一，市场影响力也有待提升。原油期货已经上市并形成一定的国际影响力和交易规模，但是在交易规则的完善、市场风险控制、与国际市场互动方面还有待改进。当前油气交易市场的分布也并不适应行业发展需要，区域竞争性油气市场建设有待加强，特别是为适应天然气市场化改革需要，在天然气的物理枢纽、主要天然气消费区等地，都需要通过区域交易枢纽的建设来完善天然气交易市场体系。

（五）油气市场监管有待进一步健全

由于油气行业的上中下游市场结构存在差异，再加上油气产供储运销本身的行业特性较强，油气市场监管的内容较为复杂和广泛。目前我国对油气市场的监管尚未形成完整的体系，虽针对不同环节出台了一些相应的监管政策，但与高标准市场体系建设要求相比，监管体系有待健全，监管职责有待明确，特别是要加强准入退出监管、公平竞争监管、质量监管、标准监管、计量监管、价格监管等重点领域监管，以及加大区域管网及配气市场监管力度。

第六章 新形势下建设高标准能源市场体系的总体建议

第一节　建设高标准能源市场体系的总体思路

一、总体思路

以习近平新时代中国特色社会主义思想为指导，全面贯彻落实党的十九大和十九届二中、三中、四中、五中全会精神，坚定不移地贯彻新发展理念，以推动高质量发展为主题，以深化供给侧结构性改革为主线，以改革创新为根本动力，以满足人民日益增长的美好生活需要为根本目的，充分发挥市场在资源配置中的决定性作用，更好发挥政府作用，贯彻落实"四个革命，一个合作"的能源安全新战略，加强能源市场主体培育，提升能源产品和服务质量，夯实能源基础设施建设，健全能源交易市场体系，坚持市场平等准入和公平开放，完善市场机制和市场监管，综合提升能源市场监测预警和风险处置能力，加强能源市场制度建设，疏通政策堵点，畅通市场循环，推进能源市场提质增效，以高标准努力建成统一开放、竞争有序、制度完备、治理完善的能源市场体系，为推动能源经济高质量发展，促进碳达峰、碳中和目标实现，加快构建新发展格局打下坚实基础。

二、主要原则

（一）坚持新发展理念

坚持将新发展理念完整、准确、全面贯穿于能源市场体系建设的全过程和各领域，将创新、协调、绿色、开放、共享融入能源市场体系框架设计和重点市场建设运行之中，建立健全以多层次能源市场协调整合、多能源品种协同互济、源网荷储集成优化、能源及相关市场开放共享、绿色低碳发展趋势加快演进为主要特征的能源市场体系，推动有效市场和有为政府更好结合，从而推进能源领域质量变革、效率变革、动力变革，实现能源高质量发展。

（二）坚持系统观念

坚持系统观念，结合全面构建清洁低碳、安全高效的现代能源体系的能源发展目标，在能源市场体系建设中加强前瞻思考、全局谋划和整体协调，统筹能源绿色低碳发展、能源安全保障和能源市场化改革，坚持全国一盘棋，充分考虑不同层次、不同区域、不同能源品种、不同类型能源市场的差异性、相关性和联动性，重视市场建设的协调配合和互促共进，实现能源市场发展质量、结构、规模、速度、效能、安全、绿色、低碳等多元目标相统一。

（三）坚持有效市场和有为政府的结合

坚持能源市场化改革方向，尊重市场经济一般规律，还原能源商品属性，充分发挥市场在能源资源配置中的决定性作用，激发市场主体活力、创造力和竞争力，促进优胜劣汰和结构调整优化，实现竞争性环节能源价格由市场决定、流动自主有序、配置高效公平。切实转变政府职能，深化能源管理体制改革，减少政府对能源市场资源、产品和要素的直接配置和对能源产供储运销等环节微观经济活动的直接干预。健全宏观调控体系，全面提升政府对能源市场监管的水平和效能，有效弥补市场失灵，防范化解重大市场风险，维护市场公平竞争秩序和安全稳定运行。

（四）目标导向，分步推进

巩固能源市场体系建设成果，深入贯彻落实“四个革命、一个合作”能源安全新战略和能源体制革命，顺应新发展阶段能源高质量发展和绿色低碳转型大趋势，着眼加快构建现代能源体系和实现碳达峰、碳中和的中长期目标，科学规划能源市场体系建设的阶段性目标和路线图，分步、稳步推进重点工作和任务。

（五）问题导向，分类施策

针对能源市场体系中仍存在的市场体系不完善、市场机制不健全、市场制度不完备、政府干预过多、市场竞争程度偏弱、市场失灵突出等问题，因地制宜、因时制宜，根据不同市场的特征属性、市场化程度和能源经济发展需要，稳中求进、分类施策、有的放矢、切实解决。特别是对于能源市场体系中长期存在的突出问题和深层症结，要加大改革力度、广度和深度，在重点领域和关键环节务求实现破局攻坚，同时要注重市场体系建设中重点领域和关键环节的联系和融通，加强改革举措的系统集成和协同高效。

三、主要目标

根据高标准市场体系建设的目标和原则，新形势下我国能源市场体系建设在宏观维度上要以“统一开放、竞争有序、制度完备、治理完善”为总体目标，将其贯穿于能源市场体系建设的各领域和各环节，包括一般商品市场、生产要素市场，现货市场、期货市场，批发市场、零售市场，省内市场、区域市场等。但在具体推进过程中，需要结合不同能源品种、不同市场的经济和物理特性，明确不同领域的阶段性目标和工作重点。

（一）统一开放

在建设全国统一大市场，促进国内国际双循环的重要部署下，稳步推进能源市场体系的统一开放，打破条块分割、区域封锁、行业垄断和行政壁垒，使能源产品和服务可以在不同地理范围、行业、部门之间自由流动和合理配置。“统一”目标是逐步形成统一兼容的市场规则体系，建立健全重点领域跨行政区域的协同监管，强化公平竞争审查制度在维护市场统一性方面的刚性约束，加快清理重点行业、领域和环节的各类壁垒，使能源产供储运销各环节畅通循环，真正发挥和强化我国超大规模能源市场的优势。“开放”目标是能源领域主要竞争性环节均依法依规对各类市场主体公平开放，市场主体能根据要素禀赋结构和竞争优势进入竞争性环节，同时在维护国家能源安全和战略利益的前提下，利用好国际国内两种资源两个市场，使各类市场主体积极参与国际分工和竞争。

（二）竞争有序

“竞争”目标是在能源领域的竞争性环节，全面完善产权、市场准入、公平竞争、反垄断等制度，清除“路障”、拆除“门槛”、破除“天花板”，消除制约竞争的各种障碍和隐性壁垒，营造各类型市场主体依法平等使用资源要素、公平公正公开参与竞争、平等受到法律保护的市场环境，通过公平竞争、优胜劣汰形成合理的价格和激励信号，促进市场出清，优化能源资源配置，促进形成合理的市场结构，以竞争激发创新活力，提高生产效率和经营效益。“有序”目标是建立布局合理、功能完善、管理规范的能源交易场所和交易平台，形成公平、公正的市场交易规则和科学、合理的市场监管规则，通过清晰的规则和有效的监管，维持市场正常秩序，保证公平竞争和资源要素合理流动。

（三）制度完备

“制度完备”目标是全面夯实能源市场体系基础制度。健全能源法治体系，完善与市场化改革协调配套的能源法律规章，推进能源领域重要法律法规的立法修法工作，严格执法程序，创新执法方式，依法行政。完善能源战略、规划等对市场的引导作用，加强能源政策与市场化改革的衔接，结合各类能源市场建设进程，推动建立市场导向的能源战略规划新机制。保持能源政策的稳定性、连续性、持续性，给市场以合理预期。完善产权保护制度、市场准入负面清单制度、公平竞争制度等，加强和改善制度供给。优化能源产业政策体系，完善价格、财政、税收、金融等政策工具对市场主体的精准支持和对市场运行的合理调节。

（四）治理完善

“治理完善”目标是创新与完善能源科学管理模式，基本形成综合覆盖战略、规划、政策、标准、监管、服务的能源治理机制，促进能源治理效能持续提升。深化能源领域“放管服”改革，持续推进简政放权。深入开展“互联网+政务服务”，推动政务服务质量和效能全面提升。深化能源标准化工作改革，建立政府主导制定的标准与市场自主制定的标准协同发展、协调配套的新型标准体系。根据能源市场化改革进展和能源高质量发展要求，构建依法依规、公平公正、严密高效、综合全面的新型能源监管体系。继续推进能源行业信用体系建设，构建“政府主导、行业共建，公正透明、准确规范”的能源行业信用制度和信用体系。

第二节　建设高标准能源市场体系的重点举措

进入新发展阶段，在加快完善社会主义市场经济体制和建设高标准市场体系的背景和框架下，建议从市场主体培育、市场客体提升、基础设施建设、交易市场建设、市场准入便捷、市场机制完善、市场监管强化优化、市场监测预警和风险处置、市场配套制度建设等九个方面系统发力，建立健全能源市场体系。

一、积极培育多元化市场主体，激发市场主体活力

积极培育多元化市场主体，引导规范市场主体行为，激发市场主体潜力、活力、竞争力和创造力，是推进能源市场体系高标准、高水平建设的前提。建议从以下方面重点推进：

推动能源领域国有企业完善中国特色现代企业制度。国有企业在能源行业中占据重要地位，要持续深化垄断行业改革和国有企业改革，贯彻落实党的十九届五中全会要求，坚持党对国有企业的全面领导，在能源国有企业加快建立权责法定、权责透明、协调运转、有效制衡的公司治理机制，按照完善治理、强化激励、突出主业、提高效率的要求，深化能源国有企业混合所有制改革，深度转换经营机制。

在能源领域不同区域、不同市场、不同环节，保障多种所有制企业公平参与市场竞争，特别是促进民营企业高质量发展。优化民营企业发展的法治环境、政策环境和市场环境，解决妨碍市场主体活力释放的痛点难点，创新财税、金融等多种政策工具支持民营企业在能源领域的投资、生产、经营活动。支持民营企业积极创新，特别是在能源新兴领域的技术和商业模式创新。持续优化能源市场结构，形成合理的市场集中度。

二、提升能源产品和服务质量，完善市场标准体系

加强能源产品服务质量管理，增加绿色产品供给，是健全能源市场体系的重要内容。要进一步完善能源产品和服务质量的监督管理政策，重点加强对电能服务质量、商品煤质量、成品油质量、能源技术装备质量等的监督管理。深入实施能源产品和服务质量提升行动。建立健全绿色产品标准、认证、标识体系，规范实施对绿色产品的认证和推广。

加快建立能源领域新型标准体系。在构建清洁低碳、安全高效能源体系、深入推进能源市场化改革的目标导向下，紧密结合电力、煤炭、油气、新能源、电工装备等行业发展及标准化实际，系统梳理并科学搭建能源标准体系层级结构，明确国家、行业、团体标准，产品、服务、工艺、管理等标准，强制性、推荐性标准等的功能定位，大力加强能源领域标准建设，夯实能源传统领域标准体系之基，积极探索推进风电、太阳能、地热能、生物质能、氢能等新兴领域，以及智慧能源、能源互联网、智能微网、储能等创新融合领域的新型标准建设。加强能源标准管理，完善标准化平台和服务。

三、加强能源基础设施建设，保障市场互联互通

能源基础设施是实现能源产品和服务畅通流动，保障市场互联互通的物理基础。建议从以下三个方面重点推进：

（1）加大能源领域基础设施补短板力度，以能源运输网络建设为重点，促进源点设施、管网设施、储备设施、计量监控设施等协同建设。加

快完善跨省跨区输电线路、各省电网主网架、特高压输电线路等电网基础设施建设，进一步推进城乡配电网建设和农村电网改造升级；加强和完善油气管网、LNG 接收站和储气设施建设；继续推进煤炭铁路、水运通道及集输运系统建设，加强大型煤炭储配基地和现代化煤炭物流园区建设。

（2）加强支撑能源绿色低碳发展的基础设施建设。在以新能源为主体的新型电力系统建设目标下，完善以提升电力系统灵活性、支撑电能替代和绿色电力发展为导向的电力基础设施体系，继续推进燃煤机组超低排放与节能改造，完善绿色矿山基础设施等。

（3）积极打造融合高效的智慧能源基础设施。在新基建背景下，积极推动能源基础设施的数字化转型、智能升级和融合创新，推进能源—水利、能源—交通、能源—市政、能源—信息等融合基础设施建设，促进“互联网+智慧能源”发展。

四、建立健全能源交易市场体系，夯实市场运行根基

建立健全能源交易市场体系是发挥能源市场作用的重要基础。建议从以下方面重点推进：

（1）统筹规划能源交易市场结构和布局。对全国和地区各类能源交易市场建设现状进行摸底和梳理，根据能源发展要求和能源市场化改革进程，从国家层面和行业层面对能源交易市场体系的层次架构和功能布局进行统筹规划和科学管理，妥善解决目前存在的重复建设、功能重叠、管理运行不规范等问题，充分发挥交易平台在撮合交易、发现价格、传递信息、保障供需平衡等方面的功能。

（2）培育发展各类能源产品和服务交易平台。落实《建设高标准市场体系行动方案》中对能源交易平台的要求，在油气、电力、煤炭、资源环境等领域，重点培育一批职能定位明确、区域布局科学、辐射范围合理、运营管理规范、市场影响力广泛的交易平台。促进全国电力交易机构、全国煤炭交易中心、上海期货交易所等已具备良好发展基础和条件的交易平台更好发挥作用。鼓励具备条件的资源地、消费地、物流枢纽等地区，依

托现有交易场所，合理布局、探索建设区域性交易平台。

（3）积极完善能源交易平台功能。进一步规范和健全交易市场建设标准和管理制度，包括市场条件、营业场所、服务设施、市场规模、交易指南、风控制度、配套金融物流服务等。鼓励发展各种有效的交易方式和交易品种，重点是在碳达峰、碳中和目标下，创新引入多种类型的能源、资源、环境权益交易品种，丰富市场功能。强化对交易市场的风险管理，完善市场监测预警和风险处置机制，大力防范投机过度与市场操纵。

五、提高重点市场准入便利畅达性，保障市场公平开放

认真做好《市场准入负面清单》在能源市场的落地实施，严格落实“全国一张清单”管理模式并健全动态调整机制，破除能源市场特别是区域能源市场中各种形式的市场准入不合理限制和隐性壁垒，重点拆除民营企业进入能源领域时遭遇的“玻璃门”“弹簧门”“旋转门”，使各类市场主体都可以依法依规、平等进入负面清单之外的领域，开展相关业务等。协同推进与市场准入负面清单制度相适应的准入机制、审批机制、事中事后监管机制、信用体系和激励惩戒机制、商事登记制度等，抓好政策落实和优化服务体系，营造公平、透明、稳定、可预期的营商环境，并增强其对所有市场主体的友好性。

清理废除妨碍统一市场和公平竞争的各种规定和做法，构建公平竞争的能源市场规则体系。各级能源管理部门要建立健全政策文件的合法性审查机制，明确审查内容，规范审查程序，严格开展审查，确保政策文件不减损公民、法人和其他组织合法权益或增加义务。在制定政策措施时，要将公平竞争审查作为必要程序，杜绝滥用行政权力排除和限制市场竞争的行为。加强能源行业的反垄断执法，完善反垄断执法的线索收集机制，制止能源领域滥用市场支配地位的各种行为以及企业之间达成垄断协议的行为，科学评估能源企业并购的竞争影响，加强经营者集中审查。同时，要鼓励能源企业培育公平竞争的企业文化，加强反垄断合规管理。

六、多措并举系统完善市场机制，提高能源资源配置效率

市场机制是能源市场体系的基本要素和运行基础，建议从价格机制、供求机制、竞争机制、风险机制等方面重点推进：

（1）深入完善能源市场化价格形成机制。在生产侧以促进能源供应体系绿色低碳转型为导向，持续深化水电、核电、气电等上网电价市场化改革，完善风电、光伏等可再生能源发电价格形成机制，落实并完善抽水蓄能、新型储能价格机制。在消费侧以引导能源消费体系绿色低碳变革为导向，完善并严格落实差别电价、惩罚性电价、阶梯电价、峰谷电价等绿色电价机制，推动天然气门站价格市场化改革，探索需求响应市场化价格形成机制。

（2）根据能源行业特点完善供求机制。考虑到能源产品多为大宗商品和重要的生产物资，上下游具有较为稳定的供需关系，要充分发挥中长期合同在规避风险、稳定市场方面的作用，鼓励电力、煤炭等领域多签、签实中长期合同，根据市场需求引入分时段签约、产运需三方签约等模式，提高签约率和履约率。同时完善能源现货市场交易机制和交易规则，形成有效的市场价格信号。

（3）建立健全能源市场竞争机制和风险机制。纠正地方保护、区域封锁、不合理市场准入、歧视性优惠和限制、减损市场主体利益等妨碍竞争机制发挥作用的做法，实现垄断和竞争性环节分离，提高能源市场竞争程度和效率。有效发挥风险机制作用，解决能源领域存在的“预算软约束”问题，促使能源企业权衡收益风险寻求合理的市场机会，加强对经营管理、技术工艺、产品质量、成本控制的重视，提高企业的竞争力和抗风险能力。

七、全方位完善能源市场监管体系，规范市场和行业秩序

在宽口径的市场监管概念下，全方位完善能源市场监管体系，使监管完善成为能源市场高标准的重要体现。针对现有能源监管内容繁杂、覆盖

面广、各类监管相互交织、监管机构职责不清等问题，重点推进以下工作：

（1）构建全面系统、统一规范的能源市场监管体系。结合能源市场体系建设的要求，系统完善竞争性环节的市场监管、管网环节的自然垄断监管等经济性监管，能源安全监管、生态环境监管等社会性监管，以及能源领域的反垄断监管，加强各类监管之间的协调联动。明确能源监管相关部门的职能分工，优化能源监管工作机制，创新能源监管方式方法，综合提升能源监管能力。

（2）探索创新能源市场绿色低碳监管。在碳达峰、碳中和目标下，将绿色低碳监管作为重点引入能源市场监管。在现有市场、资源、环境、生态等监管的组织基础上，综合构建绿色低碳监管组织体系，明确并衔接协调相关监管机构的监管职责。结合国家碳达峰、碳中和决策部署，对绿色低碳监管的内容范围及引入监管体系的实施方式、流程进行细化。加强绿色低碳监管能力建设，打造综合性、专业化的绿色低碳监督执法队伍。

八、强化能源市场监测预测预警，提升市场抗风险能力

能源市场监测预测预警对于能源市场体系建设、能源经济发展和能源系统安全来说是一项基础性工作，建议从以下方面重点推进：

（1）多措并举完善能源监测预警工作机制，使其制度化、系统化、常态化、规范化。在《能源法》、能源战略规划中提升对能源监测预警的重视程度，加强系统部署。加快构建框架清晰、覆盖全面、协调联动、滚动实施的能源监测预警体系，必要时针对重点环节和领域的监测预警出台专项政策，完善协作机制。

（2）改进能源监测预警方法体系，按照系统性、前瞻性、可靠性、可行性等原则，结合综合能源发展大趋势和能源产供储运销各环节，合理选取监测指标，构建预警指标。创新能源监测预警技术方法，夯实数据相关基础设施建设，积极推动能源及相关领域数据的开放共享、汇聚整合和关联分析，激发能源数据资源活力。

（3）拓展能源监测预警应用领域，特别是加强煤炭、电力、油气等重要能源产品供需和安全的监测预警体系，建立促进能源系统绿色低碳转型的监测预警体系，健全促进能源市场化改革、保障能源市场平稳运行的监测预警体系。完善调控工具箱，强化政策配套，提高风险应急处置能力，保障能源发展和安全。

九、健全能源市场配套制度体系，夯实市场运行保障

能源市场配套制度体系是建设高标准能源市场体系的重要保障。建议从以下方面重点推进：

（1）加快形成体系完整且与市场化改革协调配套的能源法律法规体系，深入推进能源行业依法治理。积极推进能源立法，推动《能源法》《能源监管条例》等立法工作，推进《电力法》《可再生能源法》《煤炭法》《石油天然气管道保护法》等修订工作，重点加大可再生能源并网、管网公平开放等环节的执法力度。统筹完善能源普法、执法、行政复议和行政应诉、“放管服”改革等方面的工作。

（2）健全能源领域政策体系，包括宏观调控政策、产业政策、行业管理政策、竞争和反垄断政策，财税金融政策等，加强政策之间的协调配合。特别是在碳达峰、碳中和目标下，加强能源领域各类政策的绿色低碳导向，加快完善绿色财税金融体系。理顺产业政策与能源市场化的关系，优化产业指导目录、投资核准、市场准入、产业投资基金、政府采购等产业政策工具对能源市场的引导，淘汰落后产能。

（3）完善与能源市场相结合的民生兜底保障体系。坚持“以人民为中心”的发展思想，在能源市场建设中更加重视保障和改善民生，健全水电气暖等公用事业价格机制，提升与民生相关的能源产品服务供给质量效率。完善对困难群众、偏远地区等的民生兜底保障制度，深入开展能源扶贫、北方地区清洁取暖、农村电网巩固提升等工作，持续提高能源普遍服务水平。加强能源市场建设与乡村振兴战略、西部大开发战略等的结合，通过引入市场化机制，促进农村地区、贫困地区、西部地区的能源产业和

基础设施发展，不断提升民生用能供应保障水平。

(4) 完善能源市场信用制度建设。巩固能源信用体系建设成果，继续完善能源信用政策体系，特别是重点领域信用评价制度和信用信息管理应用细则。健全能源行业信用信息平台的功能、增强影响力，扩大平台归集信息覆盖范围，加强“信用能源”“信用中国”与国家发展改革委、国家市场监督管理总局等信用信息平台的融通。推广与创新信用信息和信用产品的应用，特别是针对安全生产、工程建设、节能环保、市场交易、统计计量、企业管理等重点领域，促进信用评价应用工作与能源行业运行密切结合，在能源市场中发挥更大作用。

第三节 新形势下能源领域重点市场建设的相关建议

新形势下，以高标准建设能源市场体系，在系统推进各项市场建设工作的同时，针对重点领域和关键环节，需要有所创新和突破。煤炭、电力、油气市场是能源市场体系的主体，本节将对这些重点市场进行专题分析，此外，在碳达峰、碳中和目标下，构建绿色市场体系也将是能源市场体系高标准、高质量发展的一个重要方向。

一、新形势下煤炭市场建设的相关建议

我国煤炭市场体系建设已具备一定的基础条件，在当前新形势与新要求下，进一步规范和健全煤炭市场体系，要深入贯彻习近平新时代中国特色社会主义思想，落实全面深化经济体制改革的总体部署；要在高标准市场体系建设的背景下，明确煤炭市场体系建设的具体目标和特征；要进一步完善煤炭交易市场体系，同时构建起有效的市场机制；要增强煤炭市场主体活力，提高市场客体质量；要系统加强煤炭市场制度建设，保障煤炭市场长期健康发展。

（一）以高标准建设煤炭市场，助力煤炭经济高质量发展

煤炭供给侧结构性改革和高质量发展，都要求一个以高标准建设的煤炭市场体系来配套支撑。以高标准建设的煤炭市场体系，既适应高标准市场体系建设的要求，也是现代煤炭经济的重要组成部分。建议关注以下几方面特征：

（1）法治化。法治是现代市场体系的基础，要加强市场化进程中的煤炭法治建设，完善煤炭领域相关法律法规，健全执法司法对煤炭经济运行的保障机制，全面建立煤炭领域行政权力制约和监督机制，依法履行政府职能。

（2）数字化。依托互联网和新一代信息技术，推进煤炭市场建设的数字化、智慧化进程，加强煤炭市场的信息基础设施建设和数据要素培育，创新数字化技术在煤炭交易平台的应用，提升煤炭市场的服务水平。

（3）体系化。“市场体系包括市场主体结构、市场客体结构、市场运行机制、市场保障制度四个层面，各层面相互支撑和关联，才形成市场体系这一复杂的经济社会系统（刘泉红，2020）。”煤炭市场体系建设也需要加强体系化，从以上四个层面综合施策。

（4）竞争性。公平竞争是市场经济的基本原则。要保障煤炭市场的公平竞争，破除制约市场竞争的各类障碍和壁垒；要加强维护公平竞争的相关保障制度，强化竞争政策在煤炭市场中的作用；要进一步弘扬公平竞争文化，培育公平竞争的市场环境。

（5）创新性。一方面要加强煤炭市场体系建设的各类创新，包括市场制度、交易品种、商业模式、交易方式等；另一方面要通过煤炭市场体系建设，促进新产品、新业态、新模式的发展，更好地推动煤炭行业转型升级。

（6）高效性。在市场建设过程中，要以技术和管理进步为基础，如信息技术、物流技术、组织管理模式等，提高煤炭市场资源和要素配置效率，提升煤炭流通效率，降低交易风险和交易成本，实现现代市场体系的高效性。

（二）健全煤炭交易市场体系，构建有效的市场机制

第一，加强煤炭交易市场体系建设，为商品和服务交换提供交易场所，是煤炭市场体系建设的物理基础。煤炭交易市场主要包括商品现货市场和以期货为代表的金融衍生品市场，从区域范围角度划分，又包括全国性、区域性和地方煤炭交易市场。建议加强煤炭交易市场体系的统一布局，明确各种类、各层次市场的功能定位，在现有煤炭交易市场的基础上，提升全国煤炭交易中心的影响力，优化区域煤炭交易市场的布局和功能。

第二，构建有效的市场机制，使市场在资源配置中起决定性作用，是煤炭市场体系建设的核心要义。价格机制方面，完善“基础价+浮动价”的定价机制；优化煤炭价格指数体系，提高价格指数编制的科学性，使其更加准确及时地反映市场形势变化，提供更好的定价依据；同时完善各种中长期合同价格机制。竞争机制方面，要强化竞争政策的基础性地位，创造公平竞争的制度环境，积极维护市场公平竞争秩序，促进市场充分竞争和企业优胜劣汰。供求机制方面，由于煤炭是大宗商品，煤炭交易较依赖上下游长期稳定的供需关系，交易方式主要是由煤炭产运需企业自主订货、自主衔接、协商定价，要重视中长期合同制度对于保持市场供需稳定的积极作用，鼓励提高中长期合同签约率和履约率。此外，对于煤炭市场而言，产运需协调机制非常重要，要进一步打通煤炭物流系统的瓶颈制约，建设高效运转的煤炭流通体系，深化煤炭产运需衔接制度改革，加强煤炭流通体系与交易市场的互动协作，以全国性、区域性煤炭交易中心为平台，以煤炭流通体系为通道，联通煤炭上中下游全产业链，形成高效运转的煤炭流通与市场运行，重点抓好煤炭运输通道建设、重要煤炭物流节点建设、新型煤炭物流基地建设、煤炭供应链管理创新等工作，更好保障跨省区、长距离、大规模煤炭交易的产运需衔接。

（三）优化煤炭产业结构，深化国有煤炭企业改革，增强市场主体活力；加强煤炭质量管理，提升市场客体质量

市场主体和市场客体都是市场体系的必要组成部分，建议将增强市场主体活力和提升市场客体质量相结合，多措并举、协调推进。具体而言：

在增强市场主体活力方面，一是要继续推进煤炭供给侧结构性改革，在结构调整和转型升级中实现经济增长、质量和效率提升。继续推动煤炭行业“上大压小、增优减劣”，不断完善产能置换政策，加快优质产能释放，促进落后产能有序退出。二是要大力提高煤炭企业自主创新能力，从知识产权保护、人才队伍建设、技术研发、创新激励机制等方面发力。三是要继续深化国有煤炭企业改革，在全国推动形成若干个具有较强国际竞争力的、现代化的特大型煤炭企业集团，发挥行业龙头的引领作用。针对煤炭行业资源依赖性强、资本密集度高、资产专用性强等特点，研究探索国有煤炭企业混合所有制改革的模式与方案，并考虑开展试点，通过混合所有制改革，引入社会资本，学习先进经营管理模式，完善煤炭企业公司治理，强化公司内部激励，提高煤炭企业竞争力和效率，探索煤炭行业转型发展。四是要继续推动煤炭企业兼并重组和上下游融合发展，提高市场主体的规模化、集约化、现代化水平。在提升市场客体质量方面，主要是加强煤炭质量管理制度建设，完善煤炭质量标准体系，促进煤炭高效清洁利用。

（四）系统性加强煤炭市场制度建设，夯实煤炭市场长期健康发展的基础

市场制度建设是保障煤炭市场体系长期健康发展的基础，具体而言：一是要按照全面依法治国的要求，健全煤炭法治体系，完善煤炭法律法规及规范性文件，加快推进《煤炭法》《能源法》等煤炭领域相关法律法规的立法、修法进程，使煤炭行业的发展与转型有基础性、根本性的法律法规保障。深入推进煤炭管理和监管机构公布部门权力和责任清单，依法履行职能。二是要完善、优化、创新和强化实施煤炭领域重大规章制度，为煤炭行业的发展与转型提供扎实的制度保障。重点加强煤炭市场信用体系建设，完善煤炭市场主体信用记录，加强对煤炭企业在安全生产、资源节约、生态环境治理和保护、产品质量、价格制定、市场交易、合同履约、金融税务等方面的信用管理，建立市场主体诚信报告、失信披露、市场禁入和退出制度，构建守信激励和失信惩戒机制，营造诚实守信的良好市场氛围。三是要深化煤炭领域“放管服”改革，提升涉企服务质量和效率，

持续优化营商环境，更大激发煤炭市场活力。四是要重视防范市场风险，维护市场平稳运行和能源安全，完善煤电油气运协调机制，包括综合协调决策、运行监测、信息交流、日常协调、应急储备与调度等方面的工作内容。支持建立全国煤炭市场大数据平台，完善煤炭市场监测预测预警机制；加强市场形势分析与风险研判，建立应急响应机制，防范化解重大市场风险。

二、新形势下电力市场建设的相关建议

2015 年以来，新一轮电力体制改革稳步推进，电力市场化改革和市场体系建设明显加快。电力价格形成机制的进一步完善，依赖于电力市场体系建设的进度，依赖于发电侧、售电侧这两大竞争性环节市场化改革的成效。在当前新形势与新要求下，进一步完善和健全电力市场体系，建议从以下四个方面重点推进。

（一）加强电力市场顶层设计，适应新型电力系统发展要求

以建设统一、开放、竞争、有序的电力市场为目标，加强高标准电力市场体系顶层设计。建设框架清晰、布局合理的多级市场体系。加强电力细分市场的科学设计，统筹推进中长期、现货、辅助服务和容量市场建设，明确各类市场的功能定位，完善细分市场互补衔接。加强电力市场互联互通，促进省间和省内市场融合，推动建立全国统一电力市场体系。

（二）多途径培育市场主体，激发市场主体活力和创造力

进一步放开发电企业、售电主体和电力用户的市场准入标准，鼓励各类市场主体以多种形式参与电力批发和零售市场交易。推动可再生能源发电机组、燃气轮机发电机组、核电机组等发电主体全面参与电力市场交易。加快培育需求侧资源集成商、虚拟电厂、储能等新兴市场主体，鼓励新兴主体进入市场参与交易。

（三）加强重点市场建设与协调，完善电力市场规则体系

优化电力中长期市场基本规则、现货市场基本规则、制定辅助服务市

场基本规则和跨省跨区市场化交易规则。深化电力金融市场研究。推进各地因地制宜修订完善市场建设方案和具体规则。建立健全电力市场规划、建设和运行的标准体系，以及电力市场信息披露制度、市场运营监管体系、市场主体信用评价制度等市场配套管理办法。推进电力市场运营机构规范运行。

（四）加强发电、售电侧多元竞争格局，梳理完善电价体系

有序放开发用电计划，扩大市场化交易规模。深化配售电改革，加紧推动具备自然垄断属性的配电网与具有市场竞争属性的售电业务分离，建立电力购售竞争格局和公平公正的电力零售市场。多途径培育售电主体，推动售电主体积极参与各类市场交易。鼓励售电主体向用户提供多样化的价格和服务套餐。鼓励售电主体创新商业模式和定价方式，提供综合能源服务、负荷集成等增值服务。梳理完善电价体系，建立主要由市场决定的电价机制。

三、新形势下油气市场建设的相关建议

与电力领域类似，油气体制改革涉及环节多，结构较为复杂；加上我国油气行业长期处于寡头垄断的市场结构状态，且油气资源对外依存度高，国内市场与国际市场联系紧密。新形势下，以高标准建设油气市场体系，建议在保障油气安全的原则和前提下，进一步厘清竞争性环节和自然垄断环节的关系，释放竞争性环节的市场活力，加强自然垄断环节的监管，从以下方面重点推进：

（一）健全“X+1+X”油气市场体系，覆盖产供储销各环节

考虑到油气上下游环节的复杂性，油气市场体系建设要注重系统集成、协调配套，一方面要坚持市场化方向，体现能源商品属性，另一方面要坚持底线思维，确保油气供应稳定可靠和产业链各环节安全，目标是推动形成上游油气资源多主体多渠道供应、中间统一管网高效集输、下游销售市场充分竞争的油气市场体系。

在上游勘探开发环节，完善并有序放开油气勘查开采体制，加强与完

善对市场主体安全、环保等的资质管理和准入要求，以油气资源资产重组为重点，推动勘查开采市场建设，盘活油气探明储量，推进油气资源多主体多渠道供应和增储上产，逐步形成以大型国有油气公司为主导、多种经济成分共同参与的勘查开采体系。完善油气进出口管理体制，原油进口管理以资质管理为主，同时重视提高对全球石油市场的风险预警防范能力。

在中游管网输配环节，进一步完善油气管网通道建设，防范管道安全质量隐患，合理提升基础设施负荷率，进一步健全“全国一张网”的架构体系和运营机制，积极推进管网投融资机制、管输价格机制、质量管理标准、容量分配管理模式等创新完善，建立统一、高效的油气管网体系，推进管网向第三方市场主体公平开放。

在下游销售环节，深化竞争性环节改革，提升油品质量和生产供应能力，加强安全、环保、能耗、碳排放等方面的标准和监管。完善油气加工环节的准入退出机制，合理优化产能总量和布局，促进市场优胜劣汰。加大天然气下游市场开发培育力度，促进配售环节公平竞争，稳妥推进成品油、天然气、储气调峰等市场化定价。

（二）完善油气交易市场体系，优化市场体系的载体布局

稳步有序放开油气勘查开采市场。落实油气矿业权改革，全面稳妥实施矿业权竞争出让制度，放开市场准入，支持各类市场主体合法、合规、平等地参与竞争，实行勘查区块竞争出让制度和更加严格的区块退出机制。完善油气矿业权市场建设相关法律法规和配套制度，建设全国统一油气矿业权交易平台，推进油气矿业权流转。

积极推进油气交易枢纽和交易中心建设，逐步建成多层次油气交易市场体系，因地制宜，统一规划，合理布局，统筹推进油气区域市场枢纽、油气交易中心、油气期货交易所等市场建设。考虑在资源丰富、基础设施完善、配套条件好的地区建设油气区域交易枢纽。完善油气交易中心建设和运营，加强与管网公司衔接，开展全国各地区油气交易。稳妥推进油气衍生品市场建设，逐渐形成具有国际影响力的油气期货期权市场，优化交易品种和交易规则，形成反映中国市场供需且具备相当国际影响力的价格指数。

（三）突出重点优化市场机制，激活市场体系的核心要素

重点完善油气价格形成机制。按照“管住中间、放开两头”的总体思路，基于油气体制改革和油气价格改革进展，进一步完善成品油、天然气、储气调峰等的价格形成机制。近中期对成品油“地板价”机制进行合理优化，完善油气调控风险准备金征管；中长期结合油气体制改革进程，适时放开国内成品油价格。以区域竞争性天然气市场建设为基础，推动形成天然气“中国价格”，形成与国际接轨并被国际市场广泛接受的市场化天然气价格指数。实现天然气价格调整常态化，并进一步扩大天然气价格浮动范围，推进非民用天然气价格市场化，进一步完善居民用气定价机制，使民用气价格逐步调整至合理区间，保留政府在价格异常波动时的应急响应和调控权，对低收入家庭进行适当补贴。推进储气服务价格和储气设施天然气购销价格由市场竞争形成，构建储气调峰辅助服务市场机制。

进一步完善管网环节市场规则和运行机制。创新油气管网投融资机制和方式，鼓励社会资本投资油气管网项目，多渠道拓展投资来源。完善天然气托运商制度，明确托运商市场准入资质和责权利。鼓励油气管网运营企业根据市场需求引入不同类型、不同方式、不同时段的多元化管道服务。完善管输容量管理模式，按照公平合理的方式进行管输容量分配并向用户出售管输服务。基于“准许成本+合理收益”原则，科学核定油气管道运输成本和价格，探索提质增效的激励性定价机制。

（四）夯实油气基础设施建设，强化市场体系的运行保障

进一步加强管网建设。根据《中长期油气管网规划》目标，加快建设广覆盖、多层次、安全稳定的油气管网与储运体系，切实解决我国油气基础设施建设滞后、管网布局结构不合理、网络化程度低、存在体制机制障碍等痛点，形成全面互联互通、公平服务、安全高效、智能运营的油气管网体系。一是稳健发展原油管网，继续完善“四大战略通道”+“三大区域管网”的原油骨干管网建设，消除老旧设施安全隐患。二是适应成品油多种运输方式并存的格局，提效发展成品油管网，构建以“三纵三横”骨干管网和五大区域管网为主，以干支线管道为辅的成品油管网体系，推进

互联互通和跨区域调度。三是重点推进天然气管网建设，按照“四大战略通道”+“五纵五横”骨干管网布局加快推进干线支线建设，适应“西气东输、北气南下、海气登陆”的供气格局（段宝成等，2021）。

加强 LNG 和储气调峰基础设施建设。压实《关于加快储气设施建设和完善储气调峰辅助服务市场机制的意见》中的各项重点任务，加快推进地下储气库和沿海 LNG 接收站建设，鼓励储气库建设主体多元化，打通投资建设储气库在用地、环评、矿权等方面的制约，理顺价格机制，有效保障重点城市和区域天然气应急调峰。针对我国天然气对外依存度不断提升的情况，着力提升陆上通道输送能力，拓展建设新的管道天然气进口通道。

四、新形势下其他相关市场建设的建议

以高标准建设能源市场体系，不仅要考虑能源市场本身的健全和完善，还要考虑相关的能源、资源、环境、生态等市场的协同和联动，发挥市场在促进碳减排、优化能源结构中的作用，确保如期实现碳达峰、碳中和目标。

加强绿色市场体系建设的整体设计。由于能源活动是资源消耗、污染物和碳排放的主要原因，所以要健全环境治理和生态保护市场体系，加强与能源市场体系建设的协同。一是加强顶层设计和系统观念，坚持激励和约束并重，源头控制和过程严管并重，形成促进能源绿色低碳发展和碳中和目标下经济社会系统性变革的导向机制，构建起更多运用市场机制和经济杠杆进行能源资源优化配置、环境治理和生态保护的绿色市场体系。

构建多层次、跨区域、多元化的绿色交易市场体系。在能源资源开发管理、能源活动相关环境治理和生态建设等领域，更多应用市场化手段而非行政手段解决相关问题。建立健全权责明确的能源资源产权体系，完善能源资源管理体制。进一步完善统一开放、竞争有序的大宗商品类能源资源交易市场体系，发挥市场在资源配置中的决定性作用。科学探索建设各类环境权益交易市场，稳步推进全国统一碳市场建设运行，完善碳定价机

制；推进用能权市场化交易，探索需求侧管理长效机制；探索绿色电力市场化交易，优化绿证市场运行机制。有序规范各类交易平台建设，明确交易标的、交易主体、价格形成、交易规则和结算机制。促进各类能源环境权益交易市场的协同发展。

创新完善促进绿色低碳发展的价格机制。进一步完善反映市场供求和资源稀缺程度、体现自然价值和代际补偿的能源价格形成机制、资源有偿使用和生态补偿制度，切实将生态环境成本纳入能源行业经济运行成本。在能源领域重点健全促进节能环保的电价机制，完善碳排放权交易、可再生能源强制配额和绿证交易制度等。

第七章 新形势下建设高标准能源市场体系的重点问题

第一节 完善能源价格形成机制研究

一、碳中和目标下完善能源价格形成机制的必要性和重要性

2020年9月，习近平总书记在第75届联合国大会一般性辩论上发表重要讲话，指出我国二氧化碳排放力争于2030年前达到峰值，努力争取2060年前实现碳中和。我国将推动实现更高质量、更有效率、更加公平、更可持续、更为安全的发展，走出一条生产发展、生活富裕、生态良好的文明发展道路。“十四五”时期，我国的生态文明建设以降碳为重点战略，推动减污降碳协同增效，促进经济社会发展全面绿色转型。其中，推进能源系统的绿色低碳化转型是碳达峰、碳中和目标实现的必由之路。

价格机制是市场机制的重要构成部分。党的十八大以来，我国能源价格改革积极推进，尤其是支持可再生能源、燃煤机组超低排放改造、北方地区清洁供暖价格政策，对高耗能、高污染、产能严重过剩行业的差别化电价政策，居民用电、用气阶梯价格制度，奖惩结合的环保电价和收费政策等，都体现了生态文明建设和减污降碳的导向。然而，要实现碳达峰、碳中和目标，我国需要付出艰苦卓绝的努力，能源系统需要进行深刻变革。与碳中和要求和生态文明建设的迫切需要相比，当前我国能源价格形成机制还不够完善、政策体系不够系统，资源稀缺程度、生态价值和环境损害成本没有充分体现，有效的激励约束机制并没有完全建立。所以，在碳达峰、碳中和目标下，面对能源系统绿色低碳转型的新形势、新要求，

要充分运用市场化手段，不断完善能源价格形成机制，更好发挥价格杠杆引导资源优化配置、实现生态环境成本内部化、促进全社会尤其是能源领域节能减排的积极作用，进而激发全社会力量，共同促进绿色发展和生态文明建设，保障碳达峰、碳中和目标实现。

本章的研究思路和框架组织如下：首先，对我国能源价格改革历程进行回顾，对当前我国能源价格形成机制进行梳理，包括各能源品种、环节的价格形成机制，以及相关重点领域，如碳交易、绿证、用能权等价格形成机制。其次，对碳中和目标下能源价格形成机制存在的问题和不足进行分析，从市场化改革、资源环境成本、税费体系、绿色低碳转型价格机制等方面，思考如何改进能源价格形成机制，助力碳达峰、碳中和目标的实现。最后，从持续推进市场化改革和市场体系建设、健全竞争性环节价格形成机制、完善自然垄断环节价格监管、加快推进能源税费体系改革、完善绿色价格体系等方面，对碳中和目标下完善能源价格形成机制提出政策建议。

二、我国能源价格改革历程与价格形成机制现状

（一）我国价格政策概述

根据《中华人民共和国价格法》（以下简称《价格法》）[①]，我国“实行并逐步完善宏观经济调控下主要由市场形成价格的机制。价格的制定应当符合价值规律，大多数商品和服务价格实行市场调节价，极少数商品和服务价格实行政府指导价或者政府定价”。其中，**市场调节价**是由经营者自主制定，通过市场竞争形成的价格，经营者定价，应遵循公平、合法和诚实守信的原则，以生产经营成本和市场供求状况为基本依据，不得有不正当价格行为。**政府指导价**是依照《价格法》规定，由政府价格主管部门或者其他有关部门，按照定价权限和范围规定基准价及其浮动幅度，指导经营者制定的价格。**政府定价**则是依照《价格法》规定，由政府价格主

① 由1997年12月29日第八届全国人民代表大会常务委员会第二十九次会议通过，自1998年5月1日起施行。

管部门或者其他有关部门，按照定价权限和范围制定的价格。政府指导价、政府定价的定价权限和具体适用范围以中央的和地方的定价目录为依据。

2020年，国家发展改革委公布**《中央定价目录》**，列入该目录的定价内容包括具体价格、收费标准、基准价及其浮动幅度，以及相关的定价机制、办法、规则等。**地方定价目录**是规定地方政府定价权限和范围的主要法律依据，也是地方政府定价的权力清单。近年来，地方定价目录不断缩减，竞争性领域和环节价格基本放开。2017年，国家发展改革委启动了新一轮地方定价目录修订工作，各地价格主管部门陆续对外公布了新修订的地方定价目录。这次修订保持了2015年定价目录的总体框架和13类定价类别不变，遵循推进价格市场化改革，放开一批，下放一批，规范一批，地方政府定价项目在2015年平均保留45项左右的基础上，进一步缩减30%，平均保留32项左右。

中央和地方定价目标修订有两个主要方向：一是集中于与社会福利、百姓日常生活密切相关的领域，其中能源领域中很多品种与环节都涉及民生，所以是定价目录中的重要内容；二是简政放权，进一步放开竞争性领域和环节价格，对于逐渐放开和取消的定价内容，政府将坚持放管结合，更加注重行业监管机制的完善、现代市场体系的建设、公开公平市场环境的营造、预警防范和应急处置机制的健全。

（二）能源价格的主要定价方式

随着能源市场体系建设和能源价格改革的稳步推进，能源行业竞争性领域和环节的价格逐渐放开。由于能源是生产生活重要的物质基础，涉及民生问题和公众福利，并且包含一些自然垄断环节，如电力输配、油气输配等管网业务，而政府定价范围集中于重要公用事业、公益性服务和网络型自然垄断环节，所以能源领域仍存在一些政府定价的项目和内容。

2020年《中央定价目录》修订，突出了垄断环节价格监管和竞争性环节价格市场化改革方向。在能源领域，按照电力、天然气“放开两头、管住中间”的市场化改革思路，将“电力”和“天然气”项目根据自然垄断环节分别修改为“输配电”和“油气管道运输”，并进一步体现上网电价、销售电价和天然气门站价格等竞争性环节的价格市场化改革方向。具体而言，能源领域的中央定价主要集中于**输配电**和**油气管道运输**两个领域，定价内容主要包括省及省以上电网输配电价，跨省（自治区、直辖市）管道运输价格。此外，该目录也对能源价格进行了注释说明，整理如表7-1所示：

表7-1　《中央定价目录》对能源价格的说明

类别	内容	价格形成机制
电价	通过市场交易的电量价格	由市场形成
	燃煤发电电价机制以及核电等尚未通过市场交易形成价格的上网电价	暂由国务院价格主管部门制定，视电力市场化改革进程适时放开，由市场形成
	尚未通过市场交易形成价格的销售电价	暂按现行办法管理，视电力市场化改革进程适时放开，由市场形成
	居民、农业等优先购电电量的销售电价	由国务院价格主管部门制定定价原则和总体水平，省级价格主管部门制定具体价格水平
气价	海上气、页岩气、煤层气、煤制气、液化天然气、直供用户用气、储气设施购销气、交易平台公开交易气，2015年以后投产的进口管道天然气，以及具备竞争条件的省份天然气的门站价格	由市场形成
	其他国产陆上管道天然气和2014年底前投产的进口管道天然气门站价格	暂按现行价格机制管理，视天然气市场化改革进程适时放开，由市场形成
油价	成品油价格	暂按现行价格形成机制，根据国际市场油价变化适时调整；将视体制改革进程全面放开，由市场形成

资料来源：《中央定价目录》（2020年版）。

地方定价目录方面，在2017年新一轮定价目录修订工作中，部分省份放开了燃气领域的车用压缩气销售价格、管道煤气出厂价格。现行的地方定价目录在能源领域的定价项目主要集中于电、天然气和供热领域，以《北京市定价目录》为例（见表7-2）：

表 7-2 《北京市定价目录（2018）》中能源领域定价

定价项目	定价内容	定价部门	备注
电	市级以下电网调度的发电企业上网电价以及市级以下电网输配电价、销售电价	市价格主管部门	上网电价、销售电价不包括电力直接交易、招标定价等通过市场竞争形成的价格
天然气	本市管道天然气城市管网配气价格和销售价格	市价格主管部门	
	各区辖区内管道液化石油气、压缩天然气配气价格和销售价格	授权区人民政府	
供热	本市常规电厂热力出厂价格	市价格主管部门	
	城市集中供热管网和区域锅炉供热销售价格		
	各区辖区内通过地热、热泵、水煤浆等新供热方式供热价格	授权区人民政府	

资料来源：《关于印发〈北京市定价目录〉的通知》（京发改规〔2018〕2号）。

（三）各能源品种、环节的价格形成机制

煤、电、油、气、可再生能源等各能源品种的物理属性、市场体系、交易方式、政策沿革不同，其价格形成机制也各有特点。能源行业发、输、配、储、用等不同环节，也由于市场主体、市场结构、资源配置方式、物理特性、技术特性等不同，呈现不同的特点。本节将对主要能源品种、主要领域和环节的价格形成机制的现状和演变历程进行梳理。

1. 煤炭价格形成机制

（1）煤炭价格形成机制改革历程

我国煤炭价格形成机制发展历程，① 一般可以分为以下四个阶段：

一是1953—1984年的完全计划经济定价阶段。这一时期，国家制定全国统一计划价格指数，采取煤炭低价政策。煤炭生产销售由国家统一调

① 根据相关政策文件整理。左前明．以史为鉴看煤价双轨制［EB/OL］．http：//www.ccoalnews.com/gcj/201807/27/c83055.html.

配，依据与其他主要生产资料的比价定价，煤炭价格未涉及煤炭资源价值补偿，也不与市场联系。

二是1985—2012年的价格双轨制阶段。这一阶段可分为：①1985—1992年统一的煤炭价格双轨制。1985年开始，全国统配煤矿、重点煤矿的煤炭价格实行统一的计划价格，对未纳入计划的乡镇煤矿放开价格管制，煤炭定价开始形成计划价、指导价和市场价并存的价格体系，步入价格双轨制阶段。②1993—2001年电煤的价格双轨制。国家提出“三年放开煤价、三年抽回亏损补贴，把煤炭企业推向市场”的政策指导。1994年基本实现了主要煤炭品种的市场定价，煤炭价格市场化改革的难点集中于电煤价格改革；1996年，煤炭进入电煤与非电煤价格双轨制阶段，即国家开始对电煤实行国家指导价格，而非发电用煤价格放开。③2002—2012年煤电市场化改革探索后的价格双轨制。2002年，国家取消电煤指导价，此后在煤炭价格平稳时，电煤价格由市场主导，煤炭价格大幅波动时，政府对价格进行临时性行政干预。

三是2013—2015年的完全市场化阶段。2012年，《国务院办公厅关于深化电煤市场化改革的指导意见》提出形成科学合理的电煤运行和调节机制。这一阶段的主要任务是建立电煤产运需衔接新机制。自2013年起，取消重点合同，取消电煤价格双轨制，国家发展改革委不再下达年度跨省区煤炭铁路运力配置意向框架。煤炭企业和电力企业自主衔接签订合同，自主协商确定价格。鼓励双方签订中长期合同。同时，加强煤炭市场建设，完善煤电价格联动机制，推进电煤运输市场化改革。

四是2016年至今“基础价+浮动价”的中长协与市场价并行的价格双轨制阶段。2016年，国家发展改革委发布《关于加强市场监管和公共服务保障煤炭中长期合同履行的意见》，提出完善价格形成机制，促进价格平稳有序。供需企业双方可在合理确定基础价格的基础上，引入规范科学、双方认可的价格指数做参考，规范确定实际结算价格，基础价格和与市场变动的挂钩机制可按合理的合同周期适时进行调整。2016年底，长协价有了较为明确的定价机制，大型煤炭企业将长协价分为年度长协价和月度长协价，其中年度长协价每月变化，即在535元/吨基准价的基础上根据上月煤炭价格指数进行调整；月度长协价则直接在现货价基础上调整，幅度多为10~20元/吨。2018年印发的《关于推进2018年煤炭中长期合同签订履行工作的通知》提出进一步完善电煤中长期合同价格机制，下水煤合同、铁路直达煤合同参照“基准价+浮动价”的办法协商确定定价机制；区域内合同可由各地根据本地区煤矿生产经营实际、下游用户承受能力等综合协商确定。煤炭中长期合同制度和“基准价+浮动价”价格机制开始成为煤炭市场的“压舱石”。2020年印发的《关于做好2021年煤炭中长期合同签订履行工作的通知》提出要不断完善煤炭中长期合同制度，早签、多签、签实、签长煤炭中长期合同，执行“基准价+浮动价”价格机制。供需双方能够就中长期合同价格达成一致意见的，按双方商定意见执行；否则应按照“基准价+浮动价”原则确定。

（2）煤炭价格形成机制总结

与其他能源品种相比，煤炭的市场化程度较高。目前煤炭市场中，煤炭价格形成机制主要包括市场供需定价和长协合同定价两种方式。其中，煤炭中长期合同制度不断健全，“基准价+浮动价”价格机制得到广泛认可，签约履约率也稳步提升。“十四五”时期的方向将是继续坚持并不断完善煤炭中长期合同制度，逐步形成市场机制更有效、监管机制更有力、产供储销紧密衔接的煤炭市场交易体系。

2. 电力价格形成机制

随着电力工业的发展和电力体制改革的推进，我国电力价格形成机制经历了多次改革，不同类型、不同环节的电价形成机制也各有特点。

（1）电力价格形成机制改革历程

电价改革是电力体制改革的重要组成部分。与其他能源品种相比，电价体系相对较为复杂，由于电能的发输配用需要几乎同时完成，电价除了一般经济性、社会性特征外，还必须与其技术特性相符。改革开放以来，我国电价体系和价格形成机制经历了多次调整（见表7-3）。

表 7–3　近年来主要电力价格改革政策

文号	文件名	发布时间
发改价格〔2021〕633 号	国家发展改革委关于进一步完善抽水蓄能价格形成机制的意见	2021 年 4 月 30 日
发改价格〔2020〕258 号	国家发展改革委关于阶段性降低企业用电成本支持企业复工复产的通知	2020 年 2 月 22 日
发改价格规〔2020〕101 号	国家发展改革委关于印发《省级电网输配电价定价办法》的通知	2020 年 1 月 19 日
发改价格规〔2020〕100 号	国家发展改革委关于印发《区域电网输电价格定价办法》的通知	2020 年 1 月 19 日
发改价格规〔2019〕1658 号	国家发展和改革委员会关于深化燃煤发电上网电价形成机制改革的指导意见	2019 年 10 月 21 日
发改运行〔2019〕1105 号	国家发展改革委关于全面放开经营性电力用户发用电计划的通知	2019 年 6 月 22 日
发改价格规〔2019〕897 号	国家发展改革委关于印发《输配电定价成本监审办法》的通知	2019 年 5 月 24 日
发改价格〔2019〕882 号	国家发展改革委关于完善风电上网电价政策的通知	2019 年 5 月 21 日
发改办价格〔2019〕487 号	国家发展改革委办公厅关于优化电价政策发布机制的通知	2019 年 4 月 22 日
发改能源〔2019〕19 号	国家发展改革委　国家能源局关于积极推进风电、光伏发电无补贴平价上网有关工作的通知	2019 年 1 月 7 日
发改价格规〔2018〕943 号	国家发展改革委关于创新和完善促进绿色发展价格机制的意见	2018 年 6 月 21 日
发改价格规〔2017〕2269 号	国家发展改革委关于印发《区域电网输电价格定价办法（试行）》《跨省跨区专项工程输电价格定价办法（试行）》和《关于制定地方电网和增量配电网配电价格的指导意见》的通知	2017 年 12 月 29 日
发改价格〔2017〕1941 号	国家发展改革委关于全面深化价格机制改革的意见	2017 年 11 月 8 日
发改办能源〔2017〕1453 号	国家发展改革委办公厅　国家能源局综合司关于开展电力现货市场建设试点工作的通知	2017 年 8 月 28 日

续表

文号	文件名	发布时间
发改价格规〔2017〕1554号	国家发展改革委关于进一步加强垄断行业价格监管的意见	2017年8月23日
发改办价格〔2017〕1407号	国家发展改革委办公厅关于全面推进跨省跨区和区域电网输电价格改革工作的通知	2017年8月16日
发改运行〔2017〕294号	国家发展改革委　国家能源局关于有序放开发用电计划的通知	2017年3月29日
发改价格〔2016〕2803号	国家发展改革委　工业和信息化部关于运用价格手段促进钢铁行业供给侧结构性改革有关事项的通知	2016年12月30日
发改价格〔2016〕2711号	省级电网输配电价定价办法（试行）	2016年12月22日
发改价格〔2016〕1881号	国家发展改革委关于太阳能热发电标杆上网电价政策的通知	2016年8月29日
发改办价格〔2016〕1583号	国家发展改革委办公厅关于完善两部制电价用户基本电价执行方式的通知	2016年6月30日
发改价格〔2016〕75号	国家发展改革委　工业和信息化部关于水泥企业用电实行阶梯电价政策有关问题的通知	2016年1月14日
发改价格〔2015〕3044号	国家发展改革委关于完善陆上风电光伏发电上网标杆电价政策的通知	2015年12月22日
发改价格〔2015〕2835号	国家发展改革委　环境保护部　国家能源局关于实行燃煤电厂超低排放电价支持政策有关问题的通知	2015年12月2日
发改价格〔2015〕1347号	输配电定价成本监审办法（试行）	2015年6月9日
发改价格〔2015〕962号	国家发展改革委关于完善跨省跨区电能交易价格形成机制有关问题的通知	2015年5月5日
发改价格〔2015〕742号	国家发展改革委关于贯彻中发〔2015〕9号文件精神加快推进输配电价改革的通知	2015年4月13日
发改价格〔2014〕3009号	国家发展改革委关于规范天然气发电上网电价管理有关问题的通知	2014年12月31日
发改价格〔2014〕1908号	国家发展改革委关于进一步疏导环保电价矛盾的通知	2014年8月20日

续表

文号	文件名	发布时间
发改价格〔2014〕1763号	关于完善抽水蓄能电站价格形成机制有关问题的通知	2014年7月31日
发改价格〔2014〕1668号	国家发展改革委关于电动汽车用电价格政策有关问题的通知	2014年7月22日
发改价格〔2014〕1216号	国家发展改革委关于海上风电上网电价政策的通知	2014年6月5日
发改价格〔2014〕536号	燃煤发电机组环保电价及环保设施运行监管办法	2014年3月28日
发改价格〔2013〕2530号	国家发展改革委　工业和信息化部关于电解铝企业用电实行阶梯电价政策的通知	2013年12月13日
发改价格〔2013〕1638号	国家发展改革委关于发挥价格杠杆作用促进光伏产业健康发展的通知	2013年8月26日
发改价格〔2013〕1130号	国家发展改革委关于完善核电上网电价机制有关问题的通知	2013年6月15日
发改价格〔2013〕973号	国家发展改革委关于调整销售电价分类结构有关问题的通知	2013年5月24日
发改办价格〔2013〕1041号	国家发展改革委办公厅关于进一步降低农产品生产流通环节电价有关问题的通知	2013年5月2日
发改价格〔2012〕801号	国家发展改革委关于完善垃圾焚烧发电价格政策的通知	2012年3月28日
发改电〔2011〕299号	国家发展改革委关于加强发电用煤价格调控的通知	2011年11月30日
发改价格〔2011〕2617号	国家发展改革委印发《关于居民生活用电试行阶梯电价的指导意见》的通知	2011年11月29日
发改价格〔2011〕1594号	国家发展改革委关于完善太阳能光伏发电上网电价政策的通知	2011年7月24日
发改价检〔2011〕1311号	国家发展改革委关于整顿规范电价秩序的通知	2011年6月20日
发改价格〔2010〕1579号	国家发展改革委关于完善农林生物质发电价格政策的通知	2010年7月18日
发改价格〔2009〕2474号	关于规范电能交易价格管理等有关问题的通知	2009年10月11日
发改价格〔2009〕1906号	国家发展改革委关于完善风力发电上网电价政策的通知	2009年7月20日

续表

文号	文件名	发布时间
发改办价格〔2009〕1255号	关于做好商业与工业用电、用水同价工作有关问题的通知	2009年6月12日
发改电〔2008〕207号	国家发展改革委关于提高电力价格有关问题的通知	2008年6月19日
发改价格〔2007〕2655号	关于进一步贯彻落实差别电价政策有关问题的通知	2007年9月30日
发改价格〔2007〕1176号	燃煤发电机组脱硫电价及脱硫设施运行管理办法（试行）	2007年5月29日
发改价格〔2007〕703号	国家发展改革委关于降低小火电机组上网电价促进小火电机组关停工作的通知	2007年4月2日
国办发〔2006〕77号	关于完善差别电价政策的意见	2006年9月17日
发改价格〔2005〕2254号	国家发展改革委关于继续实行差别电价政策有关问题的通知	2005年11月1日
国发〔2005〕22号	国务院关于加快发展循环经济的若干意见	2005年7月2日
发改价格〔2005〕514号	国家发展改革委关于印发电价改革实施办法的通知	2005年3月28日
发改价格〔2004〕2909号	关于建立煤电价格联动机制的意见	2004年12月15日
发改电〔2004〕159号	关于进一步落实差别电价及自备电厂收费政策有关问题的通知	2004年9月6日
国办发〔2003〕62号	国务院办公厅关于印发电价改革方案的通知	2003年7月3日
计价格〔2001〕701号	国家计委关于规范电价管理有关问题的通知	2001年4月13日

1985年以来，我国先后实行了“还本付息电价”“燃运加价”“经营期电价”等电价政策。其中，还本付息电价是对社会集资和利用银行贷款等方式建设的电厂实行按还本付息原则定价的政策。2001年，国家计委在“竞价上网”改革实施前，对核定上网电价的具体办法进行调整，并明确电网输配电价格机制，主要内容包括：将还本付息电价改为按发电项目经营期核定平均上网电价；新投产发电企业的上网电价均改为按先进企业的社会平均成本核定上网电价；建立合理的电网输配电价格机制，按照合理补偿成本费用、合理确定收益、依法计入税金的原则

核定。这些电价政策对扭转我国长期缺电局面，促进电力工业快速发展等起到了积极作用。但是随着电力供求关系、电力工业发展、市场化改革的推进，上述定价方法及高度集中的电价管理体制逐渐难以适应新形势的要求。

2003 年，国务院办公厅印发《电价改革方案》，提出电价改革的长期目标是“在进一步改革电力体制的基础上，将电价划分为上网电价、输电价格、配电价格和终端销售电价；发电、售电价格由市场竞争形成；输电、配电价格由政府制定。同时，建立规范、透明的电价管理制度”。该方案对上网电价、输配电价、销售电价的改革进行了细化规定。2005 年，国家发展改革委会同有关部门制定了《上网电价管理暂行办法》《输配电价管理暂行办法》和《销售电价管理暂行办法》，其主要内容见表 7-4。这些文件构建了我国电价体系的框架。

表 7-4 2005 年电价改革实施办法

电价	定义	分类	电价规定	备注
上网电价	发电企业与购电方进行上网电能结算的价格	竞价上网前的上网电价	1. 政府价格主管部门按补偿成本原则核定的上网电价。 2. 由政府价格主管部门根据发电项目经济寿命周期，按照合理补偿成本、合理确定收益和依法计入税金的原则核定	
		竞价上网后的上网电价	1. 参与竞争的发电机组主要实行两部制上网电价，其中，容量电价由政府价格主管部门制定，电量电价由市场竞争形成。容量电价逐步过渡到由市场竞争确定。 2. 不参与竞价上网的发电机组，由政府价格主管部门核定。 3. 常规水力发电企业及燃煤、燃油、燃气发电企业（包括热电联产电厂）、新建和现已具备条件的核电企业参与市场竞争。 4. 风电、地热等新能源和可再生能源企业暂不参与市场竞争，电量由电网企业按政府定价或招标价格优先购买，适时由政府规定供电企业售电量中新能源和可再生能源电量的比例，建立专门的竞争性新能源和可再生能源市场	

续表

电价	定义	分类	电价规定	备注
输配电价	电网经营企业提供接入系统、联网、电能输送和销售服务的价格总称	共用网络输配电服务价格	电价改革初期，由电网平均销售电价（不含代收的政府性基金）扣除平均购电价和输配电损耗后确定，逐步向成本加收益管理方式过渡	
		专项服务价格	1. 接入价以政府价格主管部门核定的接入系统工程准许收入为基础制定，实行单一制容量电价，由接入系统的电厂支付。 2. 专用工程输电价以政府价格主管部门核定的准许收入为基础制定，实行两部制输电价，由该工程的使用方支付。 3. 联网价以核定的准许收入为基础，分两种情况制定。没有长期电量交易的联网工程，联网价实行单一制容量电价，由联网双方支付。具有长期电量交易的联网工程，联网价实行两部制电价。联网容量电价是为联网备用服务制定的价格，由联网双方支付；联网电量电价是为长期电量输送服务制定的价格，由受电电网支付	
输配电价		辅助服务价格	有偿辅助服务价格管理办法另行制定	
销售电价	电网经营企业对终端用户销售电能的价格。由购电成本、输配电损耗、输配电价及政府性基金四部分构成	居民生活用电	实行单一制电度电价	销售电价实行峰谷、丰枯和季节电价。具备条件的地区，销售电价可实行高可靠性电价、可中断负荷电价、节假日电价、分档递增或递减电价等电价形式
		农业生产用电	实行单一制电度电价	
		工商业及其他用电	1. 受电变压器容量在100千伏安或用电设备装接容量100千瓦及以上的用户，实行两部制电价。 2. 受电变压器容量或用电设备装接容量小于100千伏安的实行单一电度电价，具备条件的也可实行两部制电价	

资料来源：作者根据政策文件整理。

2003年《电价改革方案》及配套政策实施后，我国根据电力工业发展、电力及能源供需形势、社会经济发展需要等，不断对电价政策进行调整和完善。

①上网电价方面。

一方面，针对在发电装机和发电量中占比最高的**煤电的价格形成机制**，根据上下游市场形势和价格变动，调整煤电标杆上网电价。2004 年，为理顺煤电价格关系，国家发展改革委印发了《关于建立煤电价格联动机制的意见》，决定建立煤电价格联动计算方法，包括上网电价与煤炭价格联动、销售电价与上网电价联动。据统计，全国性的煤电标杆上网电价自 2004 年首次核定后，共经历了 12 次调整，其中有 7 次上调、4 次下调，还有 1 次全国各地区涨跌不一。此外，为了发挥价格杠杆的激励和约束作用，推进煤炭清洁高效利用、节能减排和污染治理，促进煤电机组脱硫、脱硝、除尘、超低排放等，陆续制定了脱硫、脱硝、除尘电价等环保电价，对符合要求的燃煤发电机组执行相应的环保电价加价，2015 年对燃煤电厂超低排放也明确了电价支持标准。2019 年，在电力体制改革和竞争性环节电价市场化的趋势下，燃煤发电上网电价形成机制改革进一步深化，将标杆上网电价机制改为“基准价+上下浮动”的市场化价格机制，平稳有序地放开燃煤发电上网电价。另一方面，**针对不同类型的电源**，尤其是快速发展的可再生能源发电，不断出台对应的电价政策，对水电、核电、风电、光伏发电等都进行了相应的规定和政策调整。其中，风电、光伏发电的上网电价经历了多轮下调，目标方向是无补贴平价上网。此外，对燃气、生物质、垃圾焚烧、光热发电的价格政策也陆续出台。我国上网电价体系不断丰富与完善。

②输配电价方面。

我国输配电价政策体系也在不断调整完善。2005 年，《输配电价管理暂行办法》发布，以“合理成本、合理盈利、依法计税、公平负担”的原则，构建了输配电价体系的基本框架，将输配电价分为共用网络输配电服务价格、专项服务价格和辅助服务价格，同时也明确了各类价格形成的方式。国家发展改革委公布各省（自治区、直辖市）电网输配电价标准，并根据电价结构和电力工业发展形势，对输配电价进行调整。近年来，为提高输配电价制定的科学性、合理性和透明度，输配电价相关政策密集出台。2015 年，为加强对电网输配电成本的监管，规范输配电定价成本监审行为，《输配电定价成本监审办法（试行）》出台。同年，《关于推进输配电价改革的实施意见》作为新一轮电力体制改革的配套文件出台，目标是建立规则明晰、水平合理、监管有力、科学透明的独立输配电价体系，按照“准许成本加合理收益”原则，核定电网企业准许总收入和分电压等级输配电价，明确政府性基金和交叉补贴。2016 年，全面推进输配电价改革试点，加快建立独立的输配电价体系。2017 年，发布《关于全面推进跨省跨区和区域电网输电价格改革工作的通知》，全面推进区域电网输电价格改革，组织开展区域电网输电价格核定工作，完善跨省跨区专项输电工程输电价格调整机制。同年，为纵深推进输配电价改革，《区域电网输电价格定价办法（试行）》《跨省跨区专项工程输电价格定价办法（试行）》和《关于制定地方电网和增量配电网配电价格的指导意见》出台，目标依然是建立规则明晰、水平合理、监管有力、科学透明的输配电价体系。2020 年，在深入总结第一监管周期输配电价改革实践、积极借鉴国际输配电价监管经验的基础上，《省级电网输配电价定价办法》和《区域电网输电价格定价办法》修订出台。此后，国家发展改革委核定了第二监管周期省级电网输配电价和区域电网输电价格。

③销售电价方面。

由各地发布销售电价表，按照用电分类和电压等级执行，一般分为大工业用电、一般工商业及其他用电、居民用电、农业用电四类，此外还有针对一些行业的特殊销售电价。目前我国的主要销售电价制度包括单一制电价、两部制电价、峰谷分时电价、季节性电价、阶梯电价等。2019 年，《关于深化燃煤发电上网电价形成机制改革的指导意见》，提出要健全销售电价形成机制，通过市场化方式形成上网电价的工商业用户用电价格，不再执行目录电价；由电网企业保障供应的用户用电价格，继续执行各地目录电价。

从改革历程看，我国电价体系不断健全，电价改革的基本方向是在竞争性环节以电力市场化为基础，全面引入竞争机制，价格由市场供需各方竞争形成；在自然垄断环节不断完善价格监管。电价改革还体现了多重政策目标在电价形成机制中的反映，除了促进电力工业健康发展之外，电价政策的调整也融入了民生保障导向、产业政策导向、节能减排导向等政策目标，在促进我国经济社会发展中起到了重要作用。

（2）电力价格形成机制总结

目前我国电价体系主要由生产经营环节电价、计价方式和电价类别等组成（见图 7-1）。其中，生产经营环节电价按照发电、输配电和售电等环节，分为上网电价、输配电价和销售电价三部分。计价方式主要包括按电量和按容量计价等，将电价分为电量电价和容量电价。电价类别指各生产经营环节用于交易结算的电价，包括目录电价、标杆电价、峰谷分时电价等①。

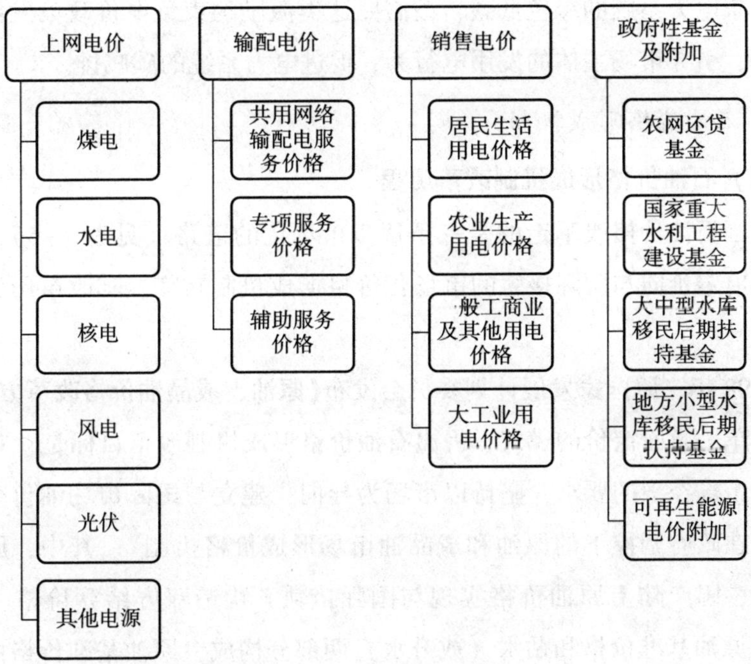

图 7-1　我国电价体系

资料来源：作者根据电价政策文件整理。

从电价体系和电价改革趋势来看，竞争性环节价格的全面有序放开和网络型自然垄断环节价格监管的完善是两个方向。特别是竞争性环节，一

① 叶泽主编．电价理论与方法［M］．北京：中国电力出版社，2014.

个重要的趋势是随着电力市场建设的推进，市场形成发电、售电价格的范围将不断扩大。煤电标杆上网电价曾经是各类电源上网电价的核心和定价基准，随着2019年燃煤发电上网电价形成机制的改革，“基准价+上下浮动”的市场化机制取代执行多年的煤电上网标杆电价机制，可再生能源发电价补机制和核电、燃气发电、跨省跨区送电等价格形成机制，原先参考燃煤发电上网标杆电价的，改为参考基准价。随着市场化改革的推进，按市场化交易规则形成上网电价将是大的趋势。此外，在碳中和背景下，电价改革另一个重要的趋势是对减污降碳等生态环保导向的增强，现行差别电价、峰谷电价、环保电价等促进节能减排的电价政策不断丰富和精细化，未来电力系统的绿色低碳转型需要这类激励约束型电价政策发挥更大的作用，引导市场主体的发用电行为，促进电力系统的碳减排。

3. 石油价格形成机制

(1) 石油价格形成机制改革历程

我国石油价格改革走的是一条逐步市场化的道路（见表7-5），渐进地从政府定价向与国际接轨的市场化价格形成机制转变。其改革历程梳理如下：

1998年，原国家发展计划委员会发布**《原油、成品油价格改革方案》**，改变了单一政府定价的模式，提出石油价格形成机制改革目标是“按照社会主义市场经济的要求，坚持以市场为导向，建立与国际市场油价变动相适应，在政府调控下的原油和成品油市场形成价格机制”。其中，**原油价格方面**，国产陆上原油价格实现与国际接轨，购销双方结算价格（不含税）由原油基准价格和贴水（或升水）两部分构成，原油基准价格由国家发展计划委员会根据每月国际市场相近品质原油离岸价加关税确定。2001年4月起，政府不再发布国内原油的基准价格，由企业通过协商确定最终价格，实现了市场化定价。**成品油价格方面**，汽油、柴油零售价格由政府定价改为政府指导价，由国家发展计划委员会制定并公布零售中准价格[①]，在上下5%的幅度内制定具体零售价格。汽油、柴油销售统一组织配送到基层零售单位，实行城乡统一价格，一省（自治区、直辖市）一价。其他成品油价格由国家发展计划委员会制定或根据其作价原则制定，除化肥、农膜料以外的化工产品价格由两个集团公司自主制定。

在当时竞争性市场结构尚未建立，市场竞争不充分的背景下，石油价格改革的重点是不断**完善石油价格接轨办法**。1998年国内原油、成品油价格确立了与国际市场接轨的机制后，成品油价格调整滞后于快速变化的国际市场价格。自2000年5月起，国务院决定国内成品油价格随国际市场变化每月调整一次，2000年7月国内成品油价格水平实现了与国际市场的完全接轨。完善石油价格接轨的举措具体包括[②]：一是成品油价格单一与亚洲市场挂钩改为与亚洲、欧洲和北美三地市场价格挂钩；二是保持国内油价相对稳定，当国际市场月平均价格变动超一定幅度时再调整国内价格；三是参照国际市场比价关系，相对调整汽、柴油价格；四是放开部分产品价格，将汽、柴油零售价格的浮动幅度在零售中准价基础上由5%扩大到8%；五是设定国内成品油涨（降）价区间。

2008年，《国务院关于实施成品油价格和税费改革的通知》出台，决定**实施成品油价格和税费改革**，完善成品油价格形成机制。其中，国产陆上原油价格延续与国际市场直接接轨的机制。国内成品油价格则继续与国际市场有控制地间接接轨。2009年，国家发展改革委制定**《石油价格管理办法（试行）》**，提出原油价格由企业参照国际市场价格自主制定；成品油价格区别情况，实行政府指导价或政府定价。当国际市场原油连续22个工作日移动平均价格变化超过4%时，可相应调整国内成品油价格。同时规定，当国际市场原油价格低于每桶80美元时，按正常加工利润率计算成品油价格；高于每桶80美元时，开始扣减加工利润率，直至按加工零利润

---

① 中准价格以国际市场汽油、柴油进口完税成本（离岸价加海上运保费、关税、消费税、增值税、港口费用等）为基础，加上从炼厂经中转配送到各加油站的运杂费（按合理流向计算），再加上批发企业和零售企业的经营差率制定。

② 详见 https：//www. ndrc. gov. cn/xxgk/jd/jd/200507/t20050708_ 1182985. html。

计算成品油价格；高于每桶 130 美元时，采取适当财税政策保证成品油生产和供应，汽、柴油价格原则上不提或少提。此后，国家发展改革委根据以上两个文件的规定，对成品油价格进行调整。

2013 年，国家发展改革委发布《关于进一步完善成品油价格形成机制的通知》，对成品油价格形成机制进行了三方面调整，一是将调价周期由 22 个工作日缩短至 10 个工作日并取消上下 4%的幅度限制；二是调整国内成品油价格挂靠油种；三是完善价格调控程序。

2016 年，国家发展改革委发布《关于进一步完善成品油价格形成机制有关问题的通知》，修订并形成《石油价格管理办法》。完善成品油价格形成机制的措施包括以下四个方面内容：一是设定成品油价格调控下限为每桶 40 美元，当国内成品油价格挂靠的国际市场原油价格低于每桶 40 美元时，国内成品油价格不再下调；二是建立油价调控风险准备金，当国际市场原油价格低于 40 美元调控下限时，将成品油价格未调金额全部纳入风险准备金；三是放开液化石油气出厂价格，由市场供需双方协商确定；四是简化成品油调价操作方式。

2017 年，《国家发展改革委关于全面深化价格机制改革的意见》印发，明确“坚持市场化方向，进一步完善成品油价格形成机制”。

表 7-5　近年来主要石油价格改革政策

文号	文件名	发布时间
发改价格〔2017〕1941 号	国家发展改革委关于全面深化价格机制改革的意见	2017 年 11 月 8 日
发改价格〔2016〕64 号	国家发展改革委关于进一步完善成品油价格形成机制有关问题的通知	2016 年 1 月 13 日
发改价格〔2013〕624 号	国家发展改革委关于进一步完善成品油价格形成机制的通知	2013 年 3 月 26 日
发改价格〔2009〕1198 号	石油价格管理办法（试行）	2009 年 5 月 7 日
国发〔2008〕37 号	国务院关于实施成品油价格和税费改革的通知	2008 年 12 月 18 日
	进一步完善石油价格机制——国家计委有关方面负责人答记者问	2001 年 10 月 17 日
计电〔1998〕52 号	关于印发《原油成品油价格改革方案》的通知	1998 年 6 月 3 日

（2）石油价格形成机制总结

目前我国石油价格主要依据2016年制定的《石油价格管理办法》确定。石油价格包括原油价格和成品油价格，成品油价格根据流通环节和销售方式，又分为供应价格、批发价格和零售价格。目前原油实行市场调节价。成品油则根据情况，分别实行政府指导价和政府定价。原油价格已由市场决定。成品油价格形成机制为国内成品油（汽油和柴油）价格和国际原油价格接轨，并借鉴“价格帽”的定价方法，本质上尚未完全放开，但也反映了国际市场石油价格和国内企业生产成本变化。

4. 天然气价格形成机制

（1）天然气价格形成机制改革历程

我国天然气价格形成机制经历了多轮重要改革，历次改革内容与重要节点梳理如下：

一是提高出厂价，取消“双轨制”。2005年、2007年和2010年，国家三次提高国产天然气出厂基准价格，2005年上调0.05~0.1元/立方米，2007年工业用气部分价格上调0.4元/立方米，2010年上调0.23元/立方米。在2010年上调价格的同时，还取消了当时的价格“双轨制”，将大港、辽河和中原三个油气田一档、二档气出厂基准价并轨。此外，理顺车用天然气与成品油之间的比价关系，规定各地按照与90号汽油最高零售价不低于0.75：1的比价关系，理顺车用天然气价格。

二是开展天然气“市场净回值”定价试点。2011年12月26日，国家发展改革委印发《关于在广东省、广西壮族自治区开展天然气价格形成机制改革试点的通知》，决定在广东、广西开展天然气价格形成机制改革试点。以“成本加成”为主的天然气定价改为按“市场净回值”法定价，选取计价基准点和可替代能源品种，建立天然气与可替代能源价格挂钩调整的机制；以计价基准点价格为基础，综合考虑天然气主体流向和管输费用，确定各省（区、市）天然气门站价格，选择以上海作为计价基准点（中心市场），中心市场天然气门站价格按照略低于等热值可替代能源价格的原则确定。可替代能源品种选择燃料油和液化石油气（LPG），权重分别为60%和40%；对天然气门站价实行动态调整，根据可替代能源价格变化情况每年调整一次，并逐步过渡到每半年或者按季度调整；放开页岩气、煤层气、煤制气等非常规天然气出厂价格，实行市场调节。

三是推出“存量气、增量气”价格调整机制，价格管理由出厂环节调整为门站环节。2013年6月，国家发展改革委发布《关于调整天然气价格的通知》，规定增量气①门站价格按照广东、广西试点方案中的计价办法，一步调整到2012年下半年以来可替代能源价格85%的水平，并不再按用途进行分类，广东、广西增量气实际门站价格暂按试点方案执行；适当提高存量气门站价格，其中，化肥用气在现行门站价格基础上实际提价幅度最高不超过0.25元/立方米；其他用户用气在现行门站价格基础上实际提价幅度最高不超过0.4元/立方米；居民用气价格不作调整。2014年8月12日，国家发展改革委再次发布《关于调整非居民用存量天然气价格的通知》，决定自2014年9月1日起调整非居民用气存量天然气门站价格，提高0.4元/立方米，其中，化肥用气调价措施暂缓出台，居民用气门站价格不作调整，这是继2013年6月后，第二次上调存量天然气价格，并提出争取“十二五”期间全面理顺“存量气、增量气”价格。2015年11月，国家发展改革委发布《关于降低非居民用天然气门站价格并进一步推进价格市场化改革的通知》，提高天然气价格市场化程度，将非居民用气由最高门站价格管理改为基准门站价格管理。将降低后的最高门站价格水平作为基准门站价格，供需双方可以基准门站价格为基础，在上浮20%、下浮不限的范围内协商确定具体门站价格。2017年8月，国家发展改革委发布《关于降低非居民用天然气基准门站价格的通知》，决定自2017年9月1日起，非居民用气基准门站价格每千立方米降低100元；要求基准门站价格调整后，天然气生产经营企业供应各省（区、市）的门站价格原则上要同步等额降低。

四是推出天然气管道运输价格管理办法。2016年10月9日，国家发展改革委发布《天然气管道运输价格管理办法（试行）》，规定跨省

① 存量气、增量气分别指2012年已有的用气量和2012年底后新增用气量。

(自治区、直辖市)输气管道实行政府定价，由国务院价格主管部门制定和调整，管道运输价格管理遵循准许成本、合理收益、公开透明、操作简便的原则。同时指出，管道运输企业原则上应将管道运输业务与其他业务分离，生产、运输、销售一体化经营的企业暂不能实现业务分离的，应当实现管道运输业务财务核算独立。省（自治区、直辖市）内短途管道运输价格，由省级价格主管部门结合当地实际制定和调整。为规范定价成本监审行为，还同步出台了《天然气管道运输定价成本监审办法（试行）》。

五是进一步明确深化天然气价格改革的方向。2017 年 11 月，国家发展改革委发布《关于全面深化价格机制改革的意见》，明确了深化天然气价格改革的方向，即“深化非居民用天然气价格市场化改革，适时放开气源价格和销售价格，完善居民用气价格机制，加快上海、重庆天然气交易中心建设”。同时要强化网络型自然垄断环节价格监管。加快制定出台分行业定价办法、成本监审办法，强化成本约束，完善价格形成机制。对天然气管道运输领域，实行严格监管，全面开展定价成本监审，科学合理制定价格。积极借助第三方力量参与成本监审。逐步建立健全垄断行业定价成本信息公开制度。2018 年，国家发展改革委发布《关于理顺居民用气门站价格的通知》，要求理顺居民用气门站价格，实现与非居民用气价格机制衔接，建立反映供求变化的弹性价格机制。

(2) 天然气价格形成机制小结

近年来，我国天然气市场化价格改革稳步推进，国家价格主管部门陆续出台了一系列价格政策文件（见表 7-6），特别是党的十八大以来，按照“管住中间，放开两头”的思路，我国稳步推进天然气价格改革，取得了积极进展，促进了天然气资源优化配置，增强了市场主体竞争意识和市场活力。

表 7–6　近年来主要天然气价格改革政策

文号	文件名	发布时间
发改价格〔2020〕567 号	关于加快推进天然气储备能力建设的实施意见	2020 年 4 月 10 日
发改价格〔2020〕257 号	国家发展改革委关于阶段性降低非居民用气成本支持企业复工复产的通知	2020 年 2 月 22 日
发改价格〔2019〕561 号	国家发展改革委关于调整天然气跨省管道运输价格的通知	2019 年 3 月 27 日
发改价格规〔2018〕794 号	国家发展改革委关于理顺居民用气门站价格的通知	2018 年 5 月 25 日
发改运行〔2018〕634 号	财政部工业和信息化部国家发展和改革委员会关于做好 2018 年降成本重点工作的通知	2018 年 4 月 28 日
发改价格〔2017〕1941 号	国家发展改革委关于全面深化价格机制改革的意见	2017 年 11 月 8 日
发改价格规〔2017〕1582 号	国家发展改革委关于降低非居民用天然气基准门站价格的通知	2017 年 8 月 29 日
发改价格规〔2017〕1581 号	关于核定天然气跨省管道运输价格的通知	2017 年 8 月 29 日
发改价格〔2017〕1171 号	国家发展改革委印发《关于加强配气价格监管的指导意见》的通知	2017 年 6 月 20 日
发改价格〔2016〕2387 号	国家发展改革委关于福建省天然气门站价格政策有关事项的通知	2016 年 11 月 11 日
发改价格〔2016〕2350 号	国家发展改革委关于推进化肥用气价格市场化改革的通知	2016 年 11 月 5 日
发改价格规〔2016〕2176 号	关于明确储气设施相关价格政策的通知	2016 年 10 月 15 日
发改价格规〔2016〕2142 号	国家发展改革委关于印发《天然气管道运输价格管理办法（试行）》和《天然气管道运输定价成本监审办法（试行）》的通知	2016 年 10 月 9 日
发改价格〔2016〕1859 号	国家发展改革委关于加强地方天然气输配价格监管降低企业用气成本的通知	2016 年 8 月 26 日
发改价格〔2015〕2688 号	国家发展改革委关于降低非居民用天然气门站价格并进一步推进价格市场化改革的通知	2015 年 11 月 18 日
发改价格〔2015〕351 号	国家发展改革委关于理顺非居民用天然气价格的通知	2015 年 2 月 26 日

续表

文号	文件名	发布时间
发改价格〔2014〕467号	关于建立健全居民生活用气阶梯价格制度的指导意见	2014年3月20日
发改价格〔2013〕1246号	国家发展改革委关于调整天然气价格的通知	2013年6月28日
发改价格〔2011〕3033号	国家发展改革委关于在广东省、广西壮族自治区开展天然气价格形成机制改革试点的通知	2011年12月26日
发改电〔2010〕211号	关于提高国产陆上天然气出厂基准价格的通知	2010年5月31日

资料来源：国家发展改革委价格司网站，http：//jgs. ndrc. gov. cn/zcfg/index_ 24. html。

目前，我国天然气价格按照天然气生产、输配、销售环节可分为三个部分，分别是上游的生产端井口价或进口价，中游通过管网运输至城镇门站的门站价，以及下游销售给居民、商业、工业、发电等用户的零售或直供价。我国天然气价格实行分级管理，门站价格由国家管理，门站以下销售价格由地方管理。目前LNG市场价格已经放开，管道天然气价格机制是天然气领域体制改革的重点。我国现行天然气领域定价机制见表7-7。

表7-7　我国现行天然气领域定价机制

类别	定价机制
进口价格	进口LNG价格完全放开；进口PNG谈判价格
门站价格	政府指导价，采用市场净回值法（适用于国产陆上天然气、进口管道天然气）。"西气东输"供福建省门站价格市场化改革试点，供需双方协商确定
其他出厂价格	页岩气、煤层气、煤制气出厂价格，液化天然气气源价格：完全放开，供需双方协商确定
管道运输价格	跨省输气管道：政府定价，准许成本加合理收益； 省内短途管道：省级价格主管部门结合实际制定调整
储气设施相关价格	储气服务价格由供需双方协商确定；储气设施天然气购销价格由市场竞争形成
销售价格	门站价格以下销售价格由省级价格主管部门结合当地实际确定。存量气和增量气价格并轨。天然气直供用户用气门站价格放开，由供需双方协商定价。居民生活用气实行阶梯价格制度

资料来源：作者根据相关政策文件整理。

从价格形成机制看[①]，目前我国海上气、液化天然气、页岩气、煤层气、煤制气，以及直供用户用气、储气设施购销气和进入交易中心公开交易的天然气价格已完全由市场形成，其余非居民用气价格也基本理顺，形成了以基准门站价格为基础上浮20%、下浮不限的弹性价格机制。居民用气涉及群众生活和民生保障，价格改革审慎推进，目前也已取得积极进展。2018年将居民用气由最高门站价格管理改为基准门站价格管理，实现与非居民用气价格机制衔接，同时推行季节性差价政策，鼓励市场化交易，居民用气门站价格理顺后，各地合理疏导终端销售价格，并对低收入群体等给予适当补贴。

（四）相关重点领域的价格形成机制

能源系统绿色低碳转型是实现碳达峰、碳中和目标的关键，而价格形成机制是实现节能降碳的重要手段。考虑到能源生产消费的环境外部性，在碳中和背景下推进能源系统绿色低碳转型，不仅要研究煤电油气等能源资源和产品的价格机制，还需要对碳交易、绿证交易、用能权交易等权益市场的价格形成机制进行分析。

1. 碳交易价格形成机制

2011年，国家发展改革委发布《关于开展碳排放权交易试点工作的通知》（发改办气候〔2011〕2601号），同意北京市、天津市、上海市、重庆市、湖北省、广东省及深圳市开展碳排放权交易试点。

在全国碳市场建设方面，2020年，生态环境部按照国家有关规定建设全国碳排放权交易市场。交易产品为碳排放配额，生态环境部可以适时增加其他交易产品；价格形成方式可以是协议转让、单向竞价或者其他符合规定的方式。

2. 绿色电力证书价格形成机制[②]

2017年，国家发展改革委、财政部、国家能源局三部委联合发布《关

---

① 国家发展改革委有关负责人就理顺居民用气门站价格答记者问［EB/OL］. https：//www. ndrc. gov. cn/xxgk/jd/jd/201805/t20180525_ 1182697. html.

② 详见国家可再生能源信息管理中心网站，http：//www. greenenergy. org. cn/gctrade/shop/index. html.

于试行可再生能源绿色电力证书核发及自愿认购交易制度的通知》，我国绿色电力证书制度正式试行。绿证是国家对发电企业每兆瓦时非水可再生能源上网电量颁发的具有唯一代码标识的电子凭证，在我国，国家可再生能源信息管理中心依托国家可再生能源发电项目信息管理系统，负责绿证核发和自愿认购交易。目前在全国绿色电力证书自愿认购交易平台挂牌交易的绿证分为风电和光伏两类。

从价格形成机制看，绿证价格通过市场交易形成。绿证自愿认购交易目前支持两种交易方式，一是**单向挂牌**，由用户登录绿证认购平台网站或微信公众号查询挂牌出售的绿证，通过在线支付方式实现绿证购买；二是**协议转让**，意向卖方向绿证认购平台提交协议转让交易挂牌申请，包括交易标的项目代码、数量、价格等，意向买卖双方可以选择在绿证认购平台进行在线支付或协商线下支付。

3. 用能权交易价格形成机制

国家发展改革委于 2016 年发布《用能权有偿使用和交易制度试点方案》，选取具有代表性的浙江省、福建省、河南省、四川省开展试点。

价格形成机制上，用能权初始交易价格由试点地区确定，伴随市场发展，逐步过渡到由交易方集合竞价方式形成交易价格，并构建与完善市场调节机制。目前四个试点省份用能权交易的价格形成机制对比见表 7-8。

表 7-8　四个试点省份用能权交易价格形成机制的比较

省份	价格形成机制
浙江	交易价格由竞价、“招拍挂”等确定。初始阶段，采取定额出让、差别化定价方式，基准价为 400 元/吨标准煤。用能单位申购用能权指标的价格通过公式确定
福建	采用挂牌点选、单向竞价、协议转让等方式。交易价格由交易参与方根据市场供求关系确定
河南	交易价格由定价转让、协议转让或竞拍转让等方式确定
四川	交易价格采用政府指导与市场调节相结合的方式确定

资料来源：作者根据试点省份相关政策文件整理。

三、碳中和目标下能源价格形成机制存在的问题和不足

碳中和目标下，我国能源系统亟待进行广泛而深刻的系统性变革，而

价格机制是引导市场主体行为、优化资源配置的重要手段，是实现碳中和目标的重要保障。对标碳中和要求，当前我国能源价格形成机制仍存在一些问题和不足，主要表现在以下方面：

（一）能源市场化改革有待进一步深化

煤炭市场化改革方面，一是政府对煤炭市场的行政干预色彩仍较浓。尽管煤炭市场的竞争程度也高于其他能源市场，但是政府对煤炭消费端与生产端的行政干预作用仍然较强。二是市场主体多元，但竞争不够有序，且企业面临较复杂的历史遗留问题与负担。三是煤炭交易市场数目众多，但存在市场分割、规模偏小、交易手段落后、不够规范和无序竞争等亟待解决的问题。四是交易机制设计有待改进，功能有待加强，交易成本有待降低；煤炭市场交易仍以传统模式为主，供求关系较为固定，新型交易模式有待探索。五是煤炭流通环节瓶颈突出，运力布局不尽合理，煤炭物流体系有待完善，配套物流设施建设相对滞后，物流成本较高，推动煤炭市场平稳高效运行的价格形成机制有待健全。

电力市场化改革方面，2015 年新一轮电力体制改革以来，电力市场化的进程明显加快，我国已基本形成了以电力中长期市场为主，现货交易、辅助服务交易为补充的电力市场架构。然而，我国电力中长期市场仍有待完善；现货市场仍在多省试点阶段，市场模式、交易调度机构分工、市场主体参与方式、市场出清机制、结算机制、阻塞盈余分摊、与其他市场的衔接机制等方面都还在探索之中，试点过程中很多问题和难点都凸显出来；多个区域与省区虽已启动辅助服务市场，但是其市场的完善和功能的发挥还任重道远。而从我国电力市场建设整体推进的过程中看，以下几方面仍然存在挑战：一是交易机构，独立规范运行仍待加强，电力交易运营平台不统一，存在较为明显的壁垒。二是优先发用电与市场化交易的矛盾成为电力市场建设过程中诸多困难的症结所在，一方面发电侧对新能源、核电、热电联产等优先发电机组，实行固定上网电价与保障性收购；另一方面用户侧对居民、农业等高成本用户实行交叉补贴，优先发用电计划与现货市场竞价矛盾突出，不平衡资金已成为现货市场建设的痛点难点。三是市场品种有待进一步丰富，不同市场之间的耦合有待加强。四是各省（区、市）电力市场建设差异大，规则制定执行不统一不规范，省间壁垒严重，尚未形成统一的区域电力市场，交易机构与调度机构职能划分尚不明确，影响了市场体系的建设和市场作用的发挥。

油气市场化改革方面，我国油气市场仍存在寡头垄断现象，竞争性环节市场化并不充分。石油、天然气产品现货市场体系未完全建立，缺乏具有国际影响力的交易中心。

（二）能源价格不能完全反映资源环境成本

从能源价格形成机制本身来看，垄断环节价格核定科学精细化程度仍需加强，成本补偿机制不完善，交叉补贴金额测算口径和分摊方法未达成共识。竞争性环节市场化价格形成机制仍然不健全，例如，**煤炭价格**仍然是长协价与市场价并行的双轨制，虽然在一定程度上起到了稳定市场供需和平稳价格的作用，但是双轨制的煤炭价格机制仍然存在一些问题，如2017年以来作为国有煤炭企业长协定价风向标的神华年度长协价与市场煤价存在较大价差，由于市场煤份额较小，价格双轨制易使其受供需两侧、市场情绪等因素的扰动，加剧其在淡旺季之间的波动。**电价方面**，燃气机组、抽水蓄能电站等高价机组成本疏导至销售侧的机制尚未完善。**气价方面**，居民用气定价机制不够完善，非居民用气价格市场化水平仍待提升。油气储备制度、储气调峰定价机制仍待进一步健全，投资主体相对单一。

现有的能源价格形成机制更多地体现能源作为一种资源产品的经济价值，并不能充分体现资源稀缺程度、生态价值和环境损害成本等，也没有真正建立起激励与约束相结合的价格机制，碳中和目标下，需要通过进一步深化价格改革、创新和完善价格机制，更好发挥价格杠杆引导资源优化配置、实现生态环境成本内部化等作用。

现有的碳交易、绿证、用能权等权益市场的价格也并不健全，并不满足碳中和目标要求。以碳交易市场价格为例，目前我国试点碳市场价格长期低位运行，碳价对能源结构深度调整的作用有限。未来如果要通过碳交易机制来促进能源结构从以煤炭为主转向以新能源为主，可能要依赖于碳配额的合理设计和碳资产价格的提升。此外，碳交易的价格机制与新能源各类支持政策也需要进一步衔接。

能源领域存在一些网络型自然垄断环节，目前垄断环节定价机制和价格监管仍存在一些问题，主要包括：垄断环节经营成本不够透明，成本监审制度不够完善，覆盖面有待扩大，科学化、精细化监管水平有待提升等，价格形成机制不尽合理，需要进一步完善和强化对能源领域自然垄断环节的价格监管，健全科学精细的定价方式。

（三）影响能源价格水平的税费体系有待完善

要实现碳达峰、碳中和目标，迫切需要完善能源领域的税费体系，更好地解决能源生产消费给资源、生态环境等方面带来的外部性。然而，目前能源相关税费政策在政策功能、体系结构、政策设计、政策协调等方面仍有待完善，对标碳中和目标，需要进一步完善影响能源价格水平的税费制度。

碳中和对碳排放、非化石能源消费占比、可再生能源发电装机容量等指标都进行了规定，目前的税费政策，如节能领域、可再生能源领域的税费政策，都能对推进碳中和起到一定作用，然而并没有形成碳中和目标下能源税费政策的系统设计，已有政策制定了针对不同领域的目标，但政策的协调一致性较弱。

税费政策本身的结构和内容存在较多有待改进之处，包括税费关系重复交叉，部分税种存在征收环节不合理、重复计征问题；能源收费种类偏多、随意性较大，能源税收优惠政策单一、范围相对狭窄等，尚没有充分运用税收杠杆调控能源价格促进节约化石能源，缺乏具有特殊调节作用的消费税，激励性税收优惠政策目前设置简单，引导作用较弱等。例如，“十三五”时期，随着新能源税收优惠和电价补贴的逐步退坡，新能源产业税费政策的正向激励趋弱。在构建以新能源为主体的新型电力系统发展要求下，税费政策的激励作用需要进一步增强。

（四）促进能源绿色低碳转型的价格机制亟待健全

近年来，我国在加快推进生态文明建设、建立系统完整的生态文明制度体系方面卓有成效，各级价格主管部门也在积极推进资源环境价格改革，例如实行针对高耗能、高污染、产能严重过剩行业的差别化电价政策，全面推行居民用电、用气阶梯价格制度等，为生态文明建设做出了积极贡献。

能源不仅承担着为经济社会发展和生产生活提供物质保障的作用，还被赋予新的生态环境属性。能源的生产和消费是碳排放的主要来源，也是大气污染、水污染等环境污染问题的重要诱因。在碳达峰、碳中和目标下，我国能源绿色低碳转型的导向更强、约束更严、要求更高。对标碳达峰、碳中和以及能源绿色低碳转型的迫切要求，更需要有一个问题导向、目标导向的绿色低碳价格机制，以更好地发挥价格杠杆对推动能源系统绿色低碳转型的作用，从而能全面地调动和激发全社会的力量来保障经济社会在碳中和目标下的深刻变革。然而，当前我国价格机制还不够完善，还存在政策体系不够系统、激励约束作用不够大、部分地区落实不到位、政策之间尚未集聚成协同的合力等问题。碳中和目标要求必须建立起与之相适应、成体系、有实效的能源绿色低碳转型价格机制。

四、碳中和目标下完善能源价格形成机制的政策建议

碳中和目标下，完善能源价格形成机制，是完善资源价格形成机制的重要组成部分。“十四五”时期，我国生态文明建设将以降碳为重点战略方向，需要推动减污降碳协同增效，促进经济社会发展全面绿色转型，其中能源系统的绿色低碳转型是关键领域。碳中和目标下完善能源价格形成机制，要遵循系统观念，推动有效市场和有为政府更好结合，坚持绿色低碳化的工作导向，把握能源行业发展实际和能源价格改革历程，以持续推进能源市场化改革和能源市场体系建设为基础，以健全竞争性环节价格形成机制、完善自然垄断环节价格监管为主要内容，以加快推进能源税费体系改革为保障，以完善促进能源绿色低碳发展的价格机制为全面支撑，多措并举、综合发力，在能源这一碳减排的重要领域，切实发挥好市场机制和价格杠杆作用，卓有成效地推进能源领域碳减排，助力碳达峰、碳中和

目标的实现。

（一）持续推进能源市场化改革和能源市场体系建设

能源市场化改革的进一步深化和能源市场体系的进一步健全，是能源价格形成机制进一步完善的根本基础。

一是以高标准进一步完善煤炭市场体系。坚持法治化、数字化、体系化、竞争性、创新性、高效性等导向，加强煤炭交易市场体系建设，完善煤炭交易市场体系的统一布局，明确各种类、各层次市场的功能定位，在现有煤炭交易市场的基础上，提升全国煤炭交易中心的影响力，优化区域煤炭交易市场的布局和功能。优化煤炭产业结构，深化国有煤炭企业改革，增强市场主体活力；加强煤炭质量管理，提升市场客体质量。系统性加强煤炭市场制度建设。

二是稳步推进电力市场化改革和市场体系建设。以建设统一、开放、竞争、有序的电力市场为目标，加强高标准电力市场体系顶层设计。建设框架清晰、布局合理的多级市场体系。加强电力细分市场的科学设计，统筹推进中长期、现货、辅助服务和容量市场建设，明确各类市场的功能定位，完善细分市场互补衔接。加强电力市场互联互通，促进省间和省内市场融合，推动建立全国统一电力市场体系。完善电力市场规则体系，多途径培育市场主体。强化发电侧、售电侧多元竞争格局。

三是稳步推进油气市场化改革和市场体系建设。进一步完善和健全油气市场体系，目标是推动形成上游油气资源多主体多渠道供应、中间统一管网高效集输、下游销售市场充分竞争的油气市场体系。推进放开油气勘查开采市场，建设全国统一油气矿权交易平台，推进油气矿业权流转。统筹推进油气区域市场枢纽、油气交易中心、油气期货交易所等市场体系建设。完善油气交易中心建设和运营，加强与管网公司衔接，开展全国各地区油气交易。完善油气衍生品市场建设，逐渐形成具有国际影响力的油气期货、期权市场、交易品种和反映中国市场供需的价格指数。继续推进油气行业下游市场化改革。

（二）健全竞争性环节价格形成机制

健全能源领域的竞争性环节价格形成机制，核心要义是要发挥市场在资源配置中的决定性作用，更好发挥政府作用。具体而言是要由市场决定价格，减少行政手段的直接干预，同时完善价格形成机制，按照成本、收益相统一的原则，充分考虑社会可承受能力，建立能源资源开发利用成本评估机制，推动形成主要由能源资源状况、市场供求关系、环境成本、代际公平可持续等因素共同决定能源价格的机制。

1. 煤炭价格形成机制

煤炭价格机制方面，要进一步完善“基础价+浮动价”的定价机制；优化煤炭价格指数体系，提高价格指数编制的科学性，使其更准确及时地反映市场形势变化，提供更好的定价依据；同时完善各种中长期合同价格机制。此外，还要在市场体系的框架下，进一步完善竞争机制、供求机制、产运需协调机制等，才能使价格机制更好地发挥作用。竞争机制方面，要强化竞争政策的基础性地位，创造公平竞争的制度环境，积极维护市场公平竞争秩序，促进市场充分竞争和企业优胜劣汰。供求机制方面，由于煤炭是大宗商品，煤炭交易较依赖上下游长期稳定的供需关系，交易方式主要是由煤炭产运需企业自主订货、自主衔接、协商定价，要重视中长期合同制度对于保持市场供需稳定的积极作用，鼓励提高中长期合同签约率和履约率。此外，对于煤炭市场而言，产运需协调机制非常重要，要进一步加强煤炭流通体系建设，更好地保障跨省区、长距离、大规模煤炭交易的产运需衔接。

2. 电力价格形成机制

健全适应电力市场体系、主要由市场决定的电价机制，激发企业内在活力，使市场在资源配置中起决定性作用。完善竞争性环节上网电价、销售电价的形成、传导及调整机制，建立市场化电价与优先购用电电价的有效衔接机制。

理顺中长期交易价格机制，严格执行政府核定的输配电价。电力交易原则上采用顺价方式，即市场用户的用电价格由电能量价格、输配电价格、辅助服务费用、政府性基金及附加构成；暂不具备条件的地区应明确过渡期并尽快由价差方式转为顺价方式。根据现货市场试点经验，完善现货市场价格机制，科学设置现货市场试运行规则中对市场限价的规定。完善辅助服务市场价格机制，通过市场发现辅助服务价格。研究建立容量市场价格机制，引导中长期电力合理投资。

适时放开除居民、农业用户以外的所有类别销售电价，适时取消工商业目录电价。推动形成用户侧目录电价与市场价格间的衔接机制。完善阶梯价格机制，确保居民、农业、重要公用事业和公益性服务等用电价格相对平稳，切实保障民生。进一步完善并严格落实差别电价、峰谷电价、阶梯电价等政策。妥善处理交叉补贴问题，以形成不同主体权责分明、各类补贴公开透明的电价结构为目标，研究制定交叉补贴合理统计口径、测算办法，厘清交叉补贴构成，探索建立电价政策性交叉补贴分摊处理机制。

3. 油气价格形成机制

在近年来油气体制改革和油气价格形成机制的基础上，进一步推进成品油、天然气、储气调峰的市场化定价。适时放开国内成品油价格，但向国家储备、军队供应汽、柴油的价格，实行政府定价或政府指导价。以区域竞争性天然气市场建设为基础，推动形成天然气“中国价格”，形成与国际接轨并被国际市场广泛接受的市场化天然气价格指数。实现天然气价格调整常态化，并进一步扩大天然气价格浮动范围，推进非民用天然气价格市场化，进一步完善居民用气定价机制，使民用气价格逐步调整至合理区间，保留政府在价格异常波动时的应急响应和调控权，对低收入家庭进行适当补贴。依托油气交易中心，建立储备气量和容量交易市场，逐步形成市场化的储气服务价格。试点天然气储备服务二级交易市场，进一步加强储运产品体系建设，推动天然气储备能力建设。

（三）完善自然垄断环节价格监管

自然垄断环节价格由价格主管部门管理。加强对自然垄断环节的价格监管，建立定价成本监审制度和价格调整机制，完善价格决策程序和信息公开制度，形成既有利于合理降低企业成本和社会负担，又有利于提高垄断行业生产经营效率的自然垄断环节价格形成机制。在能源领域，主要包括以下两方面重点任务：

一是进一步完善电网输配环节价格监管。在碳达峰、碳中和目标下，立足助推电力低碳转型和保障电力安全供应，强化电网成本约束，严格成本监审，优化准许成本、准许收益等计算方法，完善电网输配电价核定。完善激励约束机制，促进电网企业提质增效。在积极发展新能源和电力市场化交易的背景下，完善跨省跨区输电价格机制和动态调整机制。

二是进一步完善油气输配环节价格监管。加大规划落实、公平开放、运行调度、价格成本、社会责任等方面的监管力度。推进油气管网运营机制改革，健全国家管网公司运行机制，加快实现"全国一张网"，理顺地方管网运行机制，压缩管输层级，促进管输基础设施互联互通和公平开放。健全天然气管网运行机制，完善天然气托运商制度，明确托运商市场准入条件。科学确定管输价格，推动企业落实国家战略、履行社会责任。

（四）加快推进能源税费体系改革

碳中和目标下，能源领域税费体系的改革，一方面是要遵循财税体制改革的整体思路，另一方面要更加突出清洁、低碳、高效等导向。加快推进能源税费体系改革，包括以下三方面重点任务：

一是进一步健全促进清洁能源发展的税费政策。碳中和目标下，我国将构建以新能源为主体的新型电力系统，需要在税费政策方面给予更多的支持，深入调研企业发展实际，多元化安排针对清洁能源的税收优惠政策，包括以下两个重点方向：一方面是通过创新优化税费政策工具结构，强化能促进新能源设备研发、技术创新和普及应用的税费政策；另一方面是通过实施税费政策，鼓励和引导对新能源产品的消费，例如，在企业所得税、增值税、消费税、购置税等税种上给予新能源汽车合适的税收优惠，逐步在全国扩大新能源汽车财政补贴和税收优惠政策的适用范围，对充电基础设施建设也给予更多的税收优惠。

二是进一步完善环境保护税，研究考虑引入碳税。第一，调整完善主体税收中有关节约资源和环境保护的相关条款，加大力度实施促进资源节约型、环境友好型社会建设的税收优惠政策，解决目前环保相关税收措施分散于几大税种、税收调节面窄、税收优惠方式单一等问题，灵活选用减税、免税、延期纳税、出口退税、再投资退税、即征即退、先征后返、税收抵免、加速折旧、减计收入、投资抵免、起征点、免征额等多种税收优惠方式。第二，进一步完善环境保护税，征税范围理论上应包括对环境造成负面影响的所有行为，具体税目设置则根据环境污染类型划分出不同的课税对象，包括大气污染、水污染、固体废物污染、噪声污染等。在实际操作过程中，根据征税条件的成熟度，逐步开征。研究考虑引入碳税，碳税税率可参照碳市场所形成的价格，考虑将碳税定义为目的税，其收入必须用于碳减排这一特定的目的支出。在环境治理的重点区域（如京津冀、长三角、珠三角）可调高税率水平，在重点领域（如高耗能、高耗煤、高污染行业）可执行惩罚性税收。

三是加大对节能和提高能效的税收优惠。节能一直是我国落实节约资源与保护环境两项基本国策的重要抓手，也是碳减排的重要手段。除了通过财政资金直接支持外，还要进一步完善对节能和提高能效的税收支持政策，更好地发挥税收的杠杆作用。具体包括：**流转税方面**，要进一步完善资源综合利用等增值税优惠政策，及时调整资源综合利用产品的优惠目录，对于节能效益显著的设备和产品考虑实行占增值税一定比例的即征即退政策。要完善消费税政策，将目前尚未纳入消费税征收范围，但不符合节能环保等技术标准的高消耗、高污染、高排放的产品纳入消费税征税范围；对于已纳入消费税征收范围，但不利于节能减排的产品，考虑适当提高税率；同时对部分有利于节能、节煤的产品给予适当的消费税优惠。要继续调整和完善进出口税收政策，适当调整对高耗能、高耗煤出口产品征收的出口关税政策，在出口退税政策中，对于高耗能、高污染产品，要考虑取消出口退税或降低退税率。**所得税方面**，建议对能够取得明显经济效益和社会效益的节能投资项目实行允许加速折旧和所得税税收抵免的优惠政策，以区别一般的投资项目，鼓励企业对节能项目进行投资。如对企业购买的涉及节能和节煤的设备实行加速折旧，对企业在节能、节煤有关的技术研发费用上实行加计扣除。另外，应适时修改现有企业所得税优惠政策的相关优惠目录，补充更多符合节能减排要求的项目。

（五）多措并举完善促进能源绿色低碳发展的价格体系

综上所述，要创新和完善促进能源绿色低碳发展的价格体系，坚持节约资源和保护环境的基本国策，加快建立健全能够充分反映市场供求和资源稀缺程度、体现生态价值和环境损害成本的能源资源价格机制和相关环境价格机制，完善有利于能源绿色低碳发展的价格政策，将生态环境成本纳入能源产品和能源服务成本，以能源价格为杠杆，推动形成绿色低碳发展的空间格局、产业结构、生产方式和生活方式。

坚持系统观念，加强有利于促进能源绿色低碳发展的价格政策体系的顶层设计，明确时间表、路线图。在能源生产侧，理顺各能源品种、环节的价格形成机制，通过价格改革，形成促进能源生产结构向绿色低碳方向转型的价格信号。在能源消费侧，进一步完善有利于节约用能的价格机制，充分发挥能源价格的杠杆作用，推动高耗能行业节能减排、淘汰落后产能，引导能源资源优化配置，进而促进整个产业结构和经济结构的优化升级。在源网荷储一体化和多能互补的思路下，系统考虑不同能源品种、环节及相关领域的价格形成机制和相互影响。同时，要重视能源发展与生态环保、减污降碳的协同效应，重视政策协同和部门协作，在推进生态文明建设和碳达峰、碳中和的实施路径中，布局能源转型与高质量发展，形成政策合力，在碳中和目标下推进能源系统绿色低碳转型。

第二节　加强与完善能源监测预警研究

党的十九届五中全会提出要统筹发展和安全。当前全球经济能源形势错综复杂，我国能源发展正处于绿色低碳转型和市场化改革的关键时期，加强与完善能源监测预警是保障能源安全、提升能源领域安全发展能力的重要举措。《建设高标准市场体系行动方案》也明确指出，加强对重点市场交易的监测预测预警是建设高标准市场体系的重要任务。本节首先论述新形势下加强与完善能源监测预警的必要性和紧迫性，然后分析我国能源监测预警的现状，最后结合新形势与新要求，提出完善能源监测预警机制的政策建议。

一、新形势下加强与完善能源监测预警的必要性和紧迫性

当今世界正经历百年未有之大变局，全球能源格局的深刻调整和能源形势的错综复杂，给我国能源安全带来了一些新的挑战。国内能源发展正处于绿色低碳转型和市场化改革的关键时期，也对能源安全提出了新的更高要求。能源监测预警是保障能源安全、提升能源领域安全发展能力的重要举措，新形势下加强与完善能源监测预警的必要性和紧迫性进一步凸显。

（一）安全发展重要性不断提升，监测预警是保障能源安全的重要举措

党的十九届五中全会提出要把安全发展贯穿国家发展各领域和全过程，防范和化解影响我国现代化进程的各种风险，筑牢国家安全屏障。能源安全是国家经济安全和资源安全的重要组成部分。当前我国能源发展正处于绿色低碳转型和市场化改革的关键时期，而能源安全面临着传统风险与非传统风险交织、国际挑战和国内挑战并存的复杂形势，增强能源领域安全发展能力的必要性和紧迫性不断提升。这就需要通过能源监测预警，适时跟踪分析能源形势变化，提前识别预警潜在风险，及时做好应急处置预案和相关准备，提升能源领域防范和化解重大风险的能力，保障能源安全。

（二）能源绿色低碳转型深入推进，监测预警是碳中和目标下能源转型的重要助力

当前全球资源环境和气候变化问题日益突出，绿色低碳转型已成为全球发展大势。习近平总书记郑重宣布：“我国将提高国家自主贡献力度，采取更加有力的政策和措施，二氧化碳排放力争 2030 年前达到峰值，努力争取 2060 年前实现碳中和。”能源绿色低碳转型是实现碳达峰、碳中和目标的关键，也是推动经济高质量发展和生态文明建设的重要抓手，需要整个能源系统进行全面而深刻的变革，时间紧迫且任务艰巨。这就需要通过

能源监测预警，全面而准确地把握能源转型的进程、趋势及其碳减排成效，把握能源市场的最新动向及其对能源转型相关投资的引导，为能源绿色低碳转型的工作导向提供参考。

（三）能源市场化改革稳步推进，监测预警是能源市场体系建设的必要组成部分

建设高标准市场体系是加快完善社会主义市场经济体制的重要内容，而市场监测预警是高标准市场体系的必要组成部分。2021 年，《建设高标准市场体系行动方案》明确指出要加强对大宗商品等重点市场交易的监测预测预警。通过对市场运行规模、质量、结构、供需、价格、流通、重点企业发展状况等信息的全面监测和科学分析，并在市场监测的基础上运用科学方法开展预测预警，能够保障市场建设的推进和市场运行的平稳。当前我国能源市场化改革稳步推进，能源市场体系建设取得阶段性进展。随着能源市场化程度的提高，改革也进入“深水区”和攻坚期，客观上也要求要加强和完善对重点市场和重要能源品种的监测预警，积极防范市场异常波动和外部冲击风险，适时优化调整能源市场化改革政策。

（四）能源供需形势趋于复杂，监测预警是防范化解风险的重要抓手

当前受新冠肺炎疫情冲击、极端天气事件频发、金融市场持续震荡等多因素影响，全球经济能源形势的不确定性和波动性明显上升。我国能源供需形势也呈现出新的趋势性特征。从供应侧看，我国能源电力系统正从以化石能源为主向以可再生能源为主转变，以新能源为主体的新型电力系统正在构建，随着可再生能源高比例接入电力系统，其出力随机性、间歇性、波动性等特征使得电力系统运行特性愈加复杂，尤其是在极端天气之下系统安全风险将被急剧放大。从需求侧看，用能市场规模扩大，能源消费总量高位增长；需求结构持续变化，随着电能替代提速扩围，电能占终端能源消费比重不断上升；需求特征发生变化，用能峰谷差拉大、尖峰负荷攀升，时段性、局地性能源供需缺口频现，不平衡不协调问题突出；新的需求不断涌现，综合化、个性化用能需求显著增加。由于能源供需形势更为错综复杂，各类不确定不稳定因素明显增加，更需要加强和完善能源监测预警，及时跟踪能源供需和市场形势最新动态，提前防范可能出现的供需缺口和系统安全事件，保障能源经济平稳运行。

（五）新一轮科技革命和产业变革方兴未艾，监测预警是能源数字化发展的必然选择

当前正值新一轮科技革命和产业变革，数字经济蓬勃发展，对能源领域也产生了广泛而深入的影响，能源监测预警面临新的发展机遇。互联网理念、先进信息技术正与能源系统深度融合，感知、交互等技术应用不断发展，互联互通、互济互动成为能源智慧化转型的大趋势。同时，随着“云大物移智链”等技术的发展，能源监测预警的数据基础和技术基础都在快速进步，能源监测预警不仅是培育能源领域数据要素、激活数据要素潜能的重要途径，也是数据赋能全产业链协同转型的重要应用，能为能源绿色低碳转型和高质量发展提供重要支撑。

二、我国能源监测预警的发展现状

（一）我国能源监测预警相关政策陆续出台

能源监测预警是能源工作的重要组成部分，我国的能源法、能源战略和规划等都对相关工作进行了部署。

2020年《中华人民共和国能源法（征求意见稿）》在第六条〔安全储备和应急〕中提出要“完善能源预测预警与应急处置机制，增强能源保障和应急处置能力，保障能源安全”；在第七十六条〔预测预警〕中进行了详细说明，并提出石油、天然气、电力和煤炭等重要能源产品的供需和安全是预测预警的重点。

2016年发布的《能源生产和消费革命战略（2016—2030）》提出要健全能源预警应急体系，在能源生产、运行、环境等领域强化事故应急能力建设，开发能源预测预警模型，建立预测预警平台，定期跟踪并发布信息，畅通反馈机制，以有效减少能源中断带来的损失，并在发展基于能源

互联网的新业态、实施最严格的减排制度、畅通“一带一路”能源大通道、非化石能源跨越发展行动等工作中也提出相应的监测预警内容。《能源发展“十三五”规划》也提出，“构建国家能源大数据研究平台……加强能源经济形势分析研判和预测预警，显著提高能源数据统计分析和决策支持能力”，并提出要尽快建立完善煤电、风电、光伏发电设备利用率监测预警和调控约束机制。

能源监测预警也是能源监管工作要点之一，国家能源局发布的《2021年能源监管工作要点》中提出，要扎实做好能源行业基础性监管工作，全面了解、掌握各地能源行业发展情况、能源企业生产运行情况，加强信息统计分析，结合新冠肺炎疫情常态化防控要求，加大对重点地区、重点时段、重点领域能源供需形势监测力度。

更早一些，2008年印发的《国务院办公厅关于加强能源预测预警工作的意见》提出要抓紧稳步推进能源预测预警信息系统和信息发布制度建设、着力提高能源预测预警能力和水平。为落实该文件要求，全面及时了解全国能源生产、消费、供销基本情况，国家能源局自2015年开始实施《能源行业监测统计调查制度》，并于2018年进行修订；该调查制度统计内容为全国范围内电力、石油、天然气生产和消费等基础数据，调查方法为重点调查，报告期别分为日报和月报两种方式，每月编制《月度能源数据》。

（二）我国能源监测预警相关工作已经取得一定进展

在监测预警机制建设方面，如表7-9所示，风电、光伏、煤电等监测预警机制均已建立，并定期滚动发布监测预警结果。此外，2018年印发的《国务院关于促进天然气协调稳定发展的若干意见》（国发〔2018〕31号）提出要建立天然气供需预测预警机制，及时对可能出现的国内供需问题及进口风险做出预测预警。2020年制定的《完善生物质发电项目建设运行的实施方案》中提出要加强投资监测预警，依据各省农林生物质资源总量等条件及农林生物质发电发展情况，科学测算合理发展规模，发布项目建设年度预警。

表 7-9　部分能源监测预警机制比较

监测预警机制	指标类别	具体指标	预警级别
风电投资监测预警机制（国能新能〔2016〕196号）	政策类指标	风电规划落实进度预警指标	预警程度由高到低分为红色、橙色、绿色三个等级
		风电开发政策环境预警指标	
	资源和运行类指标	调节能力较差电源装机比重	
		弃风率	
		年利用小时数	
	经济类指标	交易价格同比降幅	
		抽样亏损率	
光伏发电市场环境监测评价机制（国能发新能〔2017〕79号）	竞争力评价指标	土地条件	评价结果分为绿色、橙色和红色三个等级，分别表示市场环境较好、一般、较差
		地方政府服务	
		电网企业服务	
		国家度电补贴强度	
		竞争性配置项目补贴平均降幅	
		地方政府补贴力度	
	风险评价指标	弃光程度	
		市场消纳风险	
		全额保障性收购政策落实程度	
煤电规划建设风险预警机制（国能电力〔2017〕106号）	煤电建设经济性预警指标（建议性指标）	各省（区、市）新投运煤电项目的预期投资回报率	最终风险预警结果由约束性指标的最高评级确定。预警结果由高到低分为红色、橙色、绿色三个等级
	煤电装机充裕度预警指标（约束性指标）	各省（区、市）电力系统备用率	
	资源约束指标（约束性指标）	各省（区、市）的大气污染物排放、水资源量、煤炭消费总量以及其他相关资源情况	

资料来源：国家能源局网站，课题组整理。

在具体的监测预警工作推进方面，近年来已取得阶段性进展。例如：平台建设方面，着力建设了全国电力规划监测预警、新能源消纳监测预警等信息平台，其中全国新能源电力消纳监测预警平台于2019年正式启动，目标是实现新能源消纳“按月监测、按季评估、按年预警”。信息发布方面，国家能源局发布了年度风电投资监测预警、光伏发电市场环境监测评价、年度可再生能源电力发展监测评价等，引导企业理性投资，促进可再生能源消纳。应急保障方面，在疫情防控期间，通过能源供应预警监测，研判能源全领域供需情况，摸清能源供应底数、明了问题，为全国能源保供工作提供基础支撑；在冬季保供等特殊时期，组织各地有关部门、国家能源局各派出机构、电网企业、发电企业建立了日报、旬报等机制，加强了电力供需监测预警。协作机制方面，完善了能源电力运行主管部门、监管机构与相关部门的沟通联络机制，利用部际气象预警服务联络平台，及时获取气象灾害预警信息，并向能源电力行业发布。

（三）新形势下我国能源监测预警有较大提升空间

当前我国能源监测预警工作已取得积极进展，相关政策日渐丰富，在供需监测、风险预警、新能源消纳、投资引导等方面也取得了明显成效。然而，我国能源监测预警还存在一些问题和短板，在新形势新要求下，还需要进一步完善提升。

在工作机制方面，能源监测预警是一项系统综合的工作，涉及能源各品种、长链条、全领域，且不同品种、不同环节、不同领域都存在着密切联系和相关关系。党的十九届五中全会提出“十四五”时期经济社会发展要把坚持系统观念作为必须遵循的原则之一。虽然我国在能源法、能源战略、能源规划以及相关政策文件中都有能源监测预警工作内容，国务院办公厅也发布了关于加强能源预测预警工作的专项政策，但是在新形势新要求下，能源监测预警需更加重视系统性，在工作机制上加强顶层设计、通盘考虑、全面监测、协调互动。

在数据基础方面，与国外以及我国其他一些行业的数据基础相比较，我国能源数据基础仍然薄弱，主要表现为：一是数据统计方法有待改进，且与国际统计一般规则存在一些不同之处，例如我国煤炭产量统计按原煤计算，而国际上一般按商品煤计算。二是数据来源分散，除了国家统计局组织实施能源统计调查，收集、整理和提供有关统计数据外，其他政府部门、行业协会也承担了大量能源数据统计工作，这就造成我国能源数据来源分散，且易出现数据不一致问题。三是能源大数据亟待发展，当前数据已成为一种重要的生产要素，大数据已经越来越多地应用于监测预警，而我国虽然已经建立了一些能源大数据平台，但能源大数据的采集、汇聚与共享仍处于起步阶段，有巨大的提升空间。

在功能和内容方面，新形势下我国能源监测预警的功能和内容亟待进一步拓展。一般而言，能源监测预警覆盖面广，包括能源市场运行、供需平衡、能源效率、污染物及二氧化碳排放、相关经济社会活动等方面。同时，能源监测预警的功能和内容也要满足能源发展的需要，而当前我国能源发展正处于绿色低碳转型和市场化改革的关键时期，特别是我国已提出“二氧化碳排放力争于2030年前达到峰值，努力争取2060年前实现碳中和”的目标，“实现碳达峰、碳中和是一场广泛而深刻的社会经济系统性变革”。当前我国能源监测预警在不同领域推进的进度和发展的程度参差不齐，例如，近年来在新能源消纳和市场投资方面的监测预警颇具亮点，但在煤炭、煤电、油气等领域的监测预警有待加强和完善。新形势新要求下，能源监测预警要进一步拓展功能和内容，更好地为碳达峰碳中和目标、能源高质量发展、能源市场化改革等服务。

在信息发布方面，我国能源监测预警与国际上能源监测预警相比，或与国内其他领域如经济、金融、气象等领域的监测预警相比，都存在一定差距。以美国能源信息署（EIA）为例，其定期发布的数据信息涵盖电力、石油、天然气、煤炭各品种，如电力数据包括实际和预测需求、净发电量、电力系统运行等；数据频率包括年度、季度、月度乃至更高频的数据；除了统计数据外，还包括短期、年度展望类数据和报告，以及对环境、市场、金融、能源中断等相关主题的分析报告。我国能源监测预警在信息发布上还有较大提升空间。

三、完善能源监测预警机制的政策建议

能源监测预警对于能源经济发展和能源系统安全稳定运行是一项基础

性工作。在新形势和新要求下，建议加强能源监测预警的顶层设计和相关体制机制建设，使能源监测预警能够制度化、系统化、常态化、规范化，增强防范化解各类风险的能力，更好统筹发展与安全。

（一）完善能源监测预警工作机制

多措并举完善能源监测预警工作机制，提升能源安全监测预警和风险管控能力。在能源法及能源战略、规划中，提高对能源监测预警的重视程度，并对能源监测预警进行系统部署。加快构建框架清晰、覆盖全面、协调联动、滚动实施的能源监测预警体系，建立能源监测预警常态化工作机制。必要时建议出台专项政策，对重点环节和领域的监测预警工作进行具体安排。

建立健全能源监测预警协作机制。在信息监测方面，构建能源运行主管部门与经济运行、生态环保、国土资源、气象地理等主管部门的沟通联络机制和联络平台，及时获取和综合分析相关数据信息。在预测预警方面，构建能源预测预警体系框架，按照全面性、动态性、可行性、前瞻性、敏感性等导向，设置能源预测预警的目标、指标、方法和预期产出。在预警发布和风险处置方面，在条件具备的情况下，建立能源监测预警的实施机构和政务互动平台，健全信息通报和反馈机制，确保相关信息有效对接，并定期向社会发布监测预警信息，根据监测预警信息制定相应的应急处置方案和应急保障机制。

（二）改进能源监测预警方法体系

围绕新形势对能源监测预警的新要求，依托“云大物移智链”等新一代信息技术，借鉴经济、金融、气象、环境等相关领域监测预警的先进经验，系统改进能源监测预警方法体系，整合现有的能源监测预警相关政策和工作，建立健全能源监测预警体系的整体架构。重点开展以下两方面工作：

第一，优化能源监测预警指标体系。指标选取要统筹考虑以下几方面：一是系统性，基于能源系统运行的逻辑机理，以及能源系统与经济、金融、气象、环境、地理等相关系统的作用机制，系统性地选取监测指标、构建预警指标；二是全面性，考虑到综合能源发展的大趋势，例如电力源网荷储一体化和多能互补发展趋势，指标体系的选择要尽量全面，才能准确地适应和满足能源系统发展需要；三是可靠性，随着能源产供储销运各环节效率的提升、运行的复杂化，指标要更加准确、科学，才能为监测预警和能源决策提供可靠依据；四是可行性，要基于数据信息的可获得性开展监测预警工作，并致力于改进数据信息基础。

第二，改进能源监测预警技术方法。统筹规划能源监测预警及能源大数据基础设施建设，布局大数据平台、数据中心等基础设施。积极推动能源及相关数据的开放共享、汇聚整合和关联分析，支持开展数据流动关键技术攻关，激发能源数据资源活力。基于数据科学理论体系、大数据计算系统与分析理论、大数据驱动的应用模型等基础研究，引导和鼓励能源监测预警技术方法创新，推进数据存储、数据清洗、数据分析发掘、数据可视化、预测预警、人工智能、信息安全与隐私保护等领域的关键技术在能源领域的深度应用，形成安全可靠的能源监测预警技术体系。积极推进能源监测预警产品体系和产业链发展，探索能源大数据关键技术及产品研发与产业化工程，充分挖掘能源领域的数据要素，支撑能源高质量发展。

（三）拓展能源监测预警应用领域

新形势和新要求下，要进一步系统地拓展能源监测预警的应用领域，从供需分析、市场投资监测预警等已具备较好工作基础和应用实效的领域，拓展到与能源发展、安全、减排等相关的综合领域。具体而言，能源监测预警的应用领域应包含以下三个重点：

一是建立健全重要能源产品供需和安全的能源监测预警体系。在该应用领域，能源监测预警要全面覆盖国家、区域、省市等多层次，覆盖煤电油气运等多领域，以及经济、环境等相关领域。尤其对于保供压力较大的能源产品、时段和区域，要进一步重视和发挥监测预警在保安全方面的作用，做到早发现、早治理、早预警、早响应。例如，建立重点区域能源供需监测预警和协同保供机制。如，在油气领域，考虑到我国油气对外依存度高，易受国际环境影响，要建立健全国际国内油气市场监测预警机制，保障油气供需安全。

二是构建促进能源系统绿色低碳转型的能源监测预警体系。在该应用领域，能源监测预警机制要统筹宏观、中观、微观维度，综合考虑能源系统绿色低碳转型的目标和路径、能源产业经济发展实际、能源市场运行动态、能源企业投资经营实际，结合广泛摸底和深入调研，科学选取监测分析的跟踪指标，对市场环境和市场运行进行合理分析，坚持科学管控与有效激励相结合，为监管机制和激励约束机制的建立和完善提供基础，在能源绿色低碳转型的进程中，引导市场主体的投资和经营，促进产业健康可持续发展，保障碳达峰、碳中和目标的实现。

三是构建促进能源市场化改革、保障能源市场平稳运行的能源监测预警体系。在该应用领域，能源监测预警要加强对能源市场运行的跟踪分析和监测，准确研判市场形势和潜在风险。一旦发现风险苗头，及时开展风险预警，为能源市场化改革过程中市场规则和系统的完善，以及市场的平稳运行提供坚实支撑。例如，在电力体制改革过程中，加强对电力市场运行的监测，及时识别风险苗头。

（四）夯实能源监测预警相关保障

为满足新形势对能源监测预警的新要求，还需要夯实相关软硬件保障，将组织机构、人才队伍、基础设施等建设相结合，综合提升能源监测预警能力。

一是要加强组织机构建设。能源主管部门要加强对能源监测预警工作的统筹协调，梳理与能源监测预警相关的数据库和信息平台，完善能源监测预警工作体系，明确相关部门在能源监测预警工作中的职责分工，在条件具备的情况下加强机构设置和专职人员配备。地方也要加强对能源监测预警工作的重视，建立常态化的工作机制和协调机制，进一步加强与市场主体沟通交流。

二是要完善人才队伍建设。结合新形势下能源监测预警需求，综合多学科优势力量，培育一批既具备数据技术能力，又熟悉能源行业的复合型、专业型人才，建立能源监测预警专家库，组织开展技术交流培训，提升能源监测预警人才队伍专业化水平。

三是结合新形势下能源监测预警需求，着力补齐短板、强化相关基础设施建设和应用。在新一轮信息技术革命和数字经济发展浪潮下，能源系统在线化和能源互联网发展也在积极推进，尤其是负荷的全面在线化和智能化升级，要加快提升能源系统源网荷储的感知能力和调节、互动能力，加强源网荷储能源监测预警平台、系统建设，提升数据平台支撑作用，推进能源大数据的深度应用和生态形成。

第三节　完善市场机制激发需求侧潜力活力研究

一、电力需求响应在新型电力系统建设中的必要性和重要性

（一）新型电力系统建设是能源绿色低碳发展的关键领域

实现碳达峰、碳中和是一场广泛而深刻的经济社会系统性变革，能源绿色低碳发展是落实“双碳”目标的关键，而电力系统将是未来能源系统的核心，构建以新能源为主体的新型电力系统是能源绿色低碳发展的核心抓手。2021 年 3 月，中央财经委员会第九次会议强调，“十四五”是碳达峰的关键期、窗口期，要重点做好几项工作，其中就包括“实施可再生能源替代行动，深化电力体制改革，构建以新能源为主体的新型电力系统”。

（二）我国能源电力系统呈现新特征和新趋势

当前我国能源电力系统正发生着巨大变革。一方面，减污降碳要求对能源结构和电源结构进行调整，煤电发展面临的约束进一步趋紧，新能源装机将快速增长，逐渐成为电力系统的主体。到 2030 年风电、太阳能发电总装机容量将达到 12 亿千瓦以上。由于新能源出力具有间歇性、波动性，电力平衡支撑能力不足，新能源大规模接入将使电力系统安全稳定运行面临复杂挑战。另一方面，电力负荷侧也呈现新的特征，用电峰谷差不断拉

大，负荷尖峰化更加突出，最大负荷屡创新高，新的负荷元素也不断涌现，负荷侧波动性、随机性也在上升。也就是说，新型电力系统建设一方面需要适应以新能源为主体的电源侧波动、间歇、离散等特性，另一方面需要适应负荷侧新的特征和新的变化，从而面临着安全稳定运行风险大、系统调节能力不足、极端情况下供电保障难等多重挑战，电力系统灵活性和安全性亟须进一步提升。从提升电力系统灵活性的方式和途径来看，可以从电源侧、电网侧和负荷侧入手。在电源侧，主要通过火电灵活性改造、风光水储互补互济、综合能源供应、电源侧储能等途径发挥作用；在电网测，主要通过输配电技术、电网侧储能、智能电网调度等；在负荷侧，主要通过需求响应、虚拟电厂、EV 车网互动、用户侧储能等途径发挥作用。然而，我国抽水蓄能、燃气发电等灵活调节电源占比偏低且空间分布不均，仅依靠建设更多的灵活调节电源来解决上述问题将面临经济成本、燃料来源、资源条件、政策协调等多方面挑战。

（三）新型电力系统建设要求需求侧资源发挥更大作用

传统电力系统的运行模式是“源随荷动”，主要由电源侧单方面去适应和满足负荷侧的变化，当电力系统安全稳定运行面临挑战时，也主要从电源侧或储能侧着力解决。然而，新型电力系统发生了深刻变化，源网荷储一体化发展成为趋势，源荷之间的互动将越来越强，这就要求需求侧发挥更大作用。从国际经验看，许多国家也已从能源战略的高度将需求侧资源置于与电源侧资源同等甚至优先的地位。

新型电力系统建设必须要坚持系统观念，推动源网荷储高度融合、协调互动，协力提升电力系统灵活性，尤其是要高度重视和更好发挥电力需求侧的作用。用户深度参与、源网荷储融合互动将成为新型电力系统的重要特征，这就需要电力系统和电力体制机制的顶层设计做出适应性调整。电力需求响应从需求侧提升电力系统灵活性，保障电力运行安全。近年来，我国电力需求响应在技术创新、市场培育、商业应用等方面取得显著进展。各地因地制宜，积极开展电力需求响应实践，多元化挖掘资源潜力，优化激励约束机制设计，需求响应能力不断提升，通过实施“削峰”

响应、“填谷”响应，在保障电网供需平衡、促进新能源消纳等方面已发挥出明显成效。

（四）规模化发展电力需求响应亟须完善市场机制

碳达峰、碳中和目标下，规模化发展电力需求响应，进一步激发需求侧资源潜力活力，是推动源网荷储协力提升电力系统灵活性和安全性、保障新型电力系统建设的必然选择和关键路径。我国电力需求响应资源潜力巨大，规模化应用具备良好的发展前景。据研究，“十四五”电力需求响应资源潜力大于1亿千瓦，相当于4个三峡，预期将在推进“十四五”及中长期我国新型电力系统建设与能源绿色低碳发展中，发挥越来越重要的作用。在政策层面，近年来电力需求响应在中央和地方受重视程度不断提升。然而，电力需求响应在发展过程中仍面临着一些困难和障碍，在新型电力系统建设的新要求下，电力需求响应将实现规模化、常态化、智能化、自动化、创新融合化发展，这都需要更为完善的市场环境和市场机制支撑。本节将综合分析我国电力需求响应的发展现状和问题，结合能源绿色低碳转型和新型电力系统建设要求，提出进一步完善电力需求响应相关市场机制和支持政策的具体建议。

二、我国电力需求响应的政策与实践

（一）电力需求响应相关政策梳理

电力需求响应是指电力系统面临安全可靠性不足、系统灵活性不够、可再生能源电力消纳利用困难等情况时，通过价格信号或激励措施，引导电力用户调节用电行为和提高电能精细化管理水平。“十三五”以来，国家和地方出台了一系列政策支持电力需求响应的开展，已经形成了积极向好的政策环境。

顶层设计方面，《能源生产和消费革命战略（2016—2030）》中提及，加快建设智慧能源管理系统，鼓励通过“能效电厂”工程提高需求侧节能和用户响应能力等。《能源发展“十三五”规划》中明确提出，要实施能源需求响应能力提升工程，完善市场机制及技术支撑体系，其中包括实施

“能效电厂”建设工程，逐步完善价格机制，引导电力用户自主参与调峰、错峰，以智能电网、能源微网、电动汽车和储能等技术为支撑大力发展分布式能源网络，积极推行合同能源管理、综合节能服务等市场化机制和新型商业模式等。《可再生能源发展“十三五”规划》也提到加强需求侧管理和用户响应体系建设。

专项政策方面，电力需求响应作为电力需求侧管理的重要内容，在管理办法中有专门的篇幅进行阐述。2004 年，国家发展改革委联合电监会印发《加强电力需求侧管理指导意见》。2010 年，国家发展改革委等六部门联合印发《电力需求侧管理办法》。2017 年，《关于深入推进供给侧结构性改革做好新形势下电力需求侧管理工作的通知》出台，《电力需求侧管理办法（修订版）》第六章“有序用电”中提出，“各地应扩大需求响应试点实施范围，结合电力市场建设的推进，推动将需求响应资源纳入电力市场。支持、鼓励各类电力市场参与方开发和利用需求响应资源，提供有偿调峰、调频等服务，逐步形成占年度最大用电负荷 3%左右的需求侧机动调峰能力，保障非严重缺电情况下的电力供需平衡”。2012 年，为加强电力需求侧管理，北京市、苏州市、唐山市、佛山市成为首批电力需求侧管理城市综合试点城市，上海市成为电力需求响应试点城市。此后，江苏、浙江、上海、河南、山东、重庆等多省市都试点开展了电力需求响应项目。

（二）电力需求响应地方实践分析

自 2013 年启动需求响应试点以来，各省市积极开展需求响应试点示范，推动技术创新和管理创新，培育活跃市场，探索商业模式，取得了较为显著的效果。本节以江苏、上海两省市为例，对电力需求响应的地方实践进行分析，其中，江苏需求响应规模最大，上海需求响应开展最早，具有一定的代表性。

1. 江苏电力需求响应实践

江苏电力需求响应起步较早，经过多年的政企互动和用户培育，据估算，已形成邀约削峰响应能力 700 万千瓦、邀约填谷响应能力 320 万千瓦、自动削峰响应能力 100 万千瓦，需求响应能力占最大用电负荷比例已超过

5%，高于《电力需求侧管理办法（修订版）》3%的要求。

近年来江苏实施削峰、填谷需求响应成效非常显著，在全国乃至世界范围都颇具代表性，能力和响应规模均居全国第一。2019 年 7 月 30 日 14—15时，江苏实施夏季削峰需求响应，单次最大削峰负荷 402 万千瓦，规模位居全国第一。2021 年春节期间（2 月 12—14 日，每日 0—8 时、11—17时），实施全省范围填谷需求响应，单次最大响应规模达 342.9 万千瓦，累计填谷 1651.53 万千瓦，创全国填谷需求响应消纳电量新高。

江苏结合需求响应工作实际和市场化改革情况，制定了《江苏省电力需求响应实施细则》，建立起较为完善的需求响应体系，形成规范的组织流程、明晰的市场模式、明确的激励机制、有序的响应规则。江苏需求响应的机制设计与实践经验呈现四大特点：**一是激励机制较合理**，建立了需求响应可中断负荷电价和可再生能源消纳补贴。对于临时性减少（错避峰）的可中断负荷按其响应类型和响应速度试行可中断负荷电价，电价标准 10~15 元/千瓦·时，响应速度系数 1~3，需求响应可中断负荷电价为调控时长对应电价标准乘以响应速度系数。对于临时性增加（填谷）负荷，约定响应谷时段可再生能源消纳补贴为 5 元/千瓦，平时段为 8 元/千瓦，并引入竞价模式。对于实时需求响应，其保底容量执行可中断负荷容量电价，实际响应负荷量执行实时需求响应可中断负荷电价。调研发现，目前江苏激励机制设计较为合理，补贴程度适中，既能调动企业一定的积极性，又能将补贴规模控制在可承受范围之内，形成良性循环。**二是资金来源有保障**，建立尖峰电价机制，增收资金用于上述需求响应可中断电价和可再生能源消纳补贴的支出。在需求响应组织实施过程中，选择合理的响应范围和容量，实现尖峰电价收取的资金与实施需求响应可中断负荷电价产生的支出之间的收支平衡。江苏以尖峰电价收入为“资金池”的设计，为需求响应的实施提供了相对稳定和充裕的资金保障。**三是能力建设显特色**，广泛挖掘多元化需求响应资源潜力，覆盖工业、商业、负荷集成商、储能设施、充电桩等多类型用户。在能力建设方面，江苏重视政企互动、用户培育，重视负荷集成商、空调负荷和新型负荷响应，重视实时响应能力建设，从而更好适应电力系统新形势新特征。**四是响应模式多元化**，积极探索各种需求响应模式，满足新型电力系统建设的多重要求。除常规的“削峰”需求响应外，为促进可再生能源消纳，积极实施“填谷”需求响应，并且在国内首创竞价模式，由负荷集成商及用户自主申报参与的负荷量和所需激励价格。除较为成熟的约定需求响应外，还积极探索开展实时需求响应。

2. 上海电力需求响应实践

上海电网是特大型城市受端电网，负荷峰谷差大。2014 年，上海成为电力需求响应的首批也是唯一的试点城市。2020 年，上海经信委批准国网上海市电力公司按照上海市电力体制改革工作方案，进一步开展电力需求响应和虚拟电厂工作，积极构建“城市电仓”，提高双向负荷调控能力。上海电力需求响应不断强化电力负荷管理系统运维，积极推动电能监测和用电智能化，重视技术创新和大数据应用，不断增强用电负荷的精准深度调节能力，具体有以下几方面特点。

第一，重视电能监测和用电负荷管理系统建设。早在 1996 年，上海就建设了用电负荷管理系统。上海作为首批需求响应试点城市，试点工作开展伊始，就将统筹用电负荷管理系统资源作为重点工作，目标是逐步建成具备在线监测、决策分析、项目管理与统计、有序用电及需求响应等多功能的电能服务管理平台。上海还建立了电力需求响应中心，将 2.85 万户高压大用户全部纳入，采集分析实时和历史负荷数据，分析用户、行业、区域等维度的用电行为。

第二，重视多元化主体参与，尤其是商业楼宇和新型负荷侧资源。从需求响应的参与主体来看，上海不断扩大需求侧资源池的范围和类型，目前除工业生产移峰、自备电厂、冷热电三联供、冰蓄冷空调机组、电力储能设施、公共充电站等多类型用户外，还引入了虚拟电厂，实现了更为精准的需求响应负荷管理。2020 年初，国网上海电力公司的虚拟电厂运营体系正式运行，共接入 6 家虚拟电厂运营商，用户涵盖了园区微电网、分布式能源、冰蓄冷装置、工业自动响应、三联供储能系统、商业建筑虚拟电厂等多种类型。

第三，重视“虚拟电厂”模式。2019年，上海在国内首先开展了虚拟电厂全域综合响应，并开展了虚拟电厂竞价交易（补贴竞价）。目前上海“虚拟电厂”初步建成了近100万千瓦的发电能力，将分散的资源集中成了电网可调动的需求侧资源。2021年5月6日，国家电网在上海开展了国内首次基于虚拟电厂技术的电力需求响应行动，从上海市电力需求响应中心对用电侧进行精准管控，调动包括工业企业、商业写字楼、储能电站、电动汽车充电站等在内的11536家电力用户参与行动，腾出负荷形成15万千瓦的虚拟电厂，相当于为城市建设了一台15万千瓦的发电机组。

三、我国电力需求响应市场化发展现状与问题

从近年来电力需求响应的政策和实践来看，各地的电力需求响应发展已呈现参与主体多元化、响应规模扩大化、响应模式多样化等特征，同时，各地也在积极探索市场化需求响应模式。随着电力市场化改革的持续推进和电力市场建设的逐步完善，将需求侧资源纳入电力市场，推动需求响应市场化发展将成为趋势。

（一）电力需求响应的经济激励类型

根据不同的经济激励方式对需求响应进行分类，主要分为“基于激励的需求响应”和“基于价格的需求响应”两种类型①。

基于激励的需求响应包括传统的激励形式和基于市场环境的激励形式两类。传统的激励形式是由实施机构通过制定确定性的或者随时间变化的政策，激励用户在系统可靠性受到影响时及时响应调整负荷，包括直接负荷控制、可中断负荷控制、需求侧投标、紧急需求响应、容量/辅助服务计划等，激励费率一般独立于或者叠加于用户零售电价之上，有电价折扣、切负荷补偿等形式。这类需求响应需要参与用户与实施机构签订合同，明确基本负荷量、可削减负荷量、激励费率和不能按约定响应的惩罚措施等内容。基于市场环境的激励形式包括通过需求侧竞价、容量市场、

① 国家发展改革委经济运行调节局等，编．负荷特性及优化［M］．北京：中国电力出版社，2013.

辅助服务市场、紧急需求响应等方式，这类需求响应的实施，依赖于电力市场化改革的进度和电力市场体系的完善程度。**基于价格的需求响应**是指用户对电价信号做出响应，相应调节用电行为，主要包括分时电价、实时电价、尖峰电价、阶梯电价等。这类需求响应的实施，依赖于电价政策的制定。

（二）电力需求响应市场化发展的探索

目前已有多个省份出台了电力需求响应、需求侧管理、可中断负荷等相关支持政策。从经济激励类型来看，天津、河南、上海、江苏等多数省市主要采取约定时间、约定容量的邀约型削峰、填谷需求响应模式，同时也在尝试竞价等市场化的探索。浙江、广东、山东、甘肃等电力现货市场试点省份拟将需求响应纳入电力现货市场交易，冀北电力现货市场则纳入华北调峰辅助服务市场。其中，上海、广东、山东等具有一定特色。

1. 上海市场化需求响应模式

根据《上海市经济信息化委关于同意开展虚拟电厂参与需求响应市场化交易试点工作的批复》（沪经信运〔2020〕113号），同意国网上海市电力公司开展虚拟电厂参与需求响应市场化交易试点工作，同意在《需求响应年度交易单边竞价规则》的基础上，增加《虚拟电厂参与需求响应交易的补充规则》。

《需求响应年度交易单边竞价规则》中明确了需求响应的交易方式，即削峰、填谷响应独立申报，采取“用户侧单边竞价，统一边际电价法出清”；规定了竞价区间，削峰、填谷交易补偿价格上限（基准值）分别为30元/（千瓦·年）、12元/（千瓦·年），补偿价格单位为元/千瓦，并规定了不同情况下的补偿系数。《虚拟电厂参与需求响应交易的补充规则》根据虚拟电厂技术指标修正报价，将按照补偿价格出清改成按照排序价格出清，根据虚拟电厂的响应曲线给予补偿奖励，是充分发挥电能服务商、负荷集成商、售电公司等市场主体资源整合优势，探索虚拟电厂参与需求响应的商业模式。

2. 广东市场化需求响应模式

2020 年 11 月 30 日，广东省能源局、南方能源监管局联合发布《广东省市场化需求响应实施方案（试行）》的征求意见稿，探索市场化需求响应竞价模式，构建广东省市场化需求响应交易体系。该方案提出，第一，**非现货环境下的需求响应机制**，在起步阶段仅开展日前交易，包括日前削峰需求响应和日前填谷需求响应。组织方式上，由市场主体申报削峰填谷可响应容量、时段、可持续时间、最小持续响应时间、响应价格等，按照报价由低到高依次调用，采用边际出清定价模式，出清价格为中标容量对应的最高报价。第二，**现货环境下的需求响应机制**，在起步阶段，削峰需求响应报量报价与电能量市场联合优化出清，启动范围为电力供应不足地区。条件成熟后，考虑需求响应常态化参与现货市场出清，并逐步放开至辅助服务市场、容量市场等。填谷需求响应资源可参与电能量市场的紧急出力调用。

3. 山东市场化需求响应模式

2018 年，山东省印发《关于开展电力需求响应市场试点工作的通知》。2020 年，山东电力现货市场启动连续结算试运行，结合电力现货市场试点建设，山东开始探索构建适应现货交易的需求响应机制。山东将需求响应分为紧急型需求响应（容量竞价）和经济型需求响应（现货电能量竞价），其中容量竞价和电能量竞价均采用用户（负荷聚合商）申报、“单边报量报价、边际价格出清”模式。山东市场化探索分为三个阶段，第一阶段开展与山东电力现货市场相适应的紧急型需求响应交易和以日前电能量市场为主的经济型需求响应交易；第二阶段探索储能参与需求响应市场化机制，开展需求响应参与调频辅助服务交易；第三阶段开展需求响应参与实时市场交易，探索基于现货市场价格的零售侧需求响应。

（三）电力需求响应市场化发展存在的问题

需求响应市场化发展的长期趋势是参与电力市场，实现需求响应与电力市场联合优化出清，在较为健全的电力市场环境下，构建形成需求响应市场体系。然而，由于我国电力市场建设正在推进，特别是现货市场刚启动第二批试点，辅助服务市场也在不断调整完善的过程之中，当前需求响应参与电力市场在政策设计和实际操作层面仍面临一些问题和困难。

为保证需求响应的实施效果，目前典型省份需求响应一般还是采取单独组织实施、单独出清成交、单独列支补偿成本以及单独运营监管的实施模式。虽然各地都在探索需求响应的市场化模式，但是目前的实施模式更像是需求响应从行政到市场之间的过渡模式，主要存在以下三方面的特点。

1. 激励方式仍以补偿为主，补偿资金疏导机制有待完善

目前多数省份开展的需求响应工作仍然是基于激励的需求响应，激励方式以补偿奖励为主，需求响应的实施高度依赖地方业务主管部门和电网公司的推动。一般的组织形式都是日前邀约式，也有日内邀约式，由参与主体提前申报，在运行日根据邀约来执行需求响应，执行日后再进行响应评估和补偿结算。需求响应实施之初，补偿标准由主管部门制定，并没有引入市场竞争。近年来，各省开始尝试需求响应竞价，主管部门仅对报价区间或者补偿上限进行规定，而具体的补偿标准则由参与主体竞价、边际价格出清的模式确定。引入竞价后，需求响应在一定程度上开始市场化发展，但业内也有观点认为这并不是真正的市场化，并且补偿资金也不是通过市场疏导。

各省补偿资金疏导机制存在较大差异，但目前多数省份是由独立于电力市场之外的补偿资金池承担。例如，山东省补偿费用来源分为两类，紧急型需求响应补偿费用计入供电成本，经济型需求响应补偿费用暂从电网公司参与跨省区可再生能源现货市场试点形成的资金空间支出；市场化激励机制初步形成，将探索实现需求响应资源和现货电能量市场联合优化出清。江苏省则是来源于尖峰电价增收资金，实施需求响应时选择合理的响应范围和容量，实现尖峰电价收取的资金与实施需求响应可中断负荷电价产生的支出之间的收支平衡。还有的省份则来源于跨区域省间富余可再生能源电力现货交易购电差价盈余部分。如何获得相对稳定和充足的资金用于激励需求响应，是各省面临的首要现实问题。

与此同时，多数省份参与需求响应的市场主体反映，在目前的补偿机制之下，需求响应的获利方式单一，部分大工业用户反映，目前的补偿标准并不足以弥补参与需求响应可能对生产流程和工艺带来的负面影响，之所以仍在参与，更多的是出于社会责任；部分负荷聚合商反映，实时需求响应的投资成本和后期运维成本都很高，目前很多成本由电网公司承担，后续如果进一步扩大响应能力，投资与运维成本的疏导将成问题。

2. 多地通过竞价一定程度上引入竞争，市场化程度有待提升

目前多数省份探索需求响应市场化发展模式还是在用户侧引入单边的需求响应报价报量，再通过边际价格出清。调研显示，近年来由于需求响应资源的多元化及规模的不断扩大，加上政企互动和市场培育的加强，以及虚拟电厂、负荷聚合商、储能、电动汽车等新型主体的积极参与，很多省份都已经形成了占最大用电负荷3%～5%的需求侧机动调峰能力，在开展需求响应竞价时，部分省份申报量大于响应需求量，形成一定程度的竞争，出清价格也低于未引入竞价时的补偿标准。然而，目前这种模式，是在预测到系统有削峰填谷需求时，在日前由实施机构公布响应时段和响应需求量，再由参与主体进行竞价申报，一方面可能出现报价上的“聚点均衡”；另一方面随着电力系统特征出现新形势，尖峰电价、季节性电价等机制是否合理也需要考虑。

同时，目前的需求响应呈现短时性、季节性、节假日性和总量计划性，并且相对独立于电力市场，未来随着新型电力系统建设对系统灵活性资源需求的急剧上升，需求响应的规模和频率将显著增加，目前这种相对简单和独立的需求响应的模式并不适应新型电力系统建设和电力市场化改革的新要求。需求响应的市场化程度需要进一步提升，并且真正融入电力市场，才能更有效地实现需求侧资源的优化配置。

3. 需求响应与电力市场融合在现阶段仍存在挑战

更深层次地看，需求响应作为一类重要的灵活性资源，潜力巨大，在新型电力系统中理应发挥更重要的作用。理论上，在电力市场中，需求响应与电源侧的灵活电源、储能侧的各类储能一样，在不同的时间维度，都

能为电力系统提供灵活性和安全性资源，同时具备更高的环保和经济效益，那么在市场上，这部分价值就应该得到体现。在国外典型的电力市场中，需求响应可以作为一个交易品种在现货市场中联合出清，也可以进入辅助服务市场。目前我国需求响应参与电力市场仍在探索之中，机制上需要系统地理顺。一是**组织实施**方面，需求响应的执行相对独立和离散，与市场的常态化、连续性存在差异，在主管部门、实施主体、交易平台、交易制度等方面，都需要进一步协调。二是**作用机理**方面，需求响应是电力市场的组成部分，在中长期市场、现货市场、辅助服务市场都能发挥作用且得以体现，而目前在市场规则的制定和协调配套政策的安排上，并没有很好地考虑需求侧资源这一要素。三是**价格信号**方面，目前从实践看，多数省份的需求响应执行的补偿标准，即使引入了竞价，也远高于试点现货市场的价格上限。在目前现货市场规则之下，如果维持限价不变，很难有效、足量地调动需求侧资源参与削峰、填谷。

四、完善市场机制，促进电力需求响应优化发展的政策建议

"双碳"目标下新型电力系统的构建，需要更好地发挥需求侧作用，促进源网荷储高度融合和协调互动，保障电力系统安全稳定运行，促进能源电力系统绿色低碳转型。电力需求响应作为提高系统灵活性的重要途径，在"十四五"及中长期新型电力系统建设过程中，将呈现规模化、常态化、智能化、市场化的发展趋势。完善市场机制、形成合理的价格信号和有效的激励约束是促进电力需求响应优化发展的基础和支撑条件。考虑到需求响应的不同激励形式与各地开展需求响应的实际情况，应分阶段完善需求响应激励机制与实施模式，积极挖掘和发挥需求侧资源作用，保障电力系统安全稳定运行和新型电力系统建设。

在电力市场尤其是现货市场和辅助服务市场建设仍处于初期阶段，需求侧资源参与市场的市场机制和运营规则尚未完善的情况下，应进一步完善目前多数地区采用的需求响应实施模式、更好地发挥政府作用、优化行政手段、完善激励机制。一方面，进一步完善尖峰电价、阶梯电价、分时

电价等电价机制，发挥价格杠杆对用电行为的调节作用；另一方面，完善需求响应的激励补偿机制，细化和优化各地需求响应实施细则，使参与主体形成稳定的预期，多元化开拓补偿资金的来源，在削峰、填谷等需求响应中广泛引入竞价机制，不断拓宽市场手段的实施范围。

随着电力市场的逐步发展，需求响应逐步过渡到以市场手段为主，以行政手段为辅。完善的电力市场交易机制和规则体系是需求响应市场化发展的基础，建议区分不同的需求响应类型，根据电力市场建设进度，形成需求响应与电力市场衔接的设计路线图。由于各地电力市场的建设进度不同，市场体系架构、市场规则、配套制度、市场运行状况也存在较大差异，建议各地因地制宜探索需求响应市场交易机制设计，完善相应的市场规则、交易机制和需求响应模式，以现货市场、辅助服务市场、容量市场等为重点，探索需求响应参与电力市场的组织实施方式。第一，在现货市场、辅助服务市场、容量市场等建设仍处于起步阶段，需求响应不具备直接参与市场的条件时，建议需求响应实施仍以目前邀约型的削峰填谷响应模式为主，在激励机制中更多地引入竞争，完善交易方式和流程。考虑到目前各省需求响应的补偿标准、交易方式、补偿成本疏导机制等存在较大差异，应探索在各省间形成较为一致的需求响应体系。第二，在现货市场、辅助服务市场已经发布了市场规则，启动了试点运行，需求响应具备一定参与市场条件的情况下，探索需求响应参与市场的交易规则和出清机制，初期需求响应参与市场一般以调峰辅助服务和电量交易为主，未来可考虑进一步丰富交易品种。第三，远期随着电力市场的进一步发展成熟，需求响应再根据电力市场建设的情况参与市场。

附　录

附录一　中国煤炭交易中心调研报告

一、调研背景

我国煤炭交易市场经过多年的发展，建设进展相对领先于其他能源品种交易市场。现货交易市场数量众多，初步建成区域性煤炭交易市场体系；交易模式与交易方式不断创新，涉煤期货品种不断完善；市场主体日益多元并参与市场竞争，市场化改革进程稳步推进。然而，当前我国煤炭交易市场体系中仍存在着市场分割、规模偏小、交易手段落后、不够规范和无序竞争等问题，并未形成合理的层次与布局，与统一开放、竞争有序的目标仍有相当差距，尚不能为煤炭市场交易提供完善的市场载体。本附录对我国煤炭交易中心进行了全面而系统的调研，为进一步完善我国煤炭交易市场体系提供参考。

二、调研概况

我国煤炭交易中心数量众多，据不完全统计，全国已有各式各类、大大小小的煤炭交易中心 30 余家。其中，全国煤炭交易中心是由国家铁路集团联合 35 家骨干企业发起设立的国家级煤炭交易平台。中国（太原）煤炭交易中心依托山西煤炭大省的资源禀赋，以及贯通东西南北的区位优势，在行业内有较大影响力。秦皇岛海运煤炭交易市场、华南煤炭交易中心等分别是北方地区与南方地区重要的煤炭交易场所。此外，内蒙古、新疆、山东、华南等区域性煤炭交易中心也逐渐发展起来。这些交易中心均具有相当的行业代表性和区域代表性。

（一）全国煤炭交易中心①

全国煤炭交易中心于2020年正式成立，定位为逐步打造“面向全国、辐射亚太、影响全球”的国际化煤炭交易平台。全国煤炭交易中心由国家铁路集团联合煤炭、电力、钢铁、港口、地方煤炭交易中心等35家骨干企业发起设立，交易平台提供中长期合同交易、现货交易、物流服务、交收服务、资金结算、质检服务、指数服务、咨询服务、第三方增值服务等服务类型，业务范围包括全国煤炭交易实现中心、煤炭物流服务中心、全国煤炭价格发现中心、煤炭供应链管理中心、煤炭信息集散中心、预警应急中心等，致力于规范煤炭交易行为，促进煤炭供需动态平衡。

全国煤炭交易中心的交易品种包括煤和煤制品，其中煤包括：动力煤（4500kcal/kg）、动力煤（5000kcal/kg）、动力煤（5500kcal/kg）、动力煤（其他）、1/2中粘煤、气煤、气肥煤、1/3焦煤、肥煤、焦煤、瘦煤、贫瘦煤、无烟煤、贫煤、弱粘煤、不粘煤、长焰煤和褐煤。煤制品包括：焦炭（一级冶金焦炭）、焦炭（二级冶金焦炭）和焦炭（三级冶金焦炭）、半焦（兰炭混）、半焦（兰炭块）和半焦（兰炭末）。交易方式主要分为现货挂牌交易和现货竞价交易。

（二）中国（太原）煤炭交易中心②

中国（太原）煤炭交易中心由山西省内主流煤焦生产企业和国内各大电力消费企业共同出资发起，其定位也是全国性、专业化交易中心，是目前国内交易量最大、交易额最高、注册交易商最多的煤炭现货交易市场，注册交易商16000余户，遍布全国31个省区市。其业务范围综合多样，提供合同签订、交易交收、货款结算、供应链融资、信息资讯、平台建设、

① http：//www. ncexc. cn/.

② http：//www. ctctc. cn/；曲剑午主编．中国煤炭市场发展报告（2017）［M］．北京：中国经济出版社，2017.

会议展览、文化创意、酒店服务等各种服务。

在市场建设方面，该交易中心建立了能源电子商务平台，其主要业务包括市场化交易、全流程交易、交易交收、金融结算、能源行情、能源大数据等，具有全程化、多方位、综合性的特点。《中国（太原）煤炭交易中心现货交易运营方案》已由山西省政府批准，中国（太原）煤炭现货交易已于2012年2月23日正式启动。中国（太原）煤炭交易中心举办的中国（太原）煤炭交易中心年度煤炭交易大会已具有一定的行业影响力。

在市场规模方面，2017年，中国（太原）煤炭交易中心全年交易量达到21.51亿吨，同比增长80.9%，交易金额1.28万亿元，同比增长290.4%；同期全国原煤产量为35.2亿吨。从2012年2月23日开市至2018年11月，累计交易量104.69亿吨，交易额达5.7万亿元。2021年1月成交量达462.17万吨，成交金额达19.83亿元。

在市场创新方面，该中心的产品不断推陈出新，已有挂牌交易、竞价交易、价格指数、期现通、保价通、路港通、公路物流服务平台、集装箱多式联运等多个产品。金融创新方面，开发了资金监管产品“易付保”“煤炭订单融资”“票据融资”“仓单质押融资”和“应收账款融资”等融资服务产品。该中心还积极融入“互联网+”，目前已实现了功能日趋完善的煤炭全供应链的电子商务化。

（三）秦皇岛海运煤炭交易市场[①]

秦皇岛海运煤炭交易市场有限公司成立于2007年，由河北港口集团控股，太原铁路局、中海散货、中能电力工业燃料公司和中国煤炭运销协会共同出资组建。该交易市场依托河北港口集团优势，逐步形成以煤炭交易服务为核心，集信息服务、物流服务、金融服务、市场研究与行业会展服务于一体的“1+N”模式多元化综合服务体系，是目前沿海港口最大下水煤炭交易市场。

秦皇岛海运煤炭交易市场在“互联网+煤炭”方向的探索创新模式颇具特色。旗下秦皇岛煤炭网是集电子交易、信息服务于一体的煤炭行业综

① http：//www.cqcoal.com/index.html.

合性网站，是国内煤炭行业颇具影响力的网站之一。该网站提供煤炭价格、煤炭物流等多种信息，为煤炭生产、铁路运输、港口中转、煤炭贸易、煤炭消费等各环节用户服务。旗下煤炭交易电子商务平台包括秦皇岛港网上综合业务大厅和电子交易平台两大板块，通过与公司产运需衔接平台、煤炭公共采购平台实时衔接，促进实现沿海市场煤炭产业链上物流、大数据与市场服务体系的纵深整合，是互联网与煤炭市场建设深度融合、创新应用的典型代表。该交易市场发布环渤海动力煤价格指数（BSPI），该指数已成为市场煤炭定价的重要参考依据，是我国煤炭价格的风向标，并影响世界煤炭价格走势。

（四）其他煤炭交易中心

我国煤炭交易中心数目众多，分布在全国各地，规模不一，良莠不齐。本节选取部分具有一定特点的煤炭交易中心进行概括介绍，如下文所示。除此之外，还有部分规模较小的交易中心或交易平台，在此不一一赘述。

1. 内蒙古煤炭交易中心[①]

内蒙古煤炭交易中心位于“中国煤都”鄂尔多斯，是“全国煤炭交易市场合作组织”成员之一，是内蒙古自治区人民政府批准成立的唯一一家煤炭交易中心。

内蒙古煤炭交易中心定位为集信息咨询、价格指数、现货交易、金融服务、咨询服务和物流服务于一体的“互联网+煤炭电子商务平台”。其运营模式是“以平台为基石、构建商业生态系统为形态、以资源集结力为核心竞争能力，三位一体”，致力于为产业客户提供线上交易线下履约、信息资讯、第四方物流、供应链金融等创新服务。

内蒙古煤炭交易中心的煤炭电子专场业务范围已覆盖原产地、中转地和消费地各战略性物流节点。服务神华集团、华能集团、蒙能集团等数百家煤炭产运需企业，形成了内蒙古煤炭价格指数体系，包括鄂尔多斯动力

① http：//www.imcec.cn/.

煤价格指数、东部褐煤价格指数和西部焦煤价格指数。

2. 新疆煤炭交易中心①

新疆煤炭交易中心有限公司成立于2012年11月6日，是自治区人民政府金融办批准设立的全疆唯一具有煤炭现货交易资格的电子交易平台，其前身为新疆煤炭交易所。主要股东有新疆投资发展（集团）有限责任公司、哈密市国投、海南瑞泽等，旗下控股、参股的主要企业有重庆西部煤炭交易中心、深圳亚欧供应链公司、哈密亚欧供应链公司、新投海高金融服务公司等。

该交易中心在国家“一带一路”建设、自治区“疆煤外运”的总体战略规划下，作为西北首家煤炭现货电子交易平台，以传统煤炭产业链为依托，致力于打造信息流、物流、资金流三位一体的大宗商贸新型产业模式，实现传统贸易和电子交易的有机融合与无缝衔接。

3. 山东煤炭交易中心②

山东煤炭交易中心由兖州煤业股份有限公司、济宁能源发展集团有限公司、济宁德麟商贸有限公司共同斥资组建。经山东省人民政府批准，于2012年经省工商局注册成立。交易中心位于煤炭资源集中、交通便利的济宁市，依托山东省作为国家重要能源基地，以及辐射华东华南黄金城市群的区位优势，创新传统煤炭营销模式，积极构建会员制度、履约金保证制度，交易商品注册制度，挂牌协商交易制度等市场基本制度，建立集信息、物流、金融、会展全方位服务于一体的煤炭现货电子交易平台，力争成为“具有国际影响力的区域煤炭交易中心”。

4. 华南煤炭交易中心③

华南煤炭交易中心有限公司是由广州港集团投资承建的集煤炭电子交易、信息、船舶代理、货运代理、质押服务、检测代理、配送、加工于一体的国有企业，内设市场部、客户服务、交易结算、信息部等部门。

---

① http：//www. xjcec. com/.

② http：//www. sdctc. cn/.

③ http：//www. huanancoal. com/.

华南煤炭交易中心旨在为广大煤炭客户搭建一个集煤炭交易、物流金融、信息和延伸服务于一体的现代化综合服务平台，形成煤炭市场的“广州价格”，其外贸进口煤价格成为业内风向标。交易中心会员遍及珠三角和全国各地，并尝试编制了“广州港煤炭价格指数”。

三、调研分析

近年来，我国煤炭市场化改革取得显著进展，煤炭交易市场发展迅速，各地建设煤炭交易中心的积极性很高，尤其是煤炭资源地和大型煤炭企业。然而，目前我国煤炭交易市场体系的发展程度与能源高质量发展及市场化改革的要求仍有相当差距，交易中心建设过程中仍存在多方面的问题与不足。

（一）煤炭交易市场数量众多，缺乏统一规划与合理布局

我国各式各类的煤炭交易市场数量众多，包括产地型、消费地型和集散地型三种类型。然而，国家层面尚未对煤炭交易市场体系形成统一规划，虽然出台了《关于深入推进煤炭交易市场体系建设的指导意见》，但仅做了总体性、原则性的设想，并没有对建设方案与路线图做进一步细致的规划。煤炭目前仍是我国重要的能源品种，生产量、消费量与交易量都有很大规模，建立与完善煤炭交易市场体系，对于煤炭行业供给侧改革与高质量发展非常关键。我国现有的、挂牌成立的煤炭交易场所，有的是在地方政府支持下建设，有的是由市场自发形成，分布在多个城市，建设进度不一，地域布局不合理，各交易场所的定位与功能存在一定程度的重叠，存在重复建设、无序竞争的问题。

1. 煤炭现货市场多点重复建设，布局不够合理

国内煤炭交易中心在发起建设时，建设现货市场是最为基础和首要的内容。在煤炭资源地与主产地，如晋陕蒙新地区，都已经建成了煤炭现货市场，有些产煤省甚至建有多个煤炭现货交易场所。同时，由于煤炭交易高度依赖物流配送，在交通便利的枢纽地，如铁路运输、港口条件较好的地区，也建有煤炭现货交易场所。此外，部分大型煤炭企业，凭借其资

源、物流、销售等优势，也依托自身庞大的业务量，建设有煤炭现货交易场所。

从煤炭交易市场建设规律看，资源地、消费地、物流枢纽地各自具备建设交易市场的比较优势。然而，现实的情况是：由于之前交易市场建设的标准规范尚未明确，各地煤炭交易中心如雨后春笋般纷纷上马。2014 年国家发展改革委印发了《关于深入推进煤炭交易市场体系建设的指导意见》，尝试对煤炭交易市场建设标准进行统一规定。但是煤炭现货市场多点重复建设、布局不够合理的现象仍然存在。这些现货市场在交易品种与功能定位方面都存在同质化竞争，可能导致市场分割、用户分流，从而每一家的市场影响力都有限，无法形成规模效应和网络效应，最后都变成了局限于小范围区域、只有少量市场主体的零散交易场所。

2. 煤炭金融衍生品市场发展存在的困难和乱象

煤炭是大宗能源商品，随着国内金融市场的迅速发展，煤炭类金融衍生品发展也取得一定的进展。然而，由于煤炭具有价格低廉、体积庞大、运输成本较高、储存损耗大、种类繁多等特点，难以像铜、铝等有色金属那样进行标准化设计，所以煤炭类金融衍生品的发展也面临较大的挑战。

我国煤炭金融衍生品市场以期货交易为主体。目前国内已上市交易的期货品种主要包括：郑州商品交易所的动力煤期货，大连商品交易所的焦炭期货、焦煤期货，其合约部分内容对比如附表 1 所示：

附表 1　动力煤、焦炭、焦煤期货合约对比

项目	动力煤期货	焦炭期货	焦煤期货
交易品种	动力煤	冶金焦炭	焦煤
交易单位	200 吨/手	100 吨/手	60 吨/手
报价单位	元（人民币）/吨	元（人民币）/吨	元（人民币）/吨
最小变动价位	0.2 元/吨	0.5 元/吨	0.5 元/吨
每日价格波动限制	上一交易日结算价±4%及相关规定	上一交易日结算价的 4%	上一交易日结算价的 4%
最低交易保证金	合约价值的 5%	合约价值的 5%	合约价值的 5%

续表

项目	动力煤期货	焦炭期货	焦煤期货
合约交割月份	1—12月	1—12月	1—12月
交割地点	交易所指定交割地点	大商所焦炭指定交割仓库	大商所焦煤指定交割仓库
交割方式	实物交割	实物交割	实物交割

资料来源：郑商所、大商所，课题组整理。

随着煤炭期货市场的运行和培育，未来可能会有新增的煤炭类期货品种，并有可能在商品期货实物交割之外，引入金融期货，构建比较完善的煤炭期货市场产业链。2013年大商所与秦皇岛海运煤炭交易市场有限公司签署合同，合作开发煤炭价格指数期货品种。合约设计上，环渤海动力煤价格指数很有可能成为未来煤炭价格指数期货的交割标的，交割方式采用现金交割。引入现金交割的指数期货能在一定程度上应对煤炭种类繁多、品质差异、运输瓶颈等对实物交割的挑战，简化交割环节；然而，要构建市场化的、具有广泛代表性的煤炭价格指数，在国内还存在相当困难。

除了煤炭期货外，上海清算所还推出了人民币动力煤掉期中央对手清算业务，丰富了我国煤炭金融衍生品种类，标志着我国大宗商品场外交易零的突破。人民币动力煤掉期（CSS）是以环渤海动力煤价格指数（5500K）离岸平仓价格为标的，以人民币进行计价和现金结算的动力煤价格指数衍生品，场外交易通过经纪人撮合成交。

除了期货与掉期外，现有的煤炭交易中心，尤其是规模较大的交易中心，都有在现货交易基础上引入金融衍生品的设想和冲动。例如2017年11月，太原煤炭交易中心正式上线了“期现通”，煤炭现货企业向期货市场参与者销售现货或直接参与交割，促进了期货与现货两大市场的融合与贯通，对于场外期权也有一些构想。此外，其他交易中心同样有引入衍生品的设想。

总体而言，国内煤炭金融衍生品市场发展较为缓慢，品种不够丰富，期货市场仍处于初期阶段，掉期交易刚刚起步，期权交易尚未启动，场外与场内发展不同步。国内煤炭交易中心虽有引入衍生品的冲动，但是尚难以破解煤炭本身特征对衍生品发展的制约，人才、技术、风控等方面条件也并不成熟。

（二）部分煤炭交易中心初具规模，但发展战略尚不明朗

目前相对成形、正式运行且具备一定市场影响力的煤炭交易中心主要是依托资源优势的生产地型交易中心。这些交易中心前期已具备相当的发展基础，在未来发展战略和功能定位上进行了深入而创新的思考，规划主要的发展路径和方向梳理如下。

1. 定位为全国性的交易场所

全国煤炭交易中心成立时间不长，目前仍处于市场培育阶段。中国（太原）煤炭交易中心被认为是目前覆盖范围广、规模较大、成交较活跃的煤炭现货交易市场。从发展布局看[①]，该中心在全国范围内布点布局，先后在山西、河南、江苏、湖北、山东、河北等6个省份，设立了10个煤炭交收仓库。该中心还积极推进全国区域煤炭交易分市场建设[②]，并进一步巩固“晋、陕、蒙煤炭交易市场联盟”，开展了市场间信息和资源合作。从发展战略看，该中心本着“先省内、后省外”“先铁路、后公路”“先现货、后期货”的“三先三后”原则有序开展煤炭交易工作，运营规划如附表2所示，致力于推动全国统一开放的煤炭市场体系建设。

附表2　中国（太原）煤炭交易中心运营规划

规划项目	规划内容
发展愿景	立足山西、服务全国、面向世界
建设目标	全国性的煤炭交易中心、信息中心、物流中心、结算中心
运营宗旨	政府推动、企业主导、市场运作、自由交易
运行模式	年度交易、日常交易、专场交易
交易方式	挂牌交易、竞价交易、邀约交易、协商交易
参与主体	煤炭生产、经营、消费企业

资料来源：中国（太原）煤炭交易中心，课题组调研。

---

① http：//www. ctctc. cn/info/42309. jspx.

② 在山西省内煤炭主产地忻州、临汾、长治建立煤炭交易分中心以巩固省域内交易基础；与唐山曹妃甸港合作成立了中太北方供应链管理有限公司以吸引省域外资源入市；在深圳前海成立了中能电子商务（深圳）有限公司以尝试开展跨境电商。

此外，其他几个实力较强的煤炭交易中心，同样定位于建成全国性的交易场所。例如，内蒙古煤炭交易中心计划依托以平台为基石，构建商业生态系统为形态，以资源集结力为核心竞争能力的三位一体平台化运营模式，推动能源大数据、大金融、大安全平台化建设、运营和创新服务，目标是建成全国性乃至全球化的能源类跨界和跨境电商平台。秦皇岛海运煤炭交易市场同样计划以完善交易、交割和服务功能为重点，有效整合商流、物流、资金流和信息流资源，最终建设成为国家级煤炭交易中心，形成面向全国和全球市场的煤炭交易平台和价格形成中心。

运营较好的煤炭交易中心规划发展战略的通病就是追求“大而全”，追求建设覆盖全国的交易场所。然而，从全国一盘棋的角度来看，发展战略需基于比较优势和发展条件来规划。并且，煤炭资源供应与消费在全国分布不均衡，煤炭区域市场也各有特点，再加上远距离运输成本高昂，煤炭市场的区域特点明显，各大型交易中心并不一定要以全国市场为目标。

2. 定位为侧重于专业化服务的交易场所

依托比较优势做出特色，避免同质竞争是科学合理的思路。以秦皇岛海运煤炭交易市场为例，其发展愿景是构建“市场形成价格，政府监管调控”，服务一流、功能全面、辐射面广、知名度高的专业化煤炭交易市场。该市场拥有“下水煤市场”“秦皇岛煤炭网”“环渤海动力煤价格指数”三大特色标签，目前已凭借秦皇岛港“北煤南运”大通道的主枢纽港优势，形成沿海港口最大下水煤炭交易市场；旗下秦皇岛煤炭网已是最具行业影响力的网站之一；其发布的环渤海动力煤价格指数（BSPI）已是国内煤炭价格的风向标，并尝试实现煤炭指数的商品化。

对煤炭交易场所而言，供应链金融是重要的盈利来源之一。所以，煤炭交易中心不分大小，大多数都在尝试引入金融业务。中国（太原）煤炭交易中心就推出了应收账款融资业务、票据综合服务业务、煤炭订单融资业务、仓单质押融资业务等多元化金融服务。

3. 定位为“互联网+”的新型交易平台

近年来，“互联网+”的浪潮也洗礼了传统的煤炭行业。与其他大宗商品相似，煤炭电商已经成为煤炭交易的一大趋势，煤炭产销大省、煤炭重点集散地、大型煤炭企业等都引入互联网思维，尝试开发与运营煤炭电商平台。各交易平台具备各自的优势，运营特色不尽相同。以内蒙古煤炭交易中心为例，其市场定位是基于能源供应链“B2B”业务和互联网思维下“O2O”创新服务模式的第三方能源类电商平台，紧紧围绕能源供应链全链条商业环境，在新常态下重构煤炭及相关能源生态圈。以山东煤炭交易中心为例，其市场定位是以煤为媒，整合资源，依托网络超越煤，立足线下做服务、线上做平台，构建“智能云枢纽+乌金 O2O”的新型生态体系，实现智能互联，成为矿链终端。

然而，互联网技术如何与传统煤炭行业深度融合仍然是待解之题。目前国内很多煤炭交易中心都提出要建设“互联网+”的新型交易平台，实现线上线下的融合。其在信息融通与交易流程上有较为明显的改进，但是仍没有很好地解决煤炭交易“标准化”、配送体系等市场痛点，虽然在概念与构想上新颖前沿，但真正落地并产生实效的很少。

（三）部分起步晚、规模小的煤炭交易市场艰难维持运营

国内煤炭交易中心的建设前期由于无规则可依，经历了一段时期的粗放式发展，遍地开花，难以形成规模效应与集聚效应。很多地区都建设了区域性和地方煤炭交易中心，服务的是一定区域范围内的少数市场参与者，依托的是地域优势和前期的商务联系，并不具备大幅扩大市场影响力的条件。有些煤炭资源与煤炭生产商集中的地区，甚至同时建设有若干个交易中心。还有的交易中心就是由煤炭生产企业建立，基本只销售自己生产的煤炭及相关产品，把原来的传统销售渠道转移至线上，依托下游客户资源包装成交易平台，本质上仍是企业“点对面”的销售行为。

在业务发展上，这些交易中心的业务量存在“天花板”制约，运营并不景气，部分交易中心已经出现了业务停摆。同时，在打好防范金融风险攻坚战的部署中，对交易场所进行严格监管、对违法违规交易场所进行清理整顿是重要内容。所以，区域性和地方煤炭交易中心发展是否存在风险隐患，是相关主管部门需要重视的问题。

（四）煤炭价格指数多样化，其科学性、规范性、代表性仍需提升[①]

煤炭价格指数的市场影响力是交易场所发展水平的重要指征。国内煤炭交易市场数量众多，同质无序竞争，发布的煤炭价格指数也五花八门，且多以区域性定价为主。“按主产地分，煤炭价格指数主要有太原煤炭交易价格指数、陕西煤炭价格指数、鄂尔多斯动力煤价格指数；按中转地分，煤炭价格指数主要有环渤海动力煤价格指数、汾渭能源的 CCI 指数、中国煤炭工业协会的 CCTD 指数；按消费地分，煤炭价格指数主要以国家发展改革委价格监测中心的电煤价格指数和汾渭能源的 CCI 进口煤价格指数为代表。”

煤炭价格指数的科学性、真实性与代表性都存在问题。第一，由于煤炭价格指数发布主体多、发布平台分散，煤炭生产地、中转地和消费地有多套煤炭价格指数，数据难以达成一致，这给企业经营传递了混乱的价格信号，也不利于市场平稳运行；第二，代表性价格指数缺乏，风向标作用减弱，如近年来多数南方电厂反映环渤海动力煤价格指数失真，同时，部分价格指数存在样本容量不足、数据不准确等问题；第三，小宗贸易形成的价格指数不具代表性，我国煤炭市场主要包括长协贸易、大宗现货贸易和零散现货贸易，目前部分煤炭价格指数只反映了贸易量占比较低的零散现货贸易，而不统计贸易量占大头的长协贸易，这容易误导市场。

（五）煤炭市场革新仍在探路，对传统交易模式仍有路径依赖

我国煤炭市场化改革起步较早，进程也显著快于油气等其他能源品种市场。市场化的价格形成机制已基本形成，市场主体日益多元并参与市场竞争，交易模式与交易方式也不断引入新元素。然而，我国煤炭行业发展历程经历过飞速发展、价格高位、投资火热的“黄金十年”，经历过价格低迷、大面积亏损的低谷期，也经历过化解过剩产能、促进行业脱困的反弹期，在行业的大起大落之中，煤炭市场的短板与问题也从不同的角度呈现出来，其核心是煤炭市场体系不健全制约了市场配置资源的有效性和灵

① 参见徐鹏（2017）。

活性。其中，交易市场体系是“短板”。

虽然已经实现了形式上的市场化，但不可否认的是，煤炭行业及其产业链行业大都属于传统行业。采用传统交易模式的交易仍占煤炭交易的相当比重。在交易方式上，市场供需双方仍有较强的路径依赖，传统煤炭销售的点对点模式依然是重要甚至是首要的选项。进入交易中心销售的煤炭只占小部分，大部分还是企业依靠传统方式直接交易。并且，大煤企都具备完整供应链体系，交易市场能够提供的服务，企业自身都可以完成，在传统交易模式下，并没有积极性再费时费力费钱进入交易市场，或者索性自建交易市场以更好地开展销售，实际上只是传统交易渠道的变形。和很多大宗商品交易类似，传统煤炭销售模式存在上下游过度分散、环节多、成本高、效率低等弊端，对于整个市场而言，也不利于资源的优化配置。

随着互联网尤其是移动互联网的发展，电商对传统零售业已形成颠覆性影响。煤炭交易中心是适应新市场形态变化的产物，能够提高信息透明度，简化交易流程，提高交易效率，提升竞争程度。但是，现在市场革新还处于量变的发展阶段，其中标准化是最大的痛点。由于存在产品标准化、物流标准化、交割标准化等问题，煤炭交易平台化略显步履蹒跚，且目前服务对象多是中小企业，但是这并不能作为市场革新止步不前的理由。

四、政策建议

（一）研究细化煤炭交易市场体系建设相关政策文件

一是要明确思路。针对我国煤炭交易中心重复无序建设的现状，要沿着“摸底、清理、优化”三步走的路线，首先对国内形式多样、五花八门的煤炭交易场所进行全面摸底，根据其运营主体、股权结构、业务类型、市场规模等进行分类与分层；其次对经营困难或停滞、发展条件较差、运行不规范的交易场所予以清理或整顿，减少煤炭交易场所的数量；最后结合我国现代市场经济体系建设与煤炭供给侧结构性改革的宏观战略，由相关主管部门进一步深入研究煤炭交易市场体系建设的顶层设计，基于我国煤炭市场与煤炭行业发展特点，优化煤炭交易市场体系的布局，形成明确的体系框架、时间表和路线图。

二是要出台政策。相关主管部门要以《关于深入推进煤炭交易市场体系建设的指导意见》为起点，进一步对煤炭交易市场体系的总体框架、结构组成、目标任务、功能定位、市场监管等作出明确与细化规定。可根据市场建设需要，出台规格更高、效力更强的纲领性文件，并出台后续的实施细则和配套政策。

三是要做好政策协同。煤炭交易市场体系建设的成功与否，不仅取决于交易中心建设本身，更根本的是取决于整个煤炭市场的革新与煤炭行业的高质量发展。所以，深入推进煤炭交易市场体系建设，既要结合也要支撑煤炭供给侧结构性改革，重塑传统的煤炭行业与煤炭市场。

（二）做大做强国家级交易中心，合理有序布局交易市场体系

煤炭交易市场体系建设是一个循序渐进、逐步完善的过程。煤炭交易市场主要包括商品现货市场和以期货为代表的金融衍生品市场，从区域范围划分又包括全国性、区域性和地方煤炭交易市场。我国要进行合理布局，统筹协调，并根据时间表与路线图稳步推进。

一是要做大做强 2~3 个国家级煤炭现货交易中心。可考虑结合煤炭主产地、消费地、集散地，建设 2~3 个符合市场建设标准、各具比较优势的全国性煤炭交易市场，加强市场间的互联互通和差异化竞争，促进其完善交易制度，丰富交易品种，健全市场功能，扩大市场影响力。

二是要合理有序布局区域和地方性煤炭现货交易场所。鉴于我国煤炭资源、消费、物流的分布特性，区域和地方性煤炭交易场所是国家级市场的必要补充。然而，目前煤炭交易场所建设较多、存在无序竞争。建议相关主管部门进行全面摸底与深入研究，严格区分哪些区域和地方性市场建设是必要且可行的，进行统一的布局。清理过多的煤炭交易中心，培育具有专业特色与比较优势的地方品牌。

三是对于衍生品市场与现货市场要有所区分，两者的功能定位与目标任务不同。建议相关主管部门开展专项调研，摸底当前煤炭行业发展与煤

炭市场运行中切实的金融工具需求，识别哪些是必要的金融创新，哪些是过热的发展冲动。在当前打好防范化解重大风险攻坚战、稳杠杆和逐步调降杠杆的宏观环境下，建议做好做精现有的煤炭类金融衍生品品种，根据市场需要审慎引入新的品种。此外，煤炭现货交易市场短期推出更多的金融衍生品并不合时宜，宜理性发展。

（三）更好发挥政府的引导、规范和监管作用

煤炭交易市场是煤炭市场体系的关键组件。政府要引导和规范煤炭交易中心建设，推动形成与煤炭供给侧改革和高质量发展相适应的煤炭交易市场体系。

一是要认识到煤炭市场革新的趋势与必要性。国内煤炭贸易是由长协贸易、大宗现货贸易和零散现货贸易构成的“三元结构”，并仍以传统交易模式为主。目前煤炭市场并未形成通过统一开放竞争有序的交易平台开展市场交易的氛围。进一步完善煤炭市场，健全其在信息融通、价格发现、交易撮合等方面的功能，由传统交易模式逐步转变为现代化交易模式，提高煤炭产销与流通的效率，这是现代化煤炭市场的发展趋势，相关主管部门要将市场培育重视起来。

二是要形成清晰的体系构成设计，引导与扶持交易市场建设。要在全面摸底现有数目众多的煤炭交易场所现状、深入研究新时代煤炭市场革新需要的基础上，培育、引导与促进我国布局合理、功能齐全、技术先进、运行规范的煤炭交易市场体系的建设与发展。

三是要规范市场建设标准。尽快制定全国性煤炭交易场所与区域性和地方煤炭交易场所的标准规范，包括但不限于市场条件、营业场所、服务设施、市场规模、交易指南、风控制度、配套金融物流服务等内容。相关主管部门要根据标准，对煤炭交易场所进行严格的合规性检查，对于达到市场建设标准、运行规范的交易场所给予一定的政策支持；同时严格清理整顿违法违规的交易场所。

四是要规范煤炭价格指数的编制与发布。价格指数是煤炭市场风向标。针对目前国内煤价指数的诸多问题，相关主管部门要予以引导和规

范，对目前国内市场主流的价格指数进行广泛调研；针对市场反映的样本代表性不足、数据失真、价格“打架”等问题，加强组织协调，依托第三方机构对指数的数据采集、编制与发布进行常态化监督检查与异常波动调查；鼓励具有交易规模的交易中心尝试联合建立煤炭大数据平台，加强信息的互融互通。

五是要强化全方位监管，弱化直接干预。要完善煤炭交易市场全方位风险监控系统，加强对相关市场运行的监测，夯实大数据能力建设，提升风控技术水平，及时识别风险做好预测预警，大力防范投机过度与市场操纵。要进一步加强煤炭行业标准化体系建设与落实，加强煤炭质量管理，完善煤炭物流储配体系建设，解决煤炭交易市场发展面对的“标准化”与运输痛点。弱化政府对煤炭市场的行政干预，下一步要加强煤炭市场平稳运行与煤炭行业高质量发展的长效机制的科学研究，完善煤炭市场化体制机制改革。

附录二　中国石油天然气交易中心调研报告

一、调研背景

2017 年 5 月，中共中央、国务院印发了《关于深化石油天然气体制改革的若干意见》，强调要坚持问题导向和市场化方向，体现能源商品属性。建设石油天然气交易中心，既是我国深化油气市场化改革、建设油气市场体系的必然要求，也是我国更好地参与国际能源合作，提升在全球能源市场的话语权和定价权的现实选择。

目前，我国石油天然气交易中心建设已取得一定进展。上海、重庆等地油气交易中心已正式成立，新疆油气交易中心已启动前期工作。此外，还有北京石油交易所、华东石油交易中心、陕西能源化工交易所等机构在市场上提供交易综合服务等一些互联网电商服务平台也开始出现。然而，我国油气交易市场体系建设仍然存在定位不清晰、功能重叠、布局不尽合理等亟待解决的问题。

本节基于对上海石油天然气交易中心、上海国际能源交易中心的实地调研，以及对其他油气中心的文献与资料调研，分析我国石油天然气交易中心的发展情况，为进一步完善我国石油天然气交易市场建设提供参考。从调研对象看，上海石油天然气交易中心是由上海市人民政府批准建设，接受国家发展和改革委员会、国家能源局及商务部的指导和监督，并已具备一定市场规模的交易场所。上海国际能源交易中心是由证监会批准开展原油期货交易的交易场所，2018 年 3 月 26 日原油期货在该中心正式挂牌交易，这是我国第一个对外开放的期货品种。两者分别是对当前国内油气现货交易与期货交易具有一定市场影响力的交易中心，具有相当的代表性。同时，也对其他油气中心的情况进行了资料收集和对比分析。

二、调研概况

（一）上海石油天然气交易中心现状

2015年3月4日，上海石油天然气交易中心在上海自贸区注册成立，旨在成为具有国际影响力的石油天然气交易平台、信息平台和金融平台。股东为新华社、中石油、中石化、中海油、申能、北燃、新奥、中燃、港华、华能十家单位，注册资本金10亿元，类型为有限责任公司（国内合资）。

按照规划，上海石油天然气交易中心将按照“先气后油、先现货后中远期、先国内后国际”的原则，开展天然气、石油等能源品种的现货交易，并提供相关交易服务。该交易中心致力于打造具有国际影响力的五大平台，即能源交易平台、信息交互平台、金融服务平台、改革助推平台、交流合作平台，建设现代市场体系，形成“中国价格”。该交易中心设置的近期目标是成为中国石油天然气交易及定价中心，中期目标是成为亚太地区石油天然气交易及定价中心，而远期目标是成为具有全球影响力的石油天然气交易及定价中心。

根据“先气后油”的发展战略，交易中心推出了管道天然气现货挂牌交易、管道天然气现货竞价交易、液化天然气现货挂牌交易、液化天然气现货竞价交易等。在数据发布方面，交易中心发布了管道天然气、液化天然气、成品油、海油华东市场基准价格等数据；在指数发布方面，交易中心发布了中国LNG出厂价格全国指数、中国LNG出厂价格区域指数、中国LNG综合进口到岸价格指数、中国LPG综合到岸价格指数、中国汽柴油批发价格、中国原油进口到岸价格指数等，努力打造中国油气的价格标杆。

（二）上海国际能源交易中心现状

上海国际能源交易中心股份有限公司是经中国证监会批准，由上海期货交易所发起设立的、面向期货市场参与者的国际交易场所，2013年11月6日在中国（上海）自由贸易试验区注册。其经营范围包括组织安排原油、天然气、石化产品等能源类衍生品上市交易、结算和交割，制定业务管理规则，实施自律管理，发布市场信息，提供技术、场所和设施服务。2018 年 3 月 26 日，原油期货在上海国际能源交易中心挂牌交易。

在石油期货合约之中，原油期货（Oil Futures）是交易量最大的品种①。我国关于原油期货推出的讨论与研究由来已久。2014 年 12 月，证监会批准上海期货交易所在其下属的上海国际能源交易中心开展原油期货交易，我国原油期货正式开始筹备。此后，财政部、税务总局、证监会、人民银行、外汇局、海关总署等国务院相关部门出台了一系列配套政策。2017 年进展加速，同年 5 月，上海期货交易所子公司上海国际能源交易中心正式发布了原油期货标准合约等 11 个相关业务细则，对我国原油期货的交易品种、交割方式等交易细则进行了规定。自 2018 年原油期货上市三年以来，规则制度不断完善，市场功能显著发挥，国内外市场影响力不断增长。成交持仓大幅上升，根据上海国际能源交易中心数据，截至 2021 年 3 月 25 日，累计成交量 11319.66 万手（单边）、累计成交金额 44.1 万亿元。上海原油期货在期货业协会（FIA）全球能源类商品期货期权交易量排名中居第 16 位，其市场规模仅次于 WTI 和 Brent 原油期货。

我国原油期货的主要特征可以概括为“国际平台、净价交易、保税交割、人民币计价”。“国际平台”指交易、交割、结算环节国际化，并依托国际原油现货市场，引入境内外交易者参与；“净价交易”指期货交易价格为不含关税、增值税的净价，与国际市场不含税价格可比；“保税交割”指依托保税油库进行实物交割；“人民币计价”指采用人民币进行交易、交割，接受美元等外汇资金等作为保证金使用。上海国际能源交易中心的原油期货标准合约如附表 1 所示。在交割品种上，原油期货合约标的确定为中质含硫原油，可交割油种包括阿联酋迪拜原油、上扎库姆原油、穆尔班原油、阿曼原油、卡塔尔海洋油、也门马西拉原油、伊拉克巴士拉轻油（Ⅰ级、Ⅱ级）、中国胜利原油，并规定了相应的升贴水标准。

---

① 石油与成品油期货品种还有取暖油、燃料油、汽油、轻柴油、馏分油、无铅汽油、瓦斯油等。

附表 1　上海国际能源交易中心原油期货标准合约

项目	内容说明
交易品种	中质含硫原油
交易单位	1000 桶/手
报价单位	元（人民币）/桶（交易报价为不含税价格）
最小变动价位	0.1 元（人民币）/桶
涨跌停板幅度	不超过上一交易日结算价±4%
合约交割月份	最近 1~12 个月为连续月份以及随后八个季月
交易时间	上午 9：00—11：30，下午 1：30—3：00 以及上海国际能源交易中心规定的其他交易时间
最后交易日	交割月份前第一月的最后一个交易日；上海国际能源交易中心有权根据国家法定节假日调整最后交易日
交割日期	最后交易日后连续五个交易日
交割品质	中质含硫原油，基准品质为 API 度 32.0，硫含量 1.5%，具体可交割油种及升贴水由上海国际能源交易中心另行规定
交割地点	上海国际能源交易中心指定交割仓库
最低交易保证金	合约价值的 5%
交割方式	实物交割
交易代码	SC
上市机构	上海国际能源交易中心

资料来源：上海国际能源交易中心。

（三）其他油气交易中心概况

重庆石油天然气交易中心有限公司①于 2017 年 7 月 25 日注册，股东包括中石油、中石化、华润燃气、新奥能源、中国燃气等全国性油气企业，重庆能源、重庆化医、延长石油、湖北能源等区域性能源化工企业，以及中信寰球、博恩科技等金融科技创新类企业。目前拥有交易会员超过 2000 家，全面涵盖油气产业链中的生产、贸易、发电、化工、城镇燃气等企业。交易中心设计以管道天然气、成品油、液化天然气和大宗石油天然气化工品等现货为基础交易品种，将努力形成立足中国、面向世界的石油天然气交易中心、定价中心、结算中心和咨询中心，致力于建设成为我国第

① https：//www.chinacqpgx.com/.

二个国家级大宗能源商品交易中心。该交易中心为会员提供开票信息采集、油气基础信息、会员展示、运力服务等，发布的价格信息包括LNG厂站价格、区域LNG厂站价格、川渝天然气现货价格等。2019年成立了重庆能源大数据中心，开发建设了全国城市燃气和管道运输企业运行监测分析平台、重庆石油天然气交易中心电子交易结算平台、能源快讯等资讯产品。

新疆油气交易中心[①]也在筹建之中。2016年10月9日，国家能源局印发《国家能源局关于支持新疆推进能源综合改革的复函》，提出要“推动建立以新疆为中心的油气交易中心，研究建立新疆国际（中亚）能源交易中心”。2017年4月19日，新疆维吾尔自治区发展改革委复函同意克拉玛依市开展新疆油气交易中心前期工作，如揭牌，这将是我国继上海交易中心、重庆交易中心之后的第三个油气交易中心。

此外，我国还有一些石油交易所，如2007年成立的**北京石油交易所**[②]是北京市属的石油化工产品现货交易综合服务机构，已形成集现货交易、金融衍生、贸易融资、资金结算、物流监管、信息服务于一体的专业化市场平台，交易品种包括成品油、燃料油、润滑油、原油、燃气、综合类化工产品等六大类，根据现货交易的特点，其确定了挂牌交易、竞价交易、协议交易、其他创新交易等四种交易模式。2007年成立的**陕西能源化工交易所**[③]是延长石油（集团）有限责任公司控股子公司，经营范围包括石油、天然气、石油化工、煤炭、煤化工、钢铁、专用设备、物资等的电子交易服务和电子商务领域的技术服务、信息服务等，交易产品涉及聚丙烯、聚乙烯、液化气、LNG、石油专用物资等20大类127个品种，年交易额超100亿元，拥有大宗物资交易会员2917家，分布在全国30个省、自治区、直辖市，该交易所致力于打造立足西部、服务全国的能源化工资源中心、信息中心、贸易中心、定价中心和结算中心，构建西部能源化工产业“互联网+生态圈”。2011年成立的**深圳石油化工交易所**则致力于打造集产品定

① http：//xj. people. com. cn/n2/2018/0122/c186332-31168839. html.
② http：//www. bpex. com. cn/.
③ http：//www. xbpex. com/about. php？ cat_ id=1258.

价中心、交易中心、资讯中心、金融中心与供应链管理中心于一体的要素交易平台。**华东石油交易中心**有限公司由东营港建设投资有限公司、北京石油交易所、东营十一家炼化企业共同发起，致力于建设石油化工产业的电商平台和衍生品场外市场，打造一个集信息交互、线上交易、区域交收、在线金融、智能物流、价格发布等功能于一体的交易平台，2014 年正式上线国内首家炼化产业全供应链电商平台**“油品汇”**。近年来，互联网经济兴起，B2B 平台被引入油气领域，也具备了交易平台的一些功能。

三、调研分析

近年来，随着我国能源市场化改革尤其是价格改革的推进，石油价格市场化程度不断提高，成品油价格与国际接轨的机制化调整已成为常态；天然气价格形成机制经历多轮重要改革，生产、输配、销售环节价格改革朝市场化方向稳步推进。在这一背景下，我国油气交易中心建设的条件不断成熟，必要性与紧迫性也日益凸显。我国油气交易中心建设的积极性较高，资源地、管网枢纽地、消费地都有建设意向。交易中心的建设也取得阶段性进展，已经形成了 1~2 个在国内有广泛市场覆盖面与一定市场影响力的交易中心。然而，目前我国油气交易市场体系的发展程度和能源高质量发展与市场化改革的要求仍有相当差距，交易中心建设发展过程中仍存在一些问题与不足。

（一）我国油气交易中心国内国际市场影响力均亟待提升

我国油气交易中心建设进程、市场活跃度、影响力等存在差异。有的交易中心已完成了交易平台搭建、交易规则制定等基础工作，推出了一些品种开始正式交易，形成了一定的交易量；还有的交易中心虽已挂牌成立，但是市场制度建设与基础设施建设仍在进行，还没有推出交易品种。

从国内影响看，油气产业链本身的产业集中度较强，市场化程度偏低，在一定程度上影响了市场竞争程度的提升。目前，上海石油天然气交易中心为形成竞争更加充分的市场环境，管道气采取“区域+升贴水”的市场化交易策略来扩大下游同时参加竞价的客户数量。我国油气交易中心要提升国内的市场影响力，就必须提升多元主体的参与度与活跃度，而这又需要基于油气市场化体制改革来推进。

从国际影响看，我国是全球最大的石油净进口国和第二大石油消费国，第三大天然气消费国。2020年我国石油、天然气对外依存度分别达到73%、43%。我国在全球油气市场上占据庞大的贸易份额，但油气交易中心的国际市场影响力与庞大的贸易规模并不匹配。国际油气市场发展经验表明，资源地、管网枢纽地、消费地均可能形成石油交易中心，美国、欧洲等都分布着数量众多的油气交易中心。其中，只有极少数能形成具有世界影响力的基准价格与交易规模，如全球范围主要的石油期货市场有纽约商品交易所、伦敦国际石油交易所、迪拜交易所、东京工业品交易所等。我国油气交易中心起步较晚，油气资源定价权缺失，油气贸易长期存在“亚洲溢价”，这与我国油气生产大国、消费大国和进口大国的地位不相匹配。从国家能源战略的角度，我国有必要建成具备国际市场影响力的交易中心。目前国内以上海国际能源交易中心为代表的国家级交易中心，是我国更深入地参与全球油气市场、发挥国际影响力的开始，任重道远。

（二）油气交易市场体系建设缺乏统一规划与合理布局

国家层面尚未对油气交易市场体系形成统一规划，而油气主要生产地、消费地、管网枢纽地的代表城市，或者具有一定行业影响力的代表企业，都有建设油气交易中心的积极性。我国现有的、挂牌成立的油气交易中心，部分由市场自发形成，分布在多个城市，建设进度不一，地域布局不合理，各交易中心的定位与功能有一定程度的重叠，存在重复建设、无序竞争的问题。

1. 油气现货市场多点建设，布局欠合理

上海、重庆的油气交易中心均已正式挂牌成立，新疆油气交易中心也在筹建过程中。三个交易中心都希望建设成为国家级的、综合性的油气交易中心，覆盖多个交易品种，提供多元化服务，其对比如附表2所示。三个地区建设油气中心各有比较优势，也具备服务区域市场的能力。但若都作为国家级油气交易中心建设，交易品种与功能定位都依“大而全”进行

设计，同质化竞争，可能导致市场分割、用户分流，每一家的市场影响力都有限，都变成了区域油气交易中心。

附表 2　上海、重庆、新疆油气交易中心对比

<table>
<tr><th>交易中心</th><th>股东构成</th><th>地域优势</th><th>上市品种</th></tr>
<tr><td>上海国际能源交易中心</td><td>上海期货交易所持股 99%，上海期货信息技术有限公司持股 1%</td><td rowspan="2">1. 市场优势：上海是中国石油天然气消费中心。
2. 配套优势：上海是中国多条石油天然气输气管道的终点和进口液化天然气进入国内的起点之一，独具油气管网优势和成品油及液化天然气接收储存设施优势。
3. 金融优势：上海有中国最成熟、最有影响力的金融交易体系，各类交易所汇集</td><td>已上市品种：
1. 原油期货；
2. 低硫燃料油期货；
3. 20 号胶期货；
4. 阴极铜期货</td></tr>
<tr><td>上海石油天然气交易中心</td><td>新华社、中石油、中石化、中海油、申能、北燃、新奥、中燃、港华、华能 10 家股东</td><td>已上市品种：
1. 管道天然气现货挂牌交易；
2. 管道天然气现货竞价交易；
3. 液化天然气现货挂牌交易；
4. 液化天然气现货竞价交易。
拟上市品种：
1. 混合芳烃交易品种；
2. 原油现货交易</td></tr>
<tr><td>重庆石油天然气交易中心</td><td>中石油股份公司、中石化股份公司、重庆能投集团、重庆宏融鑫牛公司、重庆化医集团、陕西延长石油、新奥燃气集团、中燃燃气实业（深圳）公司、惠州大亚湾华润燃气公司、华电清洁能源公司、上海哈纳斯投资公司、中信寰球上海商贸公司、博恩集团 13 家股东</td><td>1. 资源优势：重庆石油天然气资源丰富，尤其是页岩气产量占全国总产量近 70%。
2. 市场优势：工业大用户集中，尤其是天然气化工大户集聚，消纳能力强。
3. 配套优势：川渝管网实现全市覆盖，中卫—贵阳联络线、川气东送、忠武线等全国骨干管网途经重庆，拥有全国最大储气设施——相国寺储气库，具有中亚、中缅进口气与自产气的交易存储优势。
4. 金融优势：金融市场较成熟，金融业已成为支柱产业</td><td>设计品种：
以管道天然气、成品油、液化天然气和大宗石油天然气化工品等现货为基础交易品种</td></tr>
</table>

续表

交易中心	股东构成	地域优势	上市品种
新疆油气交易中心	募股工作已启动	**1. 资源优势**：克拉玛依市位于亚欧大陆中心，处在泛中亚世界级富油区。 **2. 产业优势**：已形成集石油天然气勘探开发、油气储运、炼油化工、工程设计、工程建设、技术服务、装备制造、运输通信和发电供水等门类齐全的石油化工生产基地，产业链条完整，人才、技术、管理优势明显，是全国重要的石油石化生产基地。 **3. 金融优势**：已成立新疆中亚商品交易中心，有从事油气等大宗商品及云计算交易的合法资格	尚未公布品种信息

资料来源：课题组整理。

2. 油气金融衍生品市场品种单一，发展滞后

从期货交易市场看，目前证监会仅同意在上海期货交易所下属的上海国际能源交易中心开展原油期货交易。燃料油期货合约也是在上海期货交易所上市，其交易较为冷清。其他的交易品种如成品油和天然气期货，以及其他的金融衍生品都尚未推出。

从金融发展看，商品衍生品市场是现代金融市场的重要组成部分，其价格发现与风险管理功能有利于服务实体经济。而我国商品衍生品市场总体上还是相对单一、封闭的市场，是金融市场的“短板”，其在能源领域更甚。目前国内主营现货的交易所，如上海石油天然气交易中心，也有引入远期合同、掉期、互换、期货、期权等油气金融衍生品的设想。上海国际能源交易中心也启动了成品油和天然气期货的前期研究。

原油期货的推出，仅仅是油气领域金融衍生品发展的起步，未来如何建设我国石油天然气衍生品市场，其在交易中心如何布局，是国家层面相关能源主管部门与金融主管部门联合研究的问题。

（三）现有油气交易中心发展仍有待时间与市场检验

1. 国家级油气交易中心的市场影响力有待进一步增强

目前相对成形、正式运行且具备一定市场影响力的国家级油气交易中心，其市场影响力有待进一步增强，下文以上海石油天然气交易中心和上海国际能源交易中心为例说明。

上海石油天然气交易中心作为国内具备一定市场影响力的现货交易中心，在交易品种和策略设计、现代化交易系统建设、现货交割库建设、投资者服务、国际合作、信息建设等方面都作出了很大的努力。交易中心的会员数、交易量都在上升，新的交易品种也正在推出。未来如何吸引更多的国内外投资者进入市场，扩大交易中心的覆盖范围，如何更好地推进管道气、LNG 的挂牌与竞价交易，形成常态化的、竞争程度高的市场交易，如何充分发挥市场配置资源和发现价格的功能，都是未来交易中心运营需要完善的内容。

上海国际能源交易中心挂牌交易原油期货，这是我国第一个对外开放的期货品种。该中心致力于建设一个开放型的国际能源衍生品交易平台。与国际主流的能源期货品种对比，我国原油期货具备自身特点，属差异化竞争，发展也具备一定的条件。目前世界上交易量最大、影响最广泛的原油期货合约共有 3 种：纽约商业交易所的 WTI 期货合约、伦敦国际石油交易所的 BRENT 期货合约，以及新加坡国际金融交易所的 DUBAI 期货合约。附表 3 对比了全球主要原油期货合约的基础情况。

附表 3　全球主要原油期货合约比较

国家/交易所/交易品种	计价货币	结算货币	交割方式	发展态势
美国 NYMEX WTI	美元	美元	实物交割	成功
英国 ICE BRENT	美元	美元	现金交割	成功
阿联酋 DME OMAN	美元	美元	实物交割	一般
印度 MCX WTI	卢比	卢比	实物交割、现金交割	一般
日本 TOCOM MECO	日元	日元	以 Platts 评估的 Oman/Dubai 均价进行现金结算	不成功
俄罗斯 RTSSE URALS	美元	卢布	以 Brent 价格和 Platts 评估的 Brent 与 Ural 的价差为基础进行现金结算	不成功

资料来源：中国石油期货网。

从期货合约设计与业务规则制定角度，上海国际能源交易中心基于我国及亚太地区原油供需的实际情况，以及我国期货市场发展与监管情况，进行了较为合理的合约设计与制度建设。然而，一个金融产品从上市到逐步成熟需要经历一个过程，况且原油期货还是我国首次推出的国际化期货品种。该中心要发展完善原油期货这一新的品种，进而充分发挥原油期货市场的功能与影响力，还任重道远。

2. 区域性和地方油气交易中心有待优化布局、定位和功能

目前区域性和地方油气交易中心在国内很多地区都已建立起来，服务的是一定区域范围内的少数市场参与者，依托的是地域优势和前期的商务联系，并不具备大幅扩大市场影响力的条件。在发展定位上，一些交易中心的设计也是综合性的、多功能的，交易品种丰富，业务范围不仅限于油气相关产品的现货交易，还扩展到金融衍生、贸易融资、物流和信息服务等领域。在业务发展上，部分交易中心的业务量呈下滑趋势，有的交易中心运营“停摆”，官方网站信息也不再更新。在打好防范金融风险攻坚战的部署中，对交易场所进行严格监管、对违法违规交易场所进行清理整顿是重要内容。所以，区域性和地方油气交易中心发展是否存在风险隐患，是相关主管部门需要重视的问题。

四、政策建议

（一）研究制定推进油气交易市场体系建设的政策文件

首先要明确思路。我国油气交易市场体系建设还在起步阶段，属于市场“短板”，同时又关系到国家的油气体制改革、能源战略乃至宏观战略。相关主管部门要深入研究油气交易市场体系建设的顶层设计，基于我国油气市场与油气行业发展特点，形成明确的体系框架；结合我国油气体制改革尤其是油气市场化改革推进步骤，形成明确的时间表和路线图。

其次要出台政策。相关主管部门要尽快研究出台《油气交易市场体系建设指导意见》等文件，对于油气交易市场体系的总体框架、结构组成、目标任务、功能定位、市场监管等作出明确规定，并根据市场建设需要，

出台后续的实施细则和配套政策。

最后要做好政策协同。油气交易市场体系建设的成功与否，不仅取决于交易中心建设本身，更根本的是取决于整个油气体制改革的推进。所以，深入推进油气交易市场体系建设，既要结合，也要支撑油气体制改革的具体任务，与其他领域的政策做好衔接，如油气价格改革等。

（二）更好发挥政府的引导、规范和监管作用

油气交易中心是油气市场体系的关键组成部分。政府要引导和规范油气交易中心建设，推动形成与能源供给侧改革和高质量发展相适应的油气交易市场体系，从而为油气体制改革和市场化发展提供比较完善的市场载体。

首先要形成清晰的体系构成设计，引导与扶持交易市场建设。油气交易市场主要包括现货市场与期货市场，全国性、区域性和地方交易市场。要在全面摸底现有油气交易场所现状、深入研究新时代油气市场发展需要的基础上，培育、引导与促进我国层次分明、功能齐全、技术先进、运行规范的油气交易市场体系的建设与发展。

其次要规范市场建设标准。尽快制定全国性油气交易场所与区域性和地方油气交易场所的标准规范，包括但不限于市场条件、营业场所、服务设施、市场规模、交易指南、风控制度、配套金融物流服务等内容。相关主管部门要根据标准，对油气交易场所进行严格的合规性检查，对于达到市场建设标准、运行规范的交易场所给予一定的政策支持；同时严格清理整顿违法违规的交易场所。

最后要强化全方位监管，防范系统性风险。要认识到油气交易市场连接国内市场与国际市场、金融市场与商品市场的特征，将国内监管与跨国监管、金融监管与能源监管相融合。要切实做好实物交割的质量控制，完善交割仓库的建设，加强流程管理和检验管理。要完善油气交易市场全方位风险监控系统，加强对相关市场运行的监测，夯实大数据能力建设，提升风控技术水平，及时识别风险做好预测预警，大力防范投机过度与市场操纵。

（三）合理布局、重点突破，逐步完善油气交易市场体系

油气交易市场体系建设是一个循序渐进、逐步完善的过程。我国要进

行合理布局，统筹协调，并根据时间表与路线图稳步推进。

第一，对于期货市场与现货市场的布局应有所区别，两者的功能定位与目标任务不同。油气期货市场建设，不仅要为油气产业链提供风险管理与投资工具，也要有在国际市场获取定价权，形成“中国价格”，提升国际影响力等战略考量，所以要尽量集中力量，避免重复建设与同质竞争。油气现货市场可以多点布局，构建多层次的现货市场体系，逐步培育建成1~2个全国性油气交易中心，健全若干个区域性油气交易中心。

第二，对于近期任务与中长期任务应有所区别。近期应该重点突破，大力扶持建成1~2个全国性油气交易中心，完善业务流程，提升覆盖面与活跃度，扩大市场规模。区域性和地方油气交易中心则需要稳扎稳打，深耕区域市场，明确功能定位，提升规范程度。中长期则着力优化建设多层次的油气交易市场体系，在市场发育达到一定程度的条件下，逐步完善区域性和地方煤炭交易市场的建设，形成补充。

重要术语索引

参 考 文 献

[1] 艾昱．中国上网电价机制改革研究［D］．北京：华北电力大学，2020.

[2] 安学娜．考虑需求响应与可再生能源扶持政策的电力市场均衡模型［D］．上海：上海大学，2018.

[3] 白玫．深化能源价格改革：规律、目标与路径选择［J］．价格理论与实践，2014（4）：5-9.

[4] 本书编写组．中国共产党简史［M］．北京：人民出版社，中共党史出版社，2021.

[5] 卜祺，高航，李云晖，等．我国电力市场合规管理路径探索［J］．法制与社会，2020（36）：139-141.

[6] 陈爱博，王存旭．需求响应对电力市场的效益影响研究综述［J］．沈阳工程学院学报（自然科学版），2019，15（4）：338-342.

[7] 陈传彬，杨首晖，王良缘，等．国外电力期货产品设计逻辑及其对我国启示［J］．价格理论与实践，2020（2）：51-54+174.

[8] 陈皓勇．电力市场“不平衡资金”问题的成因及对策［J］．中国电力企业管理，2020（25）：27-30.

[9] 陈启鑫，房曦晨，郭鸿业，等．电力现货市场建设进展与关键问题［J］．电力系统自动化，2021，45（6）：3-15.

[10] 陈欣．中国碳交易市场价格研究［D］．西安：陕西师范大学，2016.

[11] 陈永椿．电力市场下需求侧响应交易机制研究［D］．广州：华南理工大学，2020.

[12] 陈甬军．中国现代市场体系改革三十年［J］．企业经济，2009

（3）：5-8.

［13］丛威，陈晓平，吕明．新形势下深化我国石油天然气行业市场化改革问题研究［J］．中国能源，2016，38（9）：16-19.

［14］丛威，江兆龙，李雪锋．我国石油天然气行业市场化改革的理论思考及建议［J］．石油科技论坛，2016，35（4）：53-57.

［15］邓郁松．进一步推进我国能源价格改革的重点与建议［J］．国际石油经济，2019，27（2）：60-64.

［16］丁一，谢开，庞博，等．中国特色、全国统一的电力市场关键问题研究（1）：国外市场启示、比对与建议［J］．电网技术，2020，44（7）：2401-2410.

［17］董聪，董秀成．中国天然气交易中心建设与价格形成机制研究［J］．价格理论与实践，2018（12）：56-59.

［18］范必．能源市场化改革的路径和难点［J］．电器工业，2014（9）：37-39.

［19］费云志．电力金融市场构建及其有效性研究［D］．北京：华北电力大学，2020.

［20］冯飞，石耀东，梁仰椿，等．中国能源产业市场改革研究［J］．经济研究参考，2004（84）：33-40.

［21］冯飞．中国能源市场化改革的重大问题［J］．煤炭企业管理，2004（6）：14-15.

［22］冯永晟．双轨制“不平衡资金”问题研究［J］．中国电力企业管理，2020（25）：15-21.

［23］高鹏，高振宇，赵赏鑫，等．2020年中国油气管道建设新进展［J］．国际石油经济，2021，29（3）：53-60.

［24］高世宪，邓良辰，王娟，等．以绿色发展引领能源供应体系建设［J］．中国经贸导刊，2021（5）：19-22.

［25］高世宪．电力改革开放40年成就辉煌［J］．中国能源，2018，40（11）：4-9+16.

［26］高妍蕊．建设高标准市场体系，构建新发展格局［J］．中国发

展观察，2021（Z1）：41-44.

[27] 龚金双．“十三五”时期中国石油市场体系建设探讨［J］. 中国能源，2016，38（9）：11-15.

[28] 龚峋．构建以《能源法》为引领的可再生能源法律政策体系［J］. 中国电力企业管理，2020（16）：27-29.

[29] 谷立静，白泉．2019年节能工作进展及2020年形势展望［J］. 中国能源，2020，42（3）：34-37+18.

[30] 顾阳．紧扣高标准市场体系“三个关键词”［N］. 经济日报，2021-02-05（5）.

[31] 郭海涛，刘力，王静怡．2020年中国能源政策回顾与2021年调整方向研判［J］. 国际石油经济，2021，29（2）：53-61.

[32] 郭海涛．我国能源价格形成机制及改革目标研究［J］. 价格月刊，2008（5）：23-25.

[33] 郭焦锋，高世楫，洪涛，等．2030年我国能源体制革命的内涵与战略目标［N］. 中国经济时报，2016-02-23（5）.

[34] 郭磊，魏玢，夏清，等．我国电力市场评价指标体系框架探讨［J］. 电力技术经济，2008（3）：29-34.

[35] 国家发展改革委能源研究所“重塑能源”课题组．重塑能源：面向2050年的中国能源消费和生产革命路线图［J］. 经济研究参考，2016（21）：3-14.

[36] 国家发展改革委经济运行调节局，国家电网公司营销部，南方电网公司市场营销部编．负荷特性及优化［M］. 北京：中国电力出版社，2013.

[37] 国网能源研究院有限公司编著．2020中国电力供需分析报告［M］. 北京：中国电力出版社，2020.

[38] 国务院发展研究中心市场经济研究所．改革开放40年市场体系建立、发展与展望［M］. 北京：中国发展出版社，2019.

[39] 韩广晨，李孝珍．变企业负担为新的经济增长点——关于国有煤炭企业办社会产业化剥离的探讨［J］. 煤炭企业管理，1999（12）：24-25.

[40] 何乔立．能源市场化改革的路径与对策研究［D］. 杭州：浙江

工业大学，2013.

［41］何勇健．我国能源价格改革的战略取向与路径选择［J］．价格理论与实践，2015（3）：6-9.

［42］贺刚．论能源价格形成机制的改革［J］．价格月刊，2013（9）：9-12.

［43］贺刚．中国能源价格波动监测预警机制研究［J］．中国物价，2009（6）：3-6.

［44］侯明扬．2020 年全球油气资源并购市场特点及前景展望［J］．国际石油经济，2021，29（3）：45-52.

［45］侯守礼．关于我国能源价格改革问题的思考［J］．价格理论与实践，2012（6）：29-30.

［46］胡筱沽，戴璐．正确把握去产能过程中的几个关键问题［J］．宏观经济管理，2017（2）：50-54.

［47］黄辉，赵晶瑛，徐亮，等．新时期我国煤炭市场供求关系分析［J］．中国煤炭，2021，47（4）：8-15.

［48］黄龙，陈皓勇，钟佳宇，等．促进可再生能源消纳的电力市场体系［J］．广东电力，2020，33（2）：10-17.

［49］姜子昂，何春蕾，段言志，等．我国天然气价格理论体系构建的思考［J］．价格理论与实践，2016（7）：61-64.

［50］姜子昂，杨再勇，邹晓琴，等．对加快建设我国现代化天然气市场体系的战略思考［J］．天然气工业，2018，38（10）：120-127.

［51］蒋国旗．中国综合能源市场体系建设研究［D］．北京：中共中央党校，2013.

［52］蒋茂荣，肖新建．做好煤炭供应保障　发挥推动低碳转型不可替代作用　2020 年煤炭供需形势分析与 2021 展望［J］．中国能源，2021（3）：34-38+48.

［53］景春梅．新常态下的中国能源体制革命［A］//中国国际经济交流中心．中国经济分析与展望（2014—2015）［C］．中国国际经济交流中心，2015：16.

［54］李海，刘凡，李际．2020 年我国电力发展形势与 2021 展望［J］．中国能源，2021（3）：1-6．

［55］李婧瑗．我国煤炭价格市场化改革研究［J］．价格月刊，2016（6）：42-44．

［56］李骏．我国天然气市场体系重塑研究［J］．中国市场，2021（12）：131-132．

［57］李凯，张英魁．我国节能市场发展现状与趋势［J］．中国能源，2019，41（12）：28-32．

［58］李莉，郭焦锋，李维明．中国天然气价格市场化改革总体思路［J］．中国发展观察，2015（2）：34-37．

［59］李其保，柳妮．我国煤炭金融衍生品发展现状与趋势研究［J］．煤炭经济研究，2015，35（4）：38-42．

［60］李维明，周圆圆，沈倩倩．健全我国煤炭市场体系研究［J］．煤炭经济研究，2012，32（12）：20-22+48．

［61］李伟．从供给侧和体制机制两个维度构建现代能源体系［J］．开放导报，2017（5）：7-11．

［62］李晓西，胡必亮，林卫斌．中国能源改革战略："两只手"协同作用［J］．经济研究参考，2013（7）．

［63］李晓西．中国传统能源产业市场化进程研究报告［M］．北京：北京师范大学出版社，2013．

［64］梁昌新．深化能源体制革命　打通能源发展快车道［J］．中国经贸导刊，2019（19）：47-48．

［65］梁慧静，吴旭．中国石油金融体系建设［J］．时代金融，2017（3）：278+280．

［66］林卫斌，方敏．能源体制革命：概念与框架［J］．学习与探索，2016（3）：71-78．

［67］刘冰．抓住"去产能"的关键问题［J］．宏观经济管理，2016（7）：42-44．

［68］刘朝全，姜学峰主编．2020 年国内外油气行业发展报告［M］．

北京：石油工业出版社，2021.

［69］刘泉红．“十四五”时期我国现代市场体系建设思路和关键举措［J］. 经济纵横，2020（5）：66-75.

［70］刘世锦．构建高标准要素市场体系发挥配置资源决定性作用［N］. 经济日报，2020-04-11（4）.

［71］刘世锦．加快建设高标准市场体系的重要战略部署［J］. 财经界，2021（6）：1-2.

［72］刘世锦．关于发展现代市场体系的两个问题［J］. 国家行政学院学报，2014（4）：26-27+31.

［73］刘思妤．中国天然气市场化改革研究［J］. 财经界，2017（21）：37-38.

［74］刘晓文．新电改下我国电力现货市场建设关键要点分析及建议［J］. 科技经济导刊，2020，28（29）：222-223.

［75］刘璇．能源革命下中国电力监管能力提升路径研究［D］. 北京：华北电力大学，2020.

［76］刘志成，王娟，黄艺琦．天然气市场体系建设的国际经验与启示［J］. 中国物价，2018（8）：51-54.

［77］刘志成．“十三五”时期资源有偿使用制度改革问题研究［R］. 国家发展改革委经济研究所研究报告，2014.

［78］刘志成．现代化经济体系的内涵和实现途径［J］. 中国经贸导刊（理论版），2018（2）：6-7.

［79］龙海雯．中国能源价格改革与绿色经济发展研究［D］. 昆明：云南大学，2018.

［80］龙涛．中国电力市场化改革模式探析［D］. 南宁：广西大学，2012.

［81］路京京．中国碳排放权交易价格的驱动因素与管理制度研究［D］. 长春：吉林大学，2019.

［82］路铁，胡晓静，孙毅，等．适应高水电占比的电力现货市场机制设计与实践［J］. 电力系统自动化，2021，45（9）：162-170.

[83] 罗惠霞．完善我国天然气价格形成机制研究［J］．价格理论与实践，2013（9）：52-53.

[84] 吕志虹，许良昊．中国煤炭交易市场体系建设论略［J］．煤炭经济研究，2014，34（9）：11-14+22.

[85] 马宝玲．中国天然气市场化改革的理论与实证研究［D］．北京：对外经济贸易大学，2014.

[86] 马德隆．全面提升交通运输治理能力和水平［J］．宏观经济管理，2021（5）：28-35+45.

[87] 马辉，刘文涛，陈晔，等．适应我国国情的电力市场机制设计与体系架构［J］．电气时代，2019（5）：78-81.

[88] 马建堂．建设高标准市场体系与构建新发展格局［J］．管理世界，2021，37（5）：1-10.

[89] 马莉，范孟华，曲昊源，等．中国电力市场建设路径及市场运行关键问题［J］．中国电力，2020, 53（12）：1-9.

[90] 马莉，曲昊源．双轨制下电力市场建设的有关思考［J］．中国电力企业管理，2020（25）：31-32.

[91] 马莉，张凡，杨素．电力市场改革重大问题及解析［J］．电力设备管理，2020（6）：36-37+77.

[92] 毛雅军．关于化解煤炭过剩产能推进转型升级的思考［J］．中国煤炭，2017，43（4）：5-9.

[93] 苗韧，周伏秋．中国煤炭消费的绿色革命［J］．煤炭经济研究，2014（11）.

[94] 南方电网能源发展研究院有限责任公司编著．中国电力市场化改革报告（2020 年）［M］．北京：中国电力出版社，2021.

[95] 南方电网能源发展研究院有限责任公司编著．中国电力行业投资发展报告［M］．北京：中国电力出版社，2020.

[96] 聂新伟，薛钦源．新一轮电力体制改革五周年观察：主要进展与争论焦点［J］．中国能源，2020，42（7）：17-21+47.

[97] 牛犁，陈彬．煤炭去产能要发挥好政府和市场“两只手”的作

用［J］. 中国物价，2017（7）：27-29.

［98］彭纪权，金晨曦，陈学通，等 . 我国电力市场与全国碳排放权交易市场交互机制研究［J］. 中国能源，2020，42（9）：20-24+47.

［99］曲剑午，阎世春 . 中国煤炭市场蓝皮书：中国煤炭市场发展报告（2017）［M］. 北京：中国经济出版社，2017.

［100］沈宏亮 . 现代市场体系完善进程中的监管体系改革研究［J］. 中国特色社会主义研究，2018（4）：27-32.

［101］盛朝迅 . 建设高标准市场体系的重大意义、特征要求与实现路径［J］. 中国发展观察，2021（Z1）：37-40.

［102］盛朝迅 . 化解产能过剩的国际经验与策略催生［J］. 改革，2013（8）：94-99.

［103］史卜庆，王兆明，万仑坤，等 .2020 年全球油气勘探形势及 2021 年展望［J］. 国际石油经济，2021，29（3）：39-44.

［104］史丹，冯永晟，李雪慧 . 深化中国能源管理体制改革——问题、目标、思路与改革重点［J］. 中国能源，2013，35（1）：6-11.

［105］史丹 . 当前能源价格改革的特点、难点与重点［J］. 价格理论与实践，2013（1）：18-20.

［106］史贞 . 产能过剩治理的国际经验及对我国的启示［J］. 经济体制改革，2014（4）：154-158.

［107］宋枫，郑新业，张阳阳，等 . 社会主义市场经济下的电力市场体系的选择研究［M］. 北京：科学出版社，2020.

［108］宋新波，任洪石 . 我国建筑节能市场分析［J］. 现代经济信息，2019（5）：393+395.

［109］孙梅，田立新，徐俊 . 基于因子分析法的能源安全监测预警系统的构建［J］. 统计与决策，2007（13）：65-66.

［110］孙素苗，迟东训，于波，等 . 构建新型电力市场体系及电价机制［J］. 宏观经济管理，2021（3）：71-77.

［111］孙悦 . 欧盟碳排放权交易体系及其价格机制研究［D］. 长春：吉林大学，2018.

[112] 唐力．全国煤炭交易中心运营模式研究 [J]．铁道运输与经济，2021，43（3）：67-73.

[113] 田磊，张可牧，付晓晴，等．2020 年我国石油市场形势分析与 2021 展望 [J]．中国能源，2021（3）：1-4.

[114] 王春萍．我国煤炭交易市场体系发展调研 [J]．煤炭经济研究，2013，33（1）：19-24.

[115] 王寰宇，林炫亮．2020 年全球 LNG 供应形势对东北亚现货市场的影响 [J]．国际石油经济，2021，29（2）：82-91.

[116] 王金照．建言能源体制改革 [J]．中国经济报告，2015（7）：36+38-40.

[117] 王娟，苗韧，周伏秋．"十三五"能源与煤炭市场化改革与发展 [J]．煤炭经济研究，2015，35（1）：9-13.

[118] 王娟．"双循环"下推进煤炭市场体系建设的思考与建议 [J]．中国能源，2020，42（11）：35-39.

[119] 王珏旻，孙小亮．新形势下节能服务产业发展特点与趋势展望 [J]．电力需求侧管理，2019，21（5）：1-4.

[120] 王军．我国能源价格改革的机制探讨 [J]．经济问题，2010（10）：43-47.

[121] 王俊豪，金暄暄．中国能源监管体制深化改革研究 [J]．经济学家，2020（9）：95-103.

[122] 王磊，梁俊．中国现代市场体系建设进程评价研究 [J]．经济纵横，2021（2）：46-60.

[123] 王敏，徐晋涛，黄卓．能源体制改革：有效的市场，有为的政府 [J]．国际经济评论，2014（4）：37-53+5.

[124] 王鹏，张朋宇，解力也．中国现代电力市场体系研究 [J]．财经智库，2019，4（6）：119-139+144.

[125] 王谦．我国能源、经济、环境、安全监测预警系统 [A] //中国环境科学学会．中国环境科学学会 2009 年学术年会论文集（第三卷）[C]．中国环境科学学会，2009：8.

[126] 王思强．中长期能源预测预警体系研究与应用［D］．北京：北京交通大学，2009.

[127] 王微，王青．加快要素市场化改革：构建高标准市场体系的关键举措［J］．中国经济报告，2020（4）：9-15.

[128] 王文举，陈真玲．改革开放 40 年能源产业发展的阶段性特征及其战略选择［J］．改革，2018（9）：55-65.

[129] 王显政．深化煤炭市场体制改革建设统一开放竞争有序的煤炭市场交易体系［J］．中国煤炭工业，2016（1）：6-9.

[130] 王显政．推进煤炭市场交易体系建设促进煤炭经济平稳运行［J］．中国煤炭工业，2017（8）：4-8.

[131] 王晓东．高标准市场体系建设的体制与运行基础［N］．中国社会科学报，2021-03-30（8）.

[132] 王一，吴洁璇，王浩浩，等．碳排放权市场与中长期电力市场交互作用影响分析［J］．电力系统及其自动化学报，2020，32（10）：44-54.

[133] 王一，朱涛，张玉欣，等．适应中国电力现货市场发展的容量补偿机制初探［J］．电力系统自动化，2021，45（6）：52-61.

[134] 王一鸣．以建设高标准市场体系推动改革开放迈出新步伐［J］．中国经贸导刊，2021（3）：25-26.

[135] 王彧嫣，樊大磊，李文博．2020 年国内外油气资源形势分析及展望［J］．中国矿业，2021，30（1）：18-23.

[136] 王振霞．中国可耗竭能源定价机制研究［M］．北京：中国社会科学出版社，2012.

[137] 王震．改革开放 40 年煤炭市场发展历程与成就［J］．煤炭经济研究，2018，38（11）：17-22.

[138] 魏雪．传统能源价格、国际 CER 价格与中国碳交易价格［D］．西安：西安石油大学，2019.

[139] 温桂芳，张群群．能源资源性产品价格改革战略［J］．经济研究参考，2014（4）：64-81+88.

[140] 温桂芳．深化资源性产品价格改革的基本思路与总体构想

[J]. 价格理论与实践，2013（7）：18-20.

[141] 温桂芳. 能源价格改革的目标是建立科学合理的价格形成机制[J]. 中国经贸导刊，2009（24）：18-19.

[142] 文福拴，林鸿基，胡嘉骅. 需求响应的商业机制与市场框架初探[J]. 电力需求侧管理，2019，21（1）：4-9.

[143] 吴滨，王宏伟. 我国能源体制改革的方向和重点[J]. 中国能源，2014，36（6）：5-8+12.

[144] 吴锋. 深化我国能源价格改革的思考[J]. 价格理论与实践，2012（8）：30-31.

[145] 吴立新，秦容军，任世华. 煤炭行业体制革命实现途径研究[J]. 煤炭经济研究，2016，36（5）：11-14.

[146] 吴琦. 能源市场化改革的三个原则和四个机制[J]. 能源，2017（9）：84-86.

[147] 吴神法. 煤炭"去产能"路径[J]. 中国经济报告，2017（7）：65-67.

[148] 吴雁飞. 中国能源产业市场化改革（1978—2012）：基于国际视角的分析[J]. 中国与世界，2015：116-130.

[149] 吴吟. 关于煤炭企业社会历史负担的现状及思考[J]. 煤炭经济研究，1994（9）：26-28.

[150] 夏清，陈启鑫，谢开，等. 中国特色、全国统一的电力市场关键问题研究（2）：我国跨区跨省电力交易市场的发展途径、交易品种与政策建议[J]. 电网技术，2020，44（8）：2801-2808.

[151] 夏天. 促进新能源消纳的电力市场机制及政策优化模型研究[D]. 北京：华北电力大学，2020.

[152] 肖谦，喻芸，荆朝霞. 电力市场的目标、结构及中国电力市场建设的关键问题讨论[J]. 全球能源互联网，2020，3（5）：508-517.

[153] 肖文海，欧阳星，姚晴. 清洁能源价格竞争力的理论分析与政策建议[J]. 江西社会科学，2016，36（7）：47-53.

[154] 肖新建. 改革开放40年煤炭支撑我国经济社会高速发展[J].

中国能源，2018，40（11）：10-16.

［155］肖兴志．我国能源价格规制实践变迁与市场化改革建议［J］．价格理论与实践，2014（1）：23-27.

［156］谢旭轩，任东明，赵勇强．推动我国能源革命体制机制改革研究［J］．中国能源，2014，36（4）：16-19+44.

［157］徐丽，李国惠，于春洋．构建统一开放竞争有序的现代市场体系［J］．产权导刊，2019（4）：24.

［158］徐鹏．煤炭价格指数：问题、原因及对策［J］．中国经贸导刊，2017（22）：63-65.

［159］徐伟．我国煤炭流通体系的现状、问题及发展趋势［J］．发展研究，2014（8）：10-23.

［160］杨晶．2020 年天然气发展形势与 2021 展望［J］．中国能源，2021（3）：39-44.

［161］杨雷．关于中国天然气市场结构设计的思考［J］．国际石油经济，2019，27（8）：1-5.

［162］叶泽．电力现货市场价格上下限的经济学依据［J］．中国电力企业管理，2020（22）：46-51.

［163］尹俊．建设系统集成协同高效的高标准市场体系［N］．经济日报，2020-04-25（11）.

［164］袁家海，张为荣，杨炯君．电力容量机制设计与完善的关键要点探析［J］．中国电力企业管理，2021（4）：32-36.

［165］臧跃茹，郭丽岩．新时代亟待加快建设与现代经济体系相适应的现代市场体系［J］．中国物价，2017（12）：3-5.

［166］曾鸣，刘沆，王晟嫣，等．竞争性天然气市场建设及价格形成机制研究——兼析典型国家天然气市场建设的主要经验做法［J］．价格理论与实践，2020（4）：56-59.

［167］曾鸣，吴至复，董军．国外电力改革对我国电力市场建设的启示［J］．国家电网，2006（8）：62-67.

［168］张高，薛松，范孟华，等．面向我国电力市场的需求响应市场

化交易机制设计［J］. 电力建设，2021，42（4）：132-140.

［169］张健男，沈毅，黄冶，等. 电力市场顶层设计中的关键问题研究［J］. 科技创新与应用，2021（10）：85-88.

［170］张杰. 我国能源法的立法研究［D］. 哈尔滨：东北林业大学，2019.

［171］张侃，耿纪东. 能源价格形成机制改革措施建议［J］. 经济研究参考，2016（66）：37.

［172］张粒子，许传龙. 中国能源大省电力市场建设经验分析［J］. 中国电力，2017，50（4）：7-10.

［173］张森林，卢智. 关于全国统一电力市场框架体系的思考［J］. 中国电力企业管理，2021（1）：49-52.

［174］张世翔，苗安康. 中国电价市场化改革现状及模式探索［J］. 价格月刊，2017（3）：53-57.

［175］张显，史连军. 中国电力市场未来研究方向及关键技术［J］. 电力系统自动化，2020，44（16）：1-11.

［176］张小梅，李小玲. 我国能源价格改革的协调性问题研究［J］. 价格月刊，2015（1）：18-20.

［177］张云. 中国碳金融交易价格机制研究［D］. 长春：吉林大学，2015.

［178］张中祥. 中国能源价格改革回溯与展望［N］. 中国社会科学报，2019-06-05（4）.

［179］张卓. 我国电力市场化改革的回顾与展望［J］. 经济师，2002（7）：55-56.

［180］张卓元，樊纲，汪同三，等. 改革开放 40 年经济体制改革理论与实践［J］. 经济学动态，2018（7）：6-18.

［181］张卓元，房汉廷，程锦锥. 市场决定的历史突破［M］. 广州：广东经济出版社，2017.

［182］张卓元. 中国经济改革的主线是如何确立的？［J］. 金融经济，2018（15）：20-22.

［183］张卓元. 中国经济四十年市场化改革的回顾［J］. 经济与管理

研究，2018，39（3）：3-15.

［184］郑佳宁．现代能源产品价格形成机制的法律思考——在市场与规制之间［J］．北京理工大学学报（社会科学版），2021，23（1）：150-161.

［185］郑锦兰．煤炭企业办社会负担沉重的成因及对策［J］．江苏煤炭，2002（2）：75-76.

［186］郑新业．全面推进能源价格市场化［J］．价格理论与实践，2017（12）：17-22.

［187］中国电力企业联合会编著．中国电力行业年度发展报告［M］．北京：中国建材工业出版社，2020.

［188］中国价格协会联合课题组．关于深化能源价格改革的若干重要问题研究［J］．价格理论与实践，2005（10）：8-12.

［189］中华人民共和国自然资源部．中国矿产资源报告 2020［M］．北京：地质出版社，2020.

［190］中矿（北京）煤炭产业景气指数课题组，岳福斌．2019—2020 年中国煤炭产业经济形势研究报告［J］．中国煤炭，2020，46（3）：5-12.

［191］钟辉．能源价格改革的思考［J］．金融纵横，2009（5）：20-23.

［192］周大地．推动能源体制革命，促进绿色低碳发展——能源革命要从具体问题抓起［J］．国际石油经济，2016，24（12）：1-4.

［193］周伏秋，冯升波，王娟，等．加强和完善煤电油气运协调机制［J］．宏观经济管理，2015（2）：58-60.

［194］周恒．石油工业管理体制改革与构建市场机制分析［J］．石化技术，2020，27（10）：164+176.

［195］朱峰，刘力涵．电力现货市场首批试点地区建设情况分析［J］．电力需求侧管理，2021，23（2）：74-78+94.

［196］朱跃中，田智宇，伊文婧．重塑能源生产利用方式推动交通运输发展去油化、电气化、高效化［J］．中国经贸导刊，2017（11）：28-29.

［197］左前明．以史为鉴看煤价双轨制［EB/OL］．http：//www.ccoalnews.com/gcj/201807/27/c83055.html.

［198］查浩，辛颂旭，熊力，等．促进新能源消纳的预警监测研究［J］．水力发电，2018，44（9）：76-80.